A LINGUAGEM DOS PÁSSAROS

Farid ud-Din ATTAR

A LINGUAGEM DOS PÁSSAROS

(Mantic Uttair)

Tradução e notas
Alvaro de Souza Machado
e
Sergio Rizek

a partir da versão integral
em persa e francês de Garcin de Tassy.
Imprimerie Impériale, Paris, 1863,
comparada a outras versões

ATTAR EDITORIAL
São Paulo, 2023

Copyright © Attar Editorial, 1987

Título original: *Mantic Uttair*

Título em francês: *Le Langage des Oiseaux* (trad. Garcin de Tassy)

Capa: caligrafia árabe zoomórfica - prece em forma de poupa

DADOS INTERNACIONAIS DE CATALOGAÇÃO NA PUBLICAÇÃO (CIP)
(CÂMARA BRASILEIRA DO LIVRO, SP, BRASIL)

F239L

Farid ud-Din Attar, séc. 12/13
A Linguagem dos Pássaros, ou, Mantic Uttair / Farid ud-Din Attar ; tradução e notas Alvaro de Souza Machado, Sergio Rizek, a partir da versão integral em persa e francês de M. Garcin de Tassy, Imprimerie Impériale, Paris, 1863, comparada a outras versões. - São Paulo : Attar, 2018.

ISBN 978-85-85115-01-2

1. Filosofia islâmica 2. Filosofia persa 3. Sufismo 4. Sufismo - poesia I. Título. II. Título: Mantic Uttair

	CDD - 297.4
	CDD - 181.07
	CDD - 181.5
87-0277	CDD - 819.5105

Índices para catálogo sistemático:
1. Filosofia islâmica 181.07
2. Filosofia persa 181.5
3. Poesia sufista : Literatura persa antiga 819.5105
4. Sufismo : Islamismo 297.4

É vedada, nos termos da lei, a reprodução de qualquer parte deste livro sem a expressa autorização da editora.

6ª reimpressão: junho de 2023

ATTAR EDITORIAL
Rua Madre Mazzarello, 336 - 05454-040 - São Paulo SP - tel./fax: (11) 3021 2199
attar@attar.com.br
www.attar.com.br

"Ó homens! filhos e herdeiros de David,
foi-nos ensinada a linguagem dos pássaros
e fomos cumulados de todos os bens."

Corão, XXVII, 16.

SUMÁRIO

PREFÁCIO DOS TRADUTORES
XI - XXV

A ARITMOLOGIA
DA LINGUAGEM DOS PÁSSAROS
XXVII - XXXII

PREFÁCIO DE GARCIN DE TASSY
XXXIII - XXXIX

A LINGUAGEM DOS PÁSSAROS
1 - 253

GLOSSÁRIO
255 - 259

ÍNDICE BIOGRÁFICO
261 - 267

ÍNDICE GERAL
269 - 274

PREFÁCIO

dos tradutores

Convite à viagem em companhia do Anjo iluminador, tema tão caro à literatura oriental como à ocidental, esta peregrinação a um *Oriente* místico é considerada, desde o seu surgimento, no último quarto do século XII, o ponto alto do gênero convencionalmente chamado *epopéia mística*. Em especial, esta obra de Attar é reputada o coroamento dos inúmeros épicos inspirados na célebre *linguagem dos pássaros*, simbolismo presente nas mais diversas tradições e inaugurado como temática, no âmbito da cultura islâmica, já por Avicena em seu "A Narrativa dos pássaros". Entre nós o livro de Attar, durante o Medievo bastante popular e traduzido para inúmeras línguas e dialetos orientais, não pôde ser melhor conhecido senão depois de 1863, quando é publicada em Paris a esplêndida tradução para o francês de autoria de Garcin de Tassy. Para estabelecer o mais completo texto-base persa, o antigo professor da Escola de Línguas Orientais cotejou mais de uma dezena de manuscritos seculares, incluindo versões em turco e hindustani, e junto a seu mestre de idiomas, Silvestre de Sacy, empreendeu algumas viagens aos locais mencionados no livro: nas fontes, o estudioso pesquisou não só manuscritos da *Linguagem*, mas também os costumes e tradições aí relatados, procurando desse modo desestigmatizar o clássico persa sempre tido no Ocidente na conta de obscuro, não só pelas deficiências de cópia e estado de conservação dos manuscritos até então chegados à Europa, mas também pela imensa quantidade de informações contidas no texto. De fato, já numa primeira leitura impressionam a rica hagiografia e a abrangência histórica da obra, com narrações que remontam à fundação do Islam e a que se sobrepõem inclusive elementos pré-islâmicos.

Entretanto, quanto às possíveis dificuldades que o texto apresenta, mais que à riqueza informativa, isto deve-se aos diversos planos de leitura que o poema envolve. Se há alguma "obscuridade", esta só pode ser atribuída a leituras superficiais ou absolutamente lineares, pois quanto mais nos aprofundamos nesses versos, mais claros eles se mostram. A esse respeito é o próprio autor que nos adverte: "As gentes exteriores estão como que afogadas por causa de meu discurso, porém as de inteligência espiritual estão de posse dos segredos que ele contém (...) Meus versos têm uma particularidade espantosa, que é dar mais e mais benefício à medida que se os lê".

Para se dimensionar mais adequadamente o livro de Attar, deve-se considerar, antes de mais nada, o papel e o estatuto da literatura para uma comunidade que se funda precisamente sobre um Livro sagrado descido do céu e revelado ao Profeta — O Corão —, para a nação que se reconhece na expressão corânica *Ahl al-Kitab*, "O Povo do Livro". Apenas esta circunstância seria suficiente para sugerir a potencialidade de toda a literatura surgida no quadro da cultura islâmica. Entretanto, apesar de sua perspectiva claramente iniciática, nem de longe se pretende conferir aqui à poesia mística, à *literatura dos santos*, o caráter de escritura sagrada. Somente não se deve perder de vista, enquanto um primeiro referencial, certas relações entre ambas.

O fenômeno do Livro Santo revelado (não só entre os muçulmanos, mas também para judeus, cristãos e zoroastristas seguidores do "Avesta") requer sempre como primeira tarefa a intelecção do *verdadeiro sentido* do próprio Livro. É nessa mesma perspectiva que se deve abordar os escritos de Farid ud-Din Attar. Também aqui o que se apresenta é essencialmente uma situação hermenêutica, na qual emerge a intelecção do *sentido verdadeiro* do texto. É essa a idéia que se exprime num dos principais termos do vocabulário filosófico do Islam: a palavra *haqiqah* (literalmente Realidade, ou Verdade), que designa o sentido verdadeiro das Revelações, quer dizer, o *sentido espiritual*, que se coloca além da enunciação exterior da Lei, a *shari'ah* que o Ocidente entende propriamente como *Religião*.

Nasir-e-Khosraw, célebre filósofo do ismaelismo persa do século XI, explica da seguinte maneira a relação entre as duas instâncias mencionadas acima: "A religião positiva (a *shari'ah*) é o aspecto *exotérico* da Idéia (a *haqiqah*), e a Idéia é o aspecto *esotérico* da religião positiva... A religião positiva é o símbolo; a Idéia é o simbolizado. O exotérico está em perpétua flutuação com os ciclos e períodos do mundo. O esotérico é uma Energia divina que não está submetida ao devir".

A *haqiqah* não pode pois ser definida de maneira dogmática. Ela requer os iniciadores, os guias que indicam o caminho até ela; a via, ou o conjunto de vias possíveis, que conduz da *shari'ah* à *haqiqah* é a *tariqah* (literalmente "método", ou "meio"). Estes são, sumariamente expostos, os três termos-chave que perfazem o corpo do Islam e que norteiam praticamente toda sua literatura.

A polaridade *shari'ah* (que identificamos aqui ao sentido literal) e *haqiqah* (sentido espiritual), embora essencialmente harmônica, nem sempre se apresenta de maneira estável. A busca do sentido espiritual não tem de considerar as proibições de um magistério dogmático e, em conseqüência, deverá muitas vezes confrontar-se com a *shari'ah* nos casos em que esta repele a *haqiqah*, ou seja, quando a Verdade, em sua pureza essencial, resiste aos limites de qualquer enunciação.

Assim, embora os poetas místicos sempre remetam à tradição islâmica sua busca espiritual interior, eles freqüentemente encontram-se em desacordo com os exoteristas que seguem estritamente a Lei, negando a possibilidade de um contato com a Verdade que transcenda os limites de uma enunciação particular. Os símbolos desenvolvidos na poesia mística (dos quais se tratará especificamente mais adiante), por exemplo, chocam a opinião geral, e é por essa razão que muitos dos poetas foram tachados de heréticos. De fato, eles expressam um ponto sutil usando palavras do Corão de uma maneira especial. Enquanto exteriormente desafiam os juristas, eles interiormente incorporam em seu trabalho o verdadeiro Caminho do Islam.

Embora não se possa traçar com rigor a linha de demarcação dos domínios esotérico e exotérico, não é absurdo afirmar que muitas vezes, na literatura mística, ocorre o encontro de *dois Islams*: um de caráter histórico e exterior, outro espiritual e interior, que ora se combinam ora se confrontam. O esoterismo pode ser definido como o aspecto essencial, ou um aprofundamento da religião, isto porque ele é a um só tempo a origem e a finalidade de todo exoterismo. Por outro lado, estes dois domínios divergem, pois o exoterismo é necessariamente particular, enquanto o esoterismo é a essência universal e transcendente do elemento formal, elemento este que predomina no âmbito exotérico. Essa a razão do esoterismo ser tanto solidário com o formalismo religioso como, ao mesmo tempo, configurar-se como a sua superação.

O esoterismo, ou aspecto interior, é designado na doutrina islâmica pelo termo árabe *taçawwuf*. Do radical *çafa* (pureza, sinceridade) contido em *taçawwuf* derivou-se a palavra *çufi*, de onde o Ocidente forjou *sufismo*. Entretanto, há muita especulação dos orientalistas sobre a origem e o sentido desta palavra, e a acepção que demos acima é apenas uma das muitas possíveis. Na tentativa de uma aproximação do verdadeiro sentido do termo, também poderíamos evocar formulações de diversos poetas e mestres da via espiritual: "essência sem forma", "a religião do Amor", "a sinceridade da fé", "a pureza do coração", ou ainda "o caminho da liberdade imanente". Embora sugestivas, essas formulações jamais se pretenderam, no entanto, propriamente definições do sufismo; apenas procurou-se, na medida do possível, traduzir algumas de suas qualidades. Definir é, etimologicamente, *delimitar*, e só é delimitável aquilo que possui forma específica. É o aspecto supraformal do sufismo que o faz universal, pois lida-se aí com a Verdade incondicionada (*haqiqah*). Conseqüentemente, qualquer formulação ou nomenclatura que se adote na apresentação ou metodologia esotéricas é relativa a um contexto determinado e está subordinada ao tempo, ao lugar e às pessoas a que se destina. Será impossível, portanto, compreender o sufismo de um ponto de vista exclusivamente teórico e exterior; é necessária uma prática, uma via de interiorização. É nessa perspectiva que se insere a leitura dos *romances espirituais* como "A Linguagem dos pássaros", que nos aproxima muito mais do sufismo que qualquer discurso que se intente sobre o que este representa. A verdadeira compreensão do sufismo só é possível através de *vivência interior* como a que mestre Attar nos oferece em seu poema.

Se como vimos de fazer, identificamos o sufismo ao esoterismo islâmico — a essência supraformal da religião muçulmana —, não se poderá confundi-lo, como é comum entre nós, com qualquer dos inúmeros ramos místicos ou seitas islâmicas. Contudo, poder-se-á empregar o termo *sufismo* sempre que se quiser presentificar a "interiorização viva" do Islam. Podemos dizer ainda que a metodologia sufi constitui uma linguagem universal que, além de resgatar os princípios perenes da doutrina islâmica (os quais Attar chama "corpo imaterial do Corão"), promove uma conexão para a interioridade de todas as tradições religiosas. O sufismo traduz a intenção fundamental da Revelação corânica: a *tawhid*, quer dizer, a Unidade de Deus, *a quem nada pode associar-se*, seja no plano metafísico, cosmológico ou psicológico. Quando, por misericórdia, Ele se faz conhecer, a pureza original e também única de Sua presença é revelada através dos reflexos humanos dessa Revelação, reflexos diferentemente constituídos segundo os povos e as épocas. Pois bem, ao afirmar a primazia da Unidade sobre todas as coisas, os sufis reconhecem a irredutibilidade desta Presença, que, participando de todas as formas religiosas, ao mesmo tempo as transcende, e constatam, assim, não só a relatividade de qualquer forma particular de apreensão, mas também a verdade e a legitimidade de cada doutrina em particular. O desdobramento terreno dessa doutrina da Unidade, que se coloca além de qualquer tendência particularista ou de quaisquer aspectos contingentes, é a assim chamada "Comunidade dos crentes", que abarca todos aqueles que, sem distinção de raça, casta ou denominação confessional, dão testemunho dessa Unidade. Assim fazendo, praticam o verdadeiro *ato de Islam*, ou seja, o "retorno à paz de Deus". É este o sentido do termo *Islam*, que remonta à mesma raiz de *salam* (paz).

É claro que cada tradição religiosa tem sua experiência, que se reveste de uma expressão particular, isto é, cada forma religiosa implica uma antropologia própria, uma cultura espiritual determinada, e postula uma filosofia correspondente. Apesar das diferenças formais, observa-se, no entanto, muitos pontos em comum e até mesmo problemas semelhantes na busca do *sentido verdadeiro*, na "viagem" até o sentido espiritual. O primeiro problema a considerar é o quadro de degenerescência que se manifestou indistintamente em todas as tradições, atingindo cada uma em seus aspectos mais característicos. Neste processo de decadência, todas as tradições que encontram sua expressão num Livro Santo enfrentarão as mesmas dificuldades: o sentido espiritual das Escrituras tenderá a ser subvertido em pura literalidade, o que ocorrerá inevitavelmente em detrimento da liberdade necessária ao desenvolvimento de uma hermenêutica espiritual. É somente a partir desse quadro que se pode entender como, em todas as tradições, foi possível a condenação e morte de tantos sábios e santos pelos literalistas legalitários, os doutores da Lei.

Em um de seus desdobramentos, este processo terminará por promover o desaparecimento quase total das formas simbólicas de representação enquanto acesso às realidades espirituais que as fundamentam. Cabe, no entanto, ressalvar que, sejam quais forem as condições cíclicas para a degradação dos aspectos exteriores de uma tradição, o esoterismo permanece vivo, pois sua natureza essencial é eterna e não se submete às leis do mundo temporal.

Pois bem, nesse processo comum a todas as tradições, o que passa a propor-se como exegese, ao menos em suas formas oficiais, é um discurso de caráter jurídico-teológico que, em última instância, nega-se enquanto forma de representação para afirmar-se ele mesmo a verdade que buscava representar. Na linguagem empregada por esse discurso, o símbolo encontra-se completamente descaracterizado, pois é da natureza do verdadeiro simbolismo propor-se enquanto substituição do simbolizado de acordo com as qualidades deste, ao passo que nas formas literárias elevadas à oficialidade os conceitos pretendem uma identificação total ao simbolizado. O símbolo perde sua mobilidade e, estagnado, torna-se ele mesmo objeto de culto, configurando-se, pois, mera idolatria. Aquilo que originalmente, por se propor enquanto substituto, evocava uma presença, vê-se agora rebaixado a mera instituição, à letra morta que nada revela. Forja-se um discurso puramente convencional que, não encontrando suporte que possibilite a manifestação de seu simbolizado, apenas fala sobre ele abstratamente, e, na tentativa de desvelá-lo, distancia-se mais e mais daquilo que pretendia representar.

Em contrapartida, o discurso místico-poético que ora enfocamos aponta para a interiorização da verdade corânica, na perspectiva de *reviver* o mistério de sua enunciação original. Era talvez isto o que queria dizer o *imam* Ja'far ao afirmar que não cessaria de repetir certa prece (surata) até que a ouvisse na voz do mesmo anjo que a havia pronunciado ao Profeta.

Desta forma, o que é registrado literariamente pelos poetas sufis não é apenas um discurso *sobre* o sentido espiritual. A poesia mística não tenciona discorrer sobre o Caminho, mas percorrê-lo; ela não *fala*, ela *faz*: é este o sentido original da palavra grega *poiesis*, um *feito*. Dessa forma, vemos florescer uma literatura que se apresenta como via e guia para a compreensão e assimilação interior de realidades espirituais. Para tanto, ela se vale de técnicas precisas que levam em conta a individualidade que conduz. "Há tantos caminhos quanto corações", afirma o dito.

O veículo básico dessa literatura é, pois, o símbolo, entendido não como um sistema de cifras e códigos empregados arbitrariamente, mas como uma linguagem que se utiliza das qualidades intrínsecas das coisas para significar realidades que as transcendem. Na poesia mística, como nas outras formas de arte, os símbolos utilizados são parte de um meio particular de expressão. As imagens poéticas não são aí meras metáforas, no sentido aristotélico de uma transferência baseada na observação da analogia, e não se busca forjar imagens que *expressem* uma experiência; as expressões utilizadas pelo místico *são* a forma sensível na qual este *vê* a Realidade. O simbolismo, enquanto aparato de suportes sensíveis que possibilitam o acesso ao universo simbolizado, respeita a complexidade da natureza humana, que não é puramente intelectual. Descrever os anjos ou dissertar sobre os atributos divinos seria no mínimo abstrato quando ainda não somos nem anjos nem homens realizados na via espiritual. Na poesia mística, o leitor envolve não apenas sua razão, mas também sua imaginação e sentimentos: torna-se possível, assim, uma ascensão integral do homem às esferas superiores. O símbolo é aqui transformador, e não simplesmente informativo.

Um mundo de experiências foi expressado na poesia sufi por meio de imagens emprestadas de outras tradições: o vinho, o escanção, a taverna, tudo o que foi proibido no Corão na sua forma exterior é empregado pelos poetas como símbolo numa perspectiva iniciática.

O *vinho* é o símbolo do êxtase que conduz o devoto para além de si mesmo quando na presença de uma visão ou emanação do Bem-Amado. É o símbolo do Absoluto, manifestado e presente. É ainda o catalizador que impulsiona a alma do místico em direção à visão espiritual, isto é, o Amor — a primeira meta da Busca. O *escanção* é aquele que induz a beber. Traz consigo o vinho do amor e da afeição; é o mestre que leva o discípulo, através do amor, a beber do Conhecimento Divino. A *taverna* simboliza o coração do místico. O vendedor de vinho, o taverneiro, é o perfeito discípulo que conhece as qualidades de Deus. Ser um freqüentador de tavernas é estar livre da alma inferior, pois a taverna encontra-se num mundo que não tem similitude: é o santuário que não tem lugar no mundo, o ninho do pássaro da alma. Os *intoxicados*, libertinos, embriagados, loucos (*majnun*), os amantes, são os sufis que estão mergulhados no oceano da Unidade, instruídos nos mistérios, porém indiferentes às vicissitudes deste mundo. Eles alcançaram uma visão do Bem-Amado sem par com qualquer coisa do mundo sensível da existência. A *embriaguez* e vadiagem que lhes são atribuídas tipificam a abstração ou distanciamento da alma que mostra desprezo pelas coisas mundanas.

Além desses símbolos, a literatura mística, e a poesia persa em especial, lança mão de inúmeros outros, quase sempre oriundos dos aspectos mais quotidianos da existência. Assim, o *sono* simboliza a meditação sobre a perfeição divina; o *perfume*, a expectativa da inspiração divina; *beijos*, transportes de devoção e piedade, e assim por diante.

A *infidelidade*, a idolatria e a apostasia muitas vezes estão nos poemas para indicar um grau ou estágio de alta iniciação; o ídolo que se adora é o próprio Criador, que está além de qualquer forma religiosa.

À primeira vista os poemas sufis podem parecer inspirados por um espírito sensual e orgíaco, porém, vertidos ao seu sentido verdadeiro, revelam-se pertinentes à genuína essência do misticismo. Ressalve-se, entretanto, a cirscunstância de que esses símbolos "fluem" de acordo com o contexto que servem, não sendo possível imputar-lhes significações sistemáticas.

Pois bem, é nesse contexto, isto é, a partir da abordagem de seu simbolismo, que se pode começar a desvendar a *linguagem dos pássaros* que dá título à obra.

Reportando-nos à epígrafe que juntamos às primeiras páginas deste livro, a *linguagem dos pássaros* "ensinada a David e a seus herdeiros" é, antes de todos os benefícios que a eles foram concedidos, o bem supremo, o dom que permite novamente ao homem o acesso aos *estados superiores do ser*, ou, conforme outra acepção, aos *estados angélicos*. É, de fato, bastante notável, em todas as tradições, a associação entre pássaros e anjos (a *linguagem dos anjos* equivalendo pois à *linguagem dos pássaros*), e não é senão com a finalidade de alcançar os *estados angélicos*, a realização espiritual, que o homem se instrui dessa linguagem, que alude diretamente ao *canto*, à *música*, ao *ritmo* e à sua expressão mais pura, o *número* — todos os elementos que constituem, segundo as tradições, a *ciência primordial* que possibilita ao homem compreender a si mesmo, ao mundo e às criaturas na proporcionalidade que mantêm entre si e também com sua Essência ou Origem.

A *Linguagem dos pássaros* é pois mais do que um título adequado, é uma chave simbólica que nos dá acesso ao aspecto essencial da obra de Attar. O conhecimento dessa *linguagem* é indicativo de uma alta iniciação, e a fala ritmada é a sua expressão no mundo sensível. É esse o motivo de todos os textos e escrituras sagradas estarem vazadas no metro e na *rima* poéticas. O nome *Corão*, por exemplo, quer dizer precisamente *recitação*. Deve-se recordar também que entre os gregos a poesia era designada *linguagem dos deuses*, isto é, afirmava-se nitidamente a natureza essencial da rima poética como expressão do divino. Uma das técnicas mais características na arte poética persa consiste justamente na escolha de um radical e na utilização seqüencial de palavras dele derivadas por dezenas de versos, ou seja, através de aliterações, produz-se uma recitação homofônica, a variação em *arabesco* de um mesmo tema. Neste livro a fórmula métrica empregada é a do *mathnawi*, e essa cadência poética parece ter sido escolhida por possibilitar a integração de materiais de origem diversa, mais ou menos como acontece na sua contrapartida em prosa — o discurso ou sermão pregado por um sheik aos discípulos que se juntam ao seu redor. O *mathnawi* incorpora lendas corânicas, *hadiths* do Profeta, ditos, anedotas, milagres de homens santos, parábolas, alegorias e quanto mais for preciso para clarificar uma intenção ou sentido. A par da liberdade oferecida pela forma métrica, verifica-se todavia na *Linguagem* uma estrutura bastante precisa, que alterna basicamente duas instâncias: os discursos e a viagem dos pássaros apresentam-se permeados por parábolas estreitamente relacionadas ao primeiro material, incluindo-se aí intervenções do próprio autor, que guia o leitor ao longo dessa viagem. Percebe-se também, na estruturação de suas partes, a estrita observância à *ciência do número* (que, como vimos anteriormente, não é outra coisa que a própria *linguagem dos pássaros*). As proporções numéricas que estruturam as partes desta obra adquirem, todavia, tal importância, que constituem objeto do estudo "A Aritmologia da Linguagem dos Pássaros", que se está publicando no corpo deste volume.

A prática poética filiada à *linguagem dos pássaros* desenvolve, enfim, toda uma ciência que torna palavras jóias lapidadas e luminosas, verdadeiras mandalas que remetem o leitor a experiências de cunho bem diferente daquelas sugeridas pela maior parte das incursões contemporâneas no campo da literatura.

Um texto de tal envergadura, que realiza, palavra após palavra, a alquimia da autêntica ciência poética, representa, para os tradutores que pretendam vertê-lo para línguas ocidentais, um desafio que o leitor bem pode imaginar. O persa (bem como o árabe e outros idiomas orientais), possui grande riqueza de expressão, pois cada uma das raízes da língua pode assumir uma ampla gama de significações. Assim, uma mesma frase pode ser lida às vezes de muitas maneiras diferentes, dependendo do significado que se empreste às palavras que a compõem. É pois totalmente impossível reter essa polivalência e maleabilidade na tradução.

A presente tradução amparou-se na versão francesa de Garcin de Tassy que já tivemos oportunidade de mencionar, ainda que em muitos momentos tivesse sido necessário "clarificar" certas passagens, principalmente através de material agregado sob a forma de *notas*. Comparou-se também essa versão a duas outras traduções, ambas inglesas, do *Mantic uttair*: a abreviada de C. S. Nott (*The Conference of the birds*, ed. Shambhala, Londres, 1971) e a em versos que Afkham Darbandi e Dick Davis empreenderam à maneira do *mathnawi* persa (*The Conference of the birds*, Penguin Books, Nova York, 1984). Tais versões, especialmente a segunda, apresentam diferenças bastante marcadas em relação ao texto estabelecido por De Tassy, e este fato muito nos auxiliou afinal na interpretação das passagens mais intricadas da obra. No prefácio que fez publicar junto à primeira edição de sua tradução (e que encontra-se reproduzido neste volume em tradução), Garcin de Tassy também trata das dificuldades que se apresentaram para a sua versão, e para explicar o seu "método" remete o leitor a uma divisa latina que também nós procuramos adotar em nosso trabalho: "Ora uma tradução literal, palavra por palavra, ora uma literária, idéia por idéia, ora a adoção de ambas num tipo de tradução equilibrada".

Farid ud-Din Abu Hamad Mohâmmed, filho de Abu Bekr Ibrahim, nasceu por volta do ano 1120 da era cristã nas proximidades de Nischapur, cidade do nordeste da Pérsia. Seu sobrenome "Attar" (isto é, o perfumista, ou farmacêutico) deve-se ao ofício exercido por seu pai e por ele mesmo, pois ocupou-se a vida toda do comércio de drogas, perfumes e especiarias. Há poucas informações historicamente comprováveis em sua biografia. Em contrapartida, acumulam-se os relatos lendários em torno da figura desse grande mestre, histórias que aliás bem poderiam constar de um de seus próprios livros e memoriais, de tal forma assemelham-se às coletadas por ele. Sua iniciação à via espiritual e ao sufismo, por exemplo, costuma ser relatada da seguinte forma: um dervixe apareceu certa vez no umbral de sua loja de perfumes, fitando-o com os olhos cheios de lágrimas. Farid ud-Din ordenou então ao homem que se fosse dali, ao que o andarilho replicou: "Isso não é muito difícil para mim. Nada levo comigo além deste manto. Porém, e tu, com tuas valiosas drogas? Farias bem em considerar teus preparativos para te pores a caminho". Segundo outra versão desta mesma história, o mendigo pergunta: "Como irás morrer?", ao que Attar responde, assombrado: "Da mesma forma que tu". O dervixe estende-se então sobre o solo, apóia a cabeça em sua escudela e exala seu último suspiro. A partir desse momento Attar, transtornado, retira-se para um período de contemplação sob a orientação do mestre sufi Rukn ud-Din. Foi também discípulo do sheik Majd ud-Din Bagdadi e do célebre Majm ud-Din Kobra, segundo algumas biografias. Sua cultura era imensa, e eram notáveis os seus conhecimentos do Corão e da história e literatura do Islam, bem como de muitas das disciplinas clássicas, tais como música, astronomia e medicina.

As obras atribuídas a Attar são inumeráveis: fala-se às vezes de 100 a 200.000 versos. Além do presente livro, considerado o mais importante, comprovadamente de sua autoria há, entre outros, os célebres "Memorial dos Santos" (*Tadhkirat-al-Auliya*), "O Livro divino" (*Ilahi-nama*), "O Livro dos conselhos" (*Pand-nama*) e "O Livro dos segredos" (*Asrar-nama*). O mestre de Nischapur viveu até idade muito avançada e morreu num dos massacres perpetrados pelas hordas dos mongóis na região do Khorassan. Como narra Idries Shah, Attar morreu como viveu: ensinando. Seu último ato foi deliberadamente calculado para ensinar o homem a pensar por si mesmo: quando Gengis Khan invadiu a Pérsia, Attar, contando já mais de cem anos, foi capturado. Um mongol disse então: "Não mateis este velho. Dou mil moedas de prata por seu resgate. Porém Attar aconselhou seu captor a não aceitar aquela quantia, pois alguém lhe ofereceria ainda mais. Pouco depois um homem ofereceu por ele certa quantia de palha. "Vende-me por palha", disse Attar, "pois isso é tudo o que valho." E foi morto pelo enfurecido mongol.

Considerado um dos maiores mestres de todos os tempos, sua poesia e ensinamentos tiveram ressonância e influência admiráveis, não só no Oriente. Já em Chaucer (1340-1400) podemos encontrar citações e mesmo adaptações bastante fiéis de algumas das histórias de Attar. *The Pardoners Tale* (dos "Contos de Canterbury"), por exemplo, é uma adaptação literal de uma parábola do persa. Garcin de Tassy aponta a semelhança de certas obras de Attar com o famoso *Roman de la Rose* medieval (que tem certos fragmentos também reputados a Chaucer — v. *The Romaunt of the Rose*) pelo conteúdo súfico deste, lembrando, da mesma forma que muitos outros eruditos fizeram, que o gênero ocidental *romance* é diretamente decorrente de textos *romântico-espirituais* orientais como este. Registre-se todavia que, à parte as fragmentárias indicações em Chaucer e outros, "A Linguagem dos pássaros" foi traduzida para o francês e publicada em Lieja em 1653, conhecendo-se também uma versão para o latim de 1678. O estudo da influência exercida pelas literaturas nacionais do Oriente (especialmente a persa e a árabe) sobre a literatura ocidental exigiria todo um estudo especial. O notáve exemplo da cultura andaluza não seria o único destaque nesse estudo. Na literatura inglesa dos últimos 500 anos também encontramos inúmeras oportunidades para tal análise, dos romances de cavalaria a outras formas em que essa influência é menos evidente. Mais contemporaneamente, nosso autor e suas histórias são freqüentemente citados nas obras do argentino Jorge Luís Borges e do mexicano Octavio Paz, entre outras.

Rumi, Jami e outros grandes poetas foram os herdeiros da grande tradição poética do mestre de Nischapur. Diferentes povos adotaram os ensinamentos de Attar, e não são poucas as traduções e adaptações conhecidas de autoria de grandes poetas de línguas orientais, como o árabe e o hindi. De acordo com Jami, "somente nas odes e poemas de Attar podemos encontrar o desvelamento de tantos mistérios da unificação (em Deus), a explicação de tantos mistérios espirituais e de tantos segredos do estado de êxtase (espiritual)". Foi das mãos do próprio Attar que Rumi, em sua passagem por Nischapur quando menino, recebeu uma cópia do "Livro dos segredos", que manteve consigo e estudou durante toda a vida. O autor do grandioso *Mathnawi* expressou assim sua admiração sem limites: "Attar percorreu as sete cidades do Amor, enquanto eu não atravessei senão uma pequena viela".

Ainda que negasse ser poeta — da mesma forma que outros grandes mestres sufis para os quais a arte encontra sua razão de ser unicamente no ensinamento —, Attar usou para escrever uma linguagem simples e ao mesmo tempo cheia de refinamento. Sobre seu propósito, sobre a essência de sua obra, o próprio Attar escreveu: "Não leias meu livro como uma produção poética ou de magia, senão lê relacionando-o ao amor espiritual, (...) aqui não é preciso mais que o amor" (do *Epílogo*).

O amor e o respeito aos homens santos do Islam é constantemente motivo e inspiração para o autor. Por essa razão ele se remete tantas vezes à biografia dos mártires do Islam e de seus fundadores. "Depois do Corão e dos *hadith*, nada ultrapassa a palavra dos santos", diz o prefácio do "Memorial dos Santos", onde são lembradas também as seguintes palavras de Junaid: "A palavra dos santos é uma das armas de Deus Todo-Poderoso; por meio delas Ele conforta e reafirma o discípulo quando seu coração está triste".

Na *Invocação*, Attar busca a inspiração divina e a bênção do profeta Mohâmmed, tecendo ainda um elogio a cada um dos quatro primeiros califas. Estes são os Companheiros do Profeta, homens que chefiaram o Islam depois da morte de seu fundador, constantemente lembrados no decorrer de todo o livro. Para que o leitor possa situar convenientemente os fatos referidos por Attar no exórdio da *Linguagem*, passamos a um resumo das circunstâncias que envolveram o estabelecimento dos primeiros califados.

O Corão não havia regularizado o problema institucional da comunidade e de seus destinos após a morte do Profeta, e tampouco este havia feito tal coisa. Nada se tinha estatuído sobre os diferentes poderes do Estado nem sobre a quem seriam delegados: o Profeta agia segundo a inspiração do momento, por atos espontâneos, de acordo com as circunstâncias. Esses atos tornaram-se, depois de sua morte, uma fonte de jurisprudência; aplicava-se o modelo mohâmmediano — ou o que se supunha como tal — às novas condições. De resto, a maioria das situações que o Estado islâmico conheceu, quando passou das dimensões de uma cidade às de um império, foram também situações imprevistas.

De todos os problemas que se apresentavam, o mais grave era o da própria sucessão do Profeta e, para resolvê-lo, a comunidade dos crentes sofreu as clivagens que ainda hoje nós lhe conhecemos.

Morto Mohâmmed, tratava-se de saber, em primeiro lugar, se as bases do Islam tinham sido fixadas de uma vez por todas ou se, pelo contrário, deveriam passar por novas elaborações. A ortodoxia muçulmana (sunnita) trabalhou a coletânea dos *hadiths* (ditos e ações do Profeta), justamente para estabelecer uma jurisprudência definitiva; o conjunto das atitudes do Profeta se tornaria o modelo para os casos com que o Islam haveria ainda de se deparar. Os xiítas considerarão, pelo contrário, que a *centelha divina* sobrevive nas pessoas de família, quer dizer, em Ali, primo, e, sobretudo, genro do Profeta, e em seus descendentes: a estes caberia, segundo o xiísmo, a condução do Estado e da religião.

O problema da sucessão temporal de Mohâmmed passou a ser determinante no desenvolvimento da história do Islam. Para uns o califa devia ser somente um "suplente" do Profeta, o lugar-tenente encarregado de perpetuar e de aplicar o seu pensamento, conhecido de uma vez por todas: em boa ortodoxia, será califa o mais digno. Diversamente, para os outros a autoridade, o direito, a justiça, todos os sinais do poder não podiam ser separados de sua fonte viva, sem cessar renovada pelos descendentes de Ali, que se tornariam, desse modo, os guias (*imans*) da comunidade: substituição, por conseguinte, do princípio eletivo pelo princípio dinástico.

Tais são, rapidamente apresentadas, as duas opções que se ofereciam no momento em que, morto o Profeta, o Islam prepara-se para conquistar o mundo. As atitudes que a nação islâmica tomará, no quadro dessas duas escolhas fundamentais, serão variadas, matizadas até o infinito, e resultarão no surgimento de inúmeras ramificações.

A imbricação do religioso e do político é um dos fatos mais importantes da história do Islam. A maior parte das grandes correntes de pensamento que compõem essa nação originam-se nos conflitos nascidos em torno da sucessão do Profeta. A partir de então, com o incentivo de um prodigioso borbulhar de escolas diversificadas até o pormenor, se determina esta outra constante do Islam: a ausência de qualquer ortodoxia, definida como poder de interpretação, oficial e majoritário, da Lei. Todavia, essa diversidade de correntes de pensamento de algum modo poderia conduzir a uma multiplicidade frontalmente contrária ao princípio fundamental da nação islâmica, ou seja, a doutrina da Unidade. O resgate da unidade interior do Islam seria efetuado, entretanto, bem à margem das diversas correntes de algum modo ainda ligadas às formas institucionais da religião: coube precisamente às escolas "não-oficiais" ou *esotéricas*, beneficiárias da riqueza interpretativa das diversas vertentes religiosas, reafirmar da forma mais clara e efetiva a unidade corânica ensinada por Mohâmmed. Antes de serem sunnitas, xiítas ou kharidjitas, defensores deste ou daquele ponto de vista comunitário, muçulmanos devem ser muçulmanos, irmanados todos, para além das divergências exteriores da doutrina, nos mesmos preceitos fundamentais de sua fé.

Muito antes do aparecimento dessas escolas esotéricas, entretanto, embora já iniciado o quadro de conflitos políticos a que nos referimos, os quatro primeiros califas marcariam seus governos com uma persistência e força carismática que lembravam ainda muito do brilho do Profeta. A eles Attar dedica neste livro uma série de elogios, onde as disputas políticas são lembradas para uma explícita condenação do fanatismo religioso. Nenhum desses homens é mais digno de louvor que o outro: Abu Bekr, o mais velho e o primeiro califa, Omar, Osman e Ali (este o eleito dos xiítas, pois primo de Mohâmmed, mais tarde desposaria Fátima, sua filha).

O primeiro dos quatro califas que a tradição designa com o nome de *rachidun* (bem dirigidos, inspirados) foi Abu Bekr, pai de Aischa, a esposa preferida do Profeta depois da morte de Khadija (sua primeira consorte e também íntima colaboradora e confidente). A Abu Bekr fôra confiada, por Mohâmmed nos últimos tempos, a honra de dirigir a prece. Neste califado (10/632 - 12/634), o Islam assegura-se do domínio da Arábia.

Omar, expressamente designado por Abu Bekr como seu sucessor, leva em dez anos o Islam ao âmago das civilizações antigas: da Síria bizantina ao Iraque sassânida, do Iran a Heliópolis no Egito. É sob este califado que se abrem as rotas da Ásia Menor, da África do Norte e da Índia à influência islâmica.

Quando morre Omar em 23/644, sob o punhal de um escravo cristão, a expansão será lançada. A Osman, o terceiro califa, designado por um conselho de seis sábios nomeados por Omar antes de morrer, coube a continuidade da expansão do Islam, por terra e já por mar.

Da brusca expansão do Estado muçulmano, que deixa um grande lugar à improvisação, surge então toda uma combinação de intrigas e lutas políticas que dificultariam sobremaneira a tarefa do califa. No centro, a idéia de uma legitimidade califal a favor da família do Profeta, encarnada em Ali e seus descendentes, progride continuamente. Urdem-se conspirações. Cercado em sua casa de Medina, Osman é assassinado a golpes de sabre em 35/656.

Na confusão que se segue, e na qual quase extingue-se a unidade política e religiosa do Islam, Ali, investido no califado, entra em conflito com pretendentes desprezados que Aischa apóia, motivada não só por ambição mas por rancor contra Ali, a cujos seguidores ela atribui a morte de Osman. Na batalha do Camelo (36/656), no baixo Iraque, o novo califa sai vitorioso, mas ser-lhe-á necessário, em seguida, voltar-se contra Mu'awiya, governador da Síria, chefe do clã dos omáyyadas e parente de Osman, o califa assassinado.

Em Çiffin, em 37/657, a vitória parece estar decididamente ao lado de Ali, mas este, por motivos não totalmente conhecidos, aceita a trégua que o adversário lhe propõe. Mu'awiya pode, deste modo, conservar a Síria e mesmo estender o seu poder ao Egito, sendo então colocados em xeque os princípios da legitimidade califal: contra Ali, que pouco se importa com isso, e também contra o usurpador, erguem-se os primeiros cismáticos declarados, os kharidjitas, que não aceitam as atitudes de Ali no conflito de Çiffin. O seu rancor será tenaz: um deles, em 40/661, assassina Ali.

A partir daí multiplicam-se os partidos a favor desta ou daquela fórmula sucessória. Mas o Islam conhecerá também largos períodos de estabilidade política e esplendor: primeiro sob o califado dinástico omáyyada, cujo centro é Damasco, na Síria. Mais tarde durante a dinastia abássida estabelecida em Bagdá, na Pérsia, que conseguiu reunir com sucesso parcelas expressivas do pensamento sunnita e xiíta, pois o pretendente escolhido para o califado pelos primeiros também preenchia os requisitos dos últimos: era um descendente de Al-Abbas, o tio-avô do Profeta. Durante essa dinastia será marcante a influência da cultura e da arte persas sobre o Islam. Nesse período também chegaram a conviver harmoniosamente as mais diversas culturas e correntes filosóficas e doutrinais, incluindo-se aí as comunidades cristã, judaica e mazdeísta (os zoroastristas da Pérsia pré-islâmica).

Pode-se observar mais uma vez, de acordo com os fatos narrados, que sempre foi da natureza do Islam ou de sua missão colocar-se sobre um terreno político quanto à sua afirmação exterior. As vicissitudes que se afirmaram nesse campo após a morte do Profeta não são com certeza imputáveis a uma insuficiência espiritual, mas refletem os aspectos inerentes ao terreno político como tal: o fato de ter sido o Islam instituído exteriormente por meios humanos tem seu fundamento único no Querer divino, como ensina o ponto de vista interno à tradição.

Sem dúvida, principalmente para os leitores não familiarizados com os princípios sobre os quais se funda a religião e a cultura islâmicas, o quadro sucessório que se descreveu acima, permeado de conflitos e lutas pelo poder, pode causar estranheza, derivada principalmente da tendência a se traçar comparações superficiais entre duas formas tradicionais.

É necessário recordar que toda vez que se faz uma comparação entre duas *tradições*, faz-se em prejuízo de ambas. No entanto tais comparações são virtualmente inevitáveis para a maior parte dos leitores do Ocidente.

Deve-se colocar com clareza, aqui, o aspecto superior do quadro que acabamos de descrever: a idéia realizada pelo islamismo e pelo Profeta é somente a da Unidade divina, cujo aspecto de absoluta transcendência implica — para o mundo "criado" ou "manifestado" — um aspecto correlativo de imperfeição. Foi isso o que permitiu ao muçulmano empregar desde o início meios humanos, tais como a guerra, para constituir o seu mundo tradicional. Não devemos nos esquecer que, embora o cristianismo tenha se constituído de maneira diametralmente oposta, depois de alguns séculos de intervalo dos tempos apostólicos terminou-se por empregar os mesmos meios "humanos", ou melhor, políticos, aliás indispensáveis para a propagação de uma religião. Quanto às guerras desencadeadas pelos próprios Companheiros do Profeta, representam como que juízos divinos, ordálios visando o que se poderia chamar a "elaboração" — ou "cristalização" — dos aspectos formais de seu mundo tradicional; o ódio não entra em jogo, e os santos homens que se combateram desse modo, longe de lutar contra indivíduos por interesses humanos, obedecem a uma ordem originada de um ensinamento espiritual para cumprir o seu destino como instrumentos do plano divino. É este o princípio que encontramos na gesta medieval, isto é, o combate como instrumento do julgamento divino. Da mesma forma, é útil recordar os procedimentos que os profetas de Israel adotaram para a afirmação de sua nação. Torna-se impossível, pois, qualquer julgamento de cunho moral na avaliação de tais procedimentos, que encontram sua razão de ser unicamente na Vontade divina.

De nossa parte, é preciso dizer que o propósito deste Prefácio foi apenas o de localizar algumas questões que se apresentarão no decorrer do texto. Esperamos que de alguma forma tenha sido útil ao leitor. Àqueles que desejem aprofundar os elementos referidos nesta apresentação, indicamos alguns textos que nos auxiliaram na compreensão da obra e na elaboração da tradução: *Da Unidade Transcendente das Religiões* (Frithjof Schuon, ed. Martins, São Paulo, 1953), *O Esoterismo como Princípio e como Via* (F. Schuon, ed. Pensamento, São Paulo, 1986), *Histoire de la Philosophie Islamique* (Henry Corbin, ed. Gallimard, Paris, 1964), *The Sufis* (Idries Shah, ed. Anchor, New York, 1981), *O Islam e sua Civilização* (André Miquel, ed. Cosmos, Lisboa, 1971), *Aperçus sur l'esoterisme islamique et le Taoisme* (René Guénon, ed. Gallimard, Paris, 1973) e *Princípios Gerais do Sufismo* (Sirdar Ali Shah, Attar Editorial, São Paulo, 1987).

Também tornamos pública aqui nossa gratidão aos amigos que nos apoiaram na consolidação desta edição: Mônica Udler Cromberg, que nos auxiliou na pesquisa das notas e nos assessorou na transliteração dos termos árabes e persas, Luadir Barufi, do Laboratório de Informática da Faculdade de Educação da Universidade de São Paulo, Amâncio Friaça, cujo estudo publicado neste volume nos foi de grande valia, e Percy Longo Filho, da Biblioteca Municipal Mário de Andrade.

A ARITMOLOGIA
DA LINGUAGEM DOS PÁSSAROS

por Amâncio Friaça

O escrito de Attar já é tornar presente a "linguagem dos pássaros", a fala ritmada que se oferece como um campo aberto à manifestação divina. No ritmo, a contigüidade entre o vazio e o cheio é o que conta para a penetração do sagrado, inaugurado no silêncio entre um falar e outro. Assim, o contar algo importante, seja os primórdios do mundo, seja uma jornada espiritual, sempre se reveste de uma pulsação; não se limita a um discurso, a uma exposição, mas toma a forma de uma recitação, de um canto. Quando as musas abrem a *Teogonia* de Hesíodo, elas, as forças do cantar, pelo seu canto presentificam o mundo, o *in*-vocam, chamam-no para si, permitindo que ele seja passível de admiração, ou seja, constituem o milagre primeiro, aquele da existência. Não é para menos que a palavra latina *carmen*, significando verso, é dotada de um valor ritual acentuado pela sua identidade com o sânscrito *karma*, que possui o sentido particular de ação ritual e cuja raiz *kr* significa *fazer*, dela derivando o verbo latino *creare*. Por outro lado, "poesia" deriva do grego *poiein*, que também significa fazer, criar, produzir, o que faz do poeta, do bardo, ao cantar o que quer que seja, co-produtor daquilo que é cantado.

Quanto à *invocação*, nós, os modernos, a ela mal nos referimos. Em troca, falamos sempre, compulsivamente, da "expressão". A Torre de Babel ilustra a situação da expressão por si só, sem invocação. Os andares da Torre são imagem dos planos de realidade. Enquanto símbolo, a Torre nos remete para a estrutura íntima da realidade, estratificada segundo os graus de existência que medem tantos passos quantos damos ao transpor a "porta de Deus" (do acádico *Bab-ili*). O símbolo invoca: há um tempo em que ele afirma, ou melhor, clama, e outro em que se esvanece. A ele se opõe o ídolo, expressão pura, que se afirma como um colocar-se sem chamar, como uma solidez que recusa a possibilidade de ser permeada. A Torre semidestruída ou semiconstruída é o que resta da idolatria da verticalidade pura, lítica, verticalidade apenas afirmada e nunca suspensa, pois se existem os planos de realidade existe também a comunicação entre estes, e quando esta é relegada, a própria hierarquia perde a sua inteligibilidade, instala-se a confusão (em hebraico *Babel*), a confusão de planos. Em lugar dos pavimentos de ladrilhos conectados apenas por entulho, os pássaros e seu vôo dão idéia dos planos de realidade e da livre passagem de um a outro. Os pássaros são sustentados apenas pelo ar, que é o Espírito, e o seu canto é aquilo que transpassa os planos de realidade, conectando todos os níveis do universo, e também um sopro que reproduz o papel de conector universal do Espírito. A estratificação dos planos de existência é por eles falada já como uma mobilidade entre os andares cósmicos e como uma reunião de toda esta armação no espírito. É com a linguagem dos pássaros que fala Dionísio, o Aeropagita, ao afirmar que a hierarquia conduz o ser a Deus:

"1. A hierarquia, em meu entender, é uma ordem sagrada, uma ciência, uma atividade que se assimila tanto quanto possível à deiformidade e, segundo as iluminações de que Deus a tenha dotado, elevando-se à medida de suas forças para a imitação de Deus — e se a Beleza que convém a Deus, sendo simples, boa, princípio de toda iniciação, é inteiramente pura de toda a dessemelhança, Ela faz participar cada um, segundo o seu valor, na luz que existe n'Ela, e Ela aperfeiçoa-o numa mui divina iniciação, afeiçoando harmonicamente os iniciados à imutável semelhança de sua própria forma.

2. A finalidade da hierarquia é, portanto, na medida do possível, uma assimilação e união a Deus..."

Ritmo e número se encontram em vínculo direto. A raiz de *arithmos*, a palavra grega para número, liga-se ao latim *ritus*, envolvendo a idéia de ritmo. O significado primitivo de *arithmos* é ajuste, arranjo, boa disposição, ordem (em latim *ordo*, que equivale ao sânscrito *rita*, que partilha da mesma raiz de *arithmos*), e quando *arithmos* é traduzido por *número*, este deve ser entendido não só como quantidade mas também como harmonia, proporção e conjunto, ou seja, como ritmo, quer traduzido espacialmente, como na arquitetura, quer em sons, como na música. O ritmo sempre acompanha uma inteligibilidade, desenvolvendo-se num campo que de outro modo seria indiferenciado, sem nada que se prestasse à intelecção. Onde há inteligência humana, há leitura que é ordenada segundo o ritmo, segundo o número. Portanto, do mesmo modo são ordenadas as "vozes", as ciências do "trivium" — lógica, retórica, gramática — que formam par com as do "quadrivium", de natureza mais claramente matemática. Assim, *arithmos* e o latim *numerus* designam, em retórica, o ritmo de um discurso, a frase ritmada (o cultivo da fala balanceada é ilustrado no *Banquete*, [186]). E quanto mais elaborado um texto, maior o emprego da ciência do ritmo (e da ciência do número da qual ela depende diretamente). Numa obra, o ritmo vai transparecer naquilo que, numa escala fina, perpassa o fluxo das palavras e, além disso, no número de divisões ou destaques do conjunto. Assim, é freqüente que o esquema literário de um livro *tradicional* se prenda sistematicamente a um conjunto de números. No Evangelho de S. Mateus, por exemplo, o número 14 é central, pois é o equivalente numérico do nome de David (4+6+4): o Evangelho é dividido em sete partes e possui 28 capítulos, a genealogia de Jesus Cristo, filho de David, sendo apresentada em 3x28 gerações. Por outro lado, como veremos mais adiante, a presença de números com valor simbólico na *Divina Comédia* de Dante é um fato bastante conhecido. Também Attar ancora a sua obra *A Linguagem dos pássaros* numa estrutura numérica: sua narrativa articula-se em torno dos pares 12-10 e 22-7. No início, louvores são dirigidos a 12 pássaros além da poupa, que após propor a viagem até o Simorg, coloca às claras os apegos de 10. Em seguida 22 questões são levantadas pela assembléia dos pássaros, sendo que a resposta à última já é a descrição do primeiro dos 7 vales a serem transpostos na jornada. Passemos a um exame dos significados destes emblemas numéricos.

A alternância entre pleno e vazio que caracteriza o ritmo também aparece no número. A própria sucessão numérica já constitui uma forma elementar de alternância que também é reproduzida na repartição dos números em pares e ímpares, celestes e terrestres, primos ou não. A primeira divisão do número, evidente pelo percurso da série dos números naturais, é em par e ímpar. O 2 é o primeiro par e o 3 o primeiro ímpar, o *um* não sendo contado, pois ele é propriamente o princípio do número. Todas as cosmologias começam falando em Céu e Terra como princípio de todas as coisas. Na realidade, numa perspectiva cosmogônica, o princípio terrestre é comumente enumerado em primeiro lugar, Gea antes de Urano, as trevas antes da luz, o que faz com que o 2 designe a Terra, e o 3 o Céu. Mas 2 e 3 representam Terra e Céu em si, em seu estado puro, por assim dizer. A variedade de todas as coisas que se segue do Céu e da Terra é representada pelo 4, que aponta para a multiplicidade indefinida que decorre dos dois primeiros números.

Se 2 e 3 são a Terra e o Céu em si, e o 4 é tudo o que eles contêm potencialmente, o que se espera de sua união, os números 5 e 6 se referem novamente ao Céu e à Terra, porém enquanto agindo reciprocamente. O 5 é o número da Terra perante a ação do Céu, e o 6 é o número do Céu perante a ação da Terra. A ação do Céu consiste numa presença pura representada pela adição de três ($5 = 2 + 3$), enquanto a ação da Terra é uma reação representada pelo produto por 2 ($6 = 3 \times 2$). Os múltiplos de 5 e 6 — 10 e 12 — também são números da Terra e do Céu respectivamente, tanto que, dentro da tradição chinesa, as formas retas, próprias da Terra, são medidas com o sistema decimal, enquanto que a base para a medida de curvas é duodenária. (O par de números 2 e 3 dá conta aproximadamente da proporção entre a semicircunferência e o diâmetro que figuram o conjunto Terra-Céu, daí as correspondências Céu-curva-círculo e Terra-reta-quadrado. Além disso, o redondo gira como o Céu e o quadrado é estável como a Terra.)

O par 12-10 aparece no texto de Attar dentro desta perspectiva: o louvor é feito a 12 pássaros pela poupa — louvor aqui significando "partilha das honras", no sentido hesiódico, ou seja, atribuição a cada um da sua virtude própria —, pois trata-se aqui de arquétipos celestes (os 12 *Adityas* da tradição hindu mais o Sol, os 12 apóstolos do cristianismo e o Cristo, os 12 *imans* dos xiítas mais o Profeta) que definem uma totalidade perfeita, a poupa sendo o centro de onde emana esta perfeição, enquanto 10 pássaros tipificam as limitações (de caráter terrestre).

Céu e Terra constituem um par complementar, porém todo par envolve hierarquia, no caso o Céu sendo superior à Terra. Quando passamos a um outro domínio, mais restrito do que o de Céu-Terra, aquele constituído pelo par Sol-Lua, em que novamente existe uma prioridade, aquela do Sol sobre a Lua, ocorre uma inversão: o número 10 passa a referir-se ao Sol e o número 12 à Lua. Assim, os "sóis", ou dias, são contados em períodos de 10, entre os chineses, e as "luas", ou meses, em períodos de 12, constituindo o ano. Mas, enquanto 10 dias formam a "semana" chinesa, 7 dias constituem a semana que o Ocidente partilha com o Oriente Próximo. E a semana e o mês possuem uma comensurabilidade aproximada: três "semanas" de 10 dias fazem um mês sinódico (aquele decorrido entre duas lunações sucessivas), e 4 semanas de 7 dias um mês sideral (determinado pelo retorno da Lua a uma mesma posição entre as estrelas fixas).

Deste modo, se 7 é o número solar no binário Sol-Lua, pode-se esperar que seja um número terrestre no binário Céu-Terra, se ocorrer a mesma inversão verificada entre os números 10 e 12. Contudo, qual seria o outro número que, solidário com o 7, falaria do Céu? Uma tradição reconhecida por Dante, por ele herdada dos árabes, coloca o número 11 como um número celeste que formaria par com o número 7. De fato, as estrofes da Divina Comédia formam grupos de 11 ou 22. No "Inferno", a maior parte das cenas ou episódios nos quais se subdividem os diversos cantos compreendem exatamente 11 ou 22 estrofes (algumas apenas 10), havendo também um certo número de prelúdios e de finais em 7 estrofes. Além disso, cada uma das 3 partes da *Divina Comédia* se divide em 33 cantos. Somente o "Inferno" é constituído por 34 cantos, mas o primeiro é antes uma introdução geral que completa o número total de 100 no conjunto da obra. O número 11 é também em Dante um "sinal de reconhecimento", indicando a sua proximidade com a Ordem dos Templários, cujo número simbólico era o onze. Ora, esta Ordem, procurando constituir ponte entre Oriente e Ocidente, ao mesmo tempo guerreira e sacerdotal, tomou como sua insígnia a soma de 5 e 6, os números da Terra e do Céu, respectivamente. De fato, segundo a tradição chinesa, 11 é o número pelo qual se constitui na sua perfeição a "Via do Céu e da Terra", e que simboliza a "União central do Céu e da Terra".

Daí a importância tradicional do número 11 e de seus múltiplos (33 são os anos da vida de Cristo, 22 são as letras do alfabeto hebraico). Quanto ao número 7, ele se presta tanto à descrição de perfeições como também freqüentemente designa aquilo que é imperfeito (os sete pecados capitais), o que mais uma vez insinua que ele esteja sob o signo da Terra. Se figurarmos o Céu-Terra por uma semicircunferência-diâmetro, a razão 11/7 aproxima a razão rigorosa π/2 com um erro de 4 partes em 10.000, o que reforça mais uma vez a atribuição de um caráter celeste ao número 11 e de um caráter terrestre ao número 7. E não só em geometria este par comparece, mas também em música. Se procurarmos, diferentemente da escala diatônica, dividir a oitava em 7 intervalos iguais, isto será obtido muito perto com o "tom" 1 + 1/11, dentro de uma precisão de 3 partes em 1.000 (lembramos que o semitom da escala diatônica corresponde a uma diferença de uma parte em 15).

O múltiplo 22 também forma par com 7, porém desta vez ele se refere à totalidade do Céu: não apenas ao Céu acima do horizonte, mas ao visível e ao momentaneamente invisível em seu conjunto. O par 22-7 pode agora ganhar um novo significado além daquele de Céu-Terra, passando a representar, enquanto Circunferência-Diâmetro, o Periférico e o Direto, o Tortuoso e o Reto. Além da antiga perspectiva cosmológica de Céu-Terra, ele ganha uma outra, espiritual, pois agora trata-se de *Shari'ah-Tariqah*. Novamente, nesta passagem de planos, deparamo-nos com uma troca de atributos: a *Shari'ah*, o caminho do exterior, que dá voltas, tem um caráter terrestre, e a *Tariqah*, a via interiorizante, reta, é propriamente celeste, o emblema da primeira sendo o 22 e o da segunda o 7. É natural esta inversão, pois no primeiro caso o ponto de vista é o da manifestação, enquanto no segundo é o da realização: num caso vemos a saída a partir do divino, no outro o retorno a ele, num pólo a Existência, no outro a Inteligência. A primeira parte da obra de Attar, mais breve, se dá dentro de clima cosmológico, do movimento de fluxo da maré: primeiro os arquétipos celestes, depois as limitações terrestres. Já a segunda parte, cuja própria extensão indica a finalidade da obra, descreve o movimento de refluxo da maré, a realização espiritual. 22 questões cercam de modo periférico a *Haqiqah*. A 22ª questão já é o primeiro vale, pois definiu-se um conjunto completo. Daí se seguem mais 6 conjuntos completos, que vão fazendo a transição de uma completude tangencial para uma totalidade radial. O 22º sempre desempenha um papel de importância — a última letra do alfabeto hebraico, a carta do *Louco* no Tarot —, pois nele um incompleto é tornado completo e ao mesmo tempo prepara uma mudança de tipo de movimento, desta vez em direção a um novo nível. Portanto, o 22 é mais que um passo, é a passagem do caminhar circumbulante para um caminhar direto rumo à *Haqiqah*.

Dentro do trajeto circular de um vale, o que há é o desenvolvimento de algo que vem de algum ponto atrás que nos foi transmitido. O passo radial já corresponde a algo bem à frente que encontramos e confrontamos, a um face-a-face em que o divino é presença pura, imediata. Aqui também trata-se de uma transmissão, mas enquanto no percurso de um vale esta transmissão se substantiva numa origem mais ou menos perdida à qual nos esforçamos para retornar, na transposição de um vale para outro, o ato pleno do transmitir nos atinge em cheio. Agora não há mais necessidade de esmiuçar os setores de cada vale, eles são apresentados em sua unicidade.

As 21 frações crescentes do primeiro vale e os 7 vales inteiros formam 28, cifra de imenso valor simbólico dentro da tradição islâmica, o número de letras do alfabeto árabe, a língua sagrada que permitiu o descendimento do Corão. Do mesmo modo, a luz do sol se reparte nas 28 mansões lunares que dividem o zodíaco, cada uma delas representando um aspecto que toma a lua em sua dança com o sol. Aritmeticamente, a virtude reconhecida do 28 é a de ser um número perfeito, isto é, ele é a soma de seus fatores ($28 = 14 + 7 + 4 + 2 + 1$). De fato, ele é o único do gênero entre as dezenas.

Num nível puramente espiritual, o mapa do itinerário do homem em realização situa a sua meta, a *Haqiqah*, no centro de um conjunto de círculos, um mais interior que o outro. Porém, ao se passar ao domínio cósmico, teremos uma cartografia às avessas. Se consultarmos a geografia sagrada sobre a localização da *Haqiqah*, ela nos dirá que esta só pode ser encontrada nos confins do mundo, ou seja, na montanha Káf, que envolve anularmente a Terra, o destino da viagem dos pássaros através dos vales. Do mesmo modo, também a astrologia falará do Empíreo, o espaço de Deus, que contém em seu seio os demais céus. Nesta cosmografia, o mais longíquo horizonte aloja o mais distante passado, o horizonte extremo, é onde se encontra a primordialidade, é o local da Origem.

A idéia de Centro seria a primeira que faríamos corresponder, espacialmente, àquela de Origem. Mas no mundo em que vivemos, em que o sagrado apenas murmura, a origem encontra sua representação mais distante, na periferia das coisas. Neste mundo, se a Origem nos foge, o Fim parece pairar, carregado, sobre nossas cabeças. Cabe então lembrar que se no horizonte nascem o Sol e os demais astros, nele também se dá o seu ocaso. A borda do mundo, portanto, não só nos remete para a Origem das coisas, mas também para o seu Fim, entendido em seus dois sentidos, no de sua conclusão e no de sua destinação última.

Na circular montanha Káf, se encontram a Origem e o Fim. Ela deve então ser a sede de algo mais que Origem e Fim, algo que poderíamos chamar de Princípio. Quando se está no mundo contido por Káf, se está dentro de uma perspectiva cíclica, e então falamos de Origem e Fim. Porém em Káf vive-se o Princípio, fora dos ciclos, ou melhor, o Princípio com os ciclos por fora. Assim esta montanha, que uma topografia descreve como um anel, é a montanha polar coincidente com o *axis mundi*, em torno do qual revolvem todos os céus. Curiosa e sábia a geografia dos antigos, que não insiste em firmar a figura do mundo, mas favorece a convivência de *imagines mundi* diversas, sempre acentuando a distinção entre os planos de realidade. Um nome para Káf, para o Princípio, poderia ser *Extremo*, pois este se pode aplicar tanto ao pólo, extremamente alto, como ao horizonte, extremamente distante. Assim fazem os chineses, para quem o Princípio é *Tai-Chi*, o grande extremo, situando-o simbolicamente no pólo. Mas este é o Princípio nominável, o Princípio supremo e inominável é o *Tao*, e quando mesmo o nome se esvai estamos já adentrados à câmara do Simorg.

PREFÁCIO

de Garcin de Tassy
à edição francesa de 1863 (*)

Completo hoje a publicação do texto do *Mantic uttair* com a tradução, tão literal quanto pude fazê-la para permanecer inteligível, desta produção célebre de um dos mais eminentes poetas espiritualistas da Pérsia. Não repetirei aqui o que disse sobre a obra e sobre o autor em meu memorial intitulado *A Poesia filosófica e religiosa entre os Persas, segundo o Mantic Uttair*. Apenas acrescentarei a essas informações uma peça curiosa: a inscrição tumular do monumento erigido em memória de Farid ud-Din Attar, encontrado nos arredores da vila de Nischapur por Nicolas de Khanikoff, antigo cônsul-geral da Rússia na Pérsia; a esse sábio viajante devo essa informação. Enquanto encontrava-se nessa vila, não pôde infelizmente copiar ele próprio essa inscrição, com receio de ferir os preconceitos dos nativos; seria perigoso desafiá-los. Entretanto ele encarregou seu *mirzá* dessa tarefa, que deve tê-la executado às pressas, e dessa forma de uma maneira falha e incompleta. De início, tinha conhecimento apenas dessa cópia, acompanhada da reprodução de nosso amigo comum Alex. Kasem Beg e de algumas observações do mesmo erudito, obsequiosamente traduzidas para mim do russo por Wlad. de Veliaminof-Zernof. O senhor De Khanikoff me havia dado, além disso, seu parecer sobre diversas passagens, pois ele discordava da interpretação de Kasem Beg. Tudo isso tornou-se inútil depois que o senhor De Khanikoff, descontente com nosso texto, por mais aperfeiçoado que estivesse por nosso triplo trabalho, decidiu providenciar a tomada de uma nova cópia, completa e exata desta vez.

(*)Joseph Héliodore Sagesse-Vertu *Garcin de Tassy*, orientalista francês, nascido em Marselha a 20 de janeiro de 1794, morto em Paris a 2 de setembro de 1878. Já possuía noções de árabe, quando, em 1817, chegou a Paris para seguir o curso de Silvestre de Sacy. Sob a direção desse ilustre mestre entregou-se ao estudo do árabe e do persa, consagrando-se depois de maneira especial ao hindi, língua que ensinou durante quase 50 anos na Escola de Línguas Orientais, numa cadeira especialmente criada para ele em 1828. Eleito membro da Academia de Letras e Belas Artes em 1838, foi em seguida chamado a presidir a Sociedade Asiática e nomeado administrador adjunto da Escola de Línguas Orientais. Em 1850 começou a publicar, primeiro sob o título *Discours d'ouver-*

Segundo esta cópia, recentemente recebida de Nischapur, pude restabelecer o verdadeiro texto da inscrição e dar-lhe interpretação. Infelizmente essa inscrição, gravada sobre uma pedra escurecida, não é contemporânea do falecimento do grande poeta, pois nela está dito que foi gravada durante o reinado do sultão Abu 'Igazi Hussain, o que só pode ter ocorrido entre os anos de 873 (1468-1469), quando ele tornou-se senhor do Khorassan e 911 (1505-1506), quando morreu. De Khanikoff até mesmo duvida que este monumento corresponda ao local da sepultura do poeta, e ele vai ainda mais longe, pois acredita ser difícil que Attar tenha sido sequer enterrado, dado o estado de desolação da região à época da sua morte. Em todo caso o monumento é curioso, o poema fúnebre é inédito e eu não poderia me sentir senão grato de publicá-lo aqui.

A inscrição começa, segundo o costume muçulmano, pela dupla fórmula *Allah ul-baqui* e *Bismi Allah*, etc., depois segue o poema, que é um *mathnawi* de vinte e quatro versos (os seis últimos estão ilegíveis) na mesma métrica do *Mantic*; o primeiro, o décimo segundo e o décimo oitavo em árabe, os outros em persa. É lastimável que este poema *epitáfico* deixe em suspenso a data do falecimento de Attar, sobre a qual os biógrafos nativos não estão de acordo, pois uns fazem-no morrer em 627, outros em 629 e mesmo em 632. Deuletshah pronuncia-se, com razão sem dúvida, a favor do ano 627 (1229-1230) e, não obstante, como faz nosso poeta nascer em 513 (1119-1120), ele teria vivido então mais de cento e dez anos até perecer de morte violenta. Eis aqui a tradução da inscrição de que tratamos, acompanhada de algumas notas explicativas:

DEUS É ETERNO

Em nome de Deus, o Clemente, o Misericordioso

Eis aqui o jardim inferior do Éden, onde Attar (o perfumista) [1] perfumou a alma até dos mais humildes;

---

ture (1850-1869), depois como *La langue e la littérature hindoustanies* (1872-1877), uma resenha anual que obteve grande sucesso. Essa resenha dava uma idéia bem exata do movimento literário da Índia moderna e gozava de grande reputação não somente entre os europeus, mas ainda, e sobretudo, entre os hindus, que tinham seu autor em alta estima. De Tassy publicou mais de duas dezenas de traduções de clássicos persas e hindus, inclusive uma tradução em três volumes do Corão (1ª edição em 1829). Sobre *A Linguagem dos pássaros* (a versão persa foi publicada em 1857, e a tradução em 1863, ambas pela Imprimerie Impériale), escreveu todo um volume exegético: "La poésie philosophique et religieuse chez les Persans, d'aprés le *Mantic uttair*, ou *Le langage des oiseaux*, de F. Attar et pour servir de introduction à cet ouvrage" (Paris, 1856). (N. do T.)

1. Esta palavra significa propriamente "mercador de *'itr*" (essência de rosas), e também de drogas e de perfumes.

Trata-se do túmulo desse personagem, tão eminente que a poeira do caminho que percorreu poderia servir de colírio para o olho do firmamento azulado;

Do sheik ilustre, o sheik 'Attar Farid, ele, de quem os santos foram discípulos;

Desse excelente perfumista (attar-é), *cujo hálito envolveu o mundo de um a outro Káf.*

Comparado ao seu bazar de perfumes, morada dos anjos, o céu não é mais que um frasco cheio de bolotas com essência de limão.

A terra de Nischapur será célebre, por causa desse ilustre personagem, até o Dia da Ressurreição.

A mina de ouro foi encontrada em Nischapur, ² *pois ele nasceu em Zarwand, distrito de Gurgan.*

Morou em Nischapur 82 anos, e aí viveu tranqüilo durante 32 anos.

No ano da hégira 596 (1190-1191), foi perseguido pela espada que tudo devorava como o sol. ³

Farid pereceu na época de Hulaku Khan; sua alma pura foi martirizada no massacre que então se deu.

Os contemplativos que possuem o conhecimento da essência divina vendem facilmente por nada a colheita de sua existência.

Que Deus Altíssimo dê alívio à sua alma! Eleva, ó meu Senhor!, sua santidade e seu mérito!

A laje tumular deste homem eminente foi colocada durante o reinado do rei do mundo,

Sua Majestade, o sultão Abu 'Igazi Hussain, a sombra de Deus, o sustentáculo e o abrigo dos dois mundos,

A quem o destino tratou com toda violência, mas que embebeu de veneno seus inimigos.

---

2. Figura oriental para dizer que ele nasceu em Nischapur, ou pelo menos nas redondezas. A palavra *zar*, ouro, é aliás empregada de propósito, por causa de Zarwand, que dela deriva.

3. Esta data não é a da morte de Attar, pois M. de Khanikoff fez-me observar que a tomada e saque de Nischapur ocorreu em 608, isto é, trinta e dois anos mais tarde. Portanto, trata-se aqui somente das primeiras afrontas que nosso poeta sofreu.

O próprio Nushirwan jamais conheceu justiça semelhante à de Hussain, e essa justiça tornou-o afortunado.

Pelo terror que inspirava a justiça desse valente rei, o leão pentearia a barba da cabra.

Que Deus dê eternidade a seu reino e guie seu barco pelos mares da eqüidade!

Sua Majestade, o grande emir, esse que é abrigo e refúgio dos grandes e pequenos, deu o seu consentimento; [4]

Ele, cuja generosidade é larga como o Oceano, esse grande rei, à vista de cujo semblante elevado o firmamento não passa de um vil mosquito.

O texto persa do *Mantic*, que hoje minha tradução acompanha, compõe-se de quatro mil, seiscentos e quarenta e sete versos do gênero dito *mathnawi*, como o pequeno poema epitáfico que acabo de apresentar, isto é, em que os hemistíquios (meios versos) rimam juntos, com mudanças de rima a cada verso. Eles pertencem à variedade métrica denominada *raml*, que se compõe a cada hemistíquio de três pés *fai la tun*, *fai la tun*, *fai lun*, isto é de dois epítritos segundos e de un anfimacro.

Para publicar este texto, tive a vantagem de poder consultar um bom número de manuscritos, pois o *Mantic uttair* possui tão grande celebridade no Oriente que os manuscritos desse poema são quase tão numerosos quanto os do *Gulistan*, ainda que Attar, apesar de persa, fosse sunnita e não xiíta, pois ele realmente toma a defesa dos três primeiros califas na introdução de seu poema, como se verá em breve. Suprimiu-se esta parte em alguns manuscritos e ela não foi traduzida na versão hindustani de que falarei adiante. De resto, as opiniões sunnitas de Attar afastaram bastante os persas da leitura de suas obras.

Um dos principais manuscritos que tive à minha disposição, talvez o melhor, fazia parte da bela coleção do cavaleiro Ferrão de Castelbranco (sobrinho do erudito visconde de Santarém), um entusiasta, em 1848, na flor de sua idade, das letras orientais, cultivadas por ele com sucesso. Este manuscrito, que pertencia antes à família De Sacy, foi copiado em 901 (1495-1496). Possuo um ainda mais antigo, pois estampa o ano 865 (1460-1461). Os outros não possuem data ou são posteriores. Segui de preferência o primeiro para a redação do texto, auxiliando-me dos outros. Entre aqueles que me foram obsequiosamente emprestados, devo mencionar especialmente três que meu antigo amigo e discípulo N. Bland cedeu-me para deles fazer uso à vontade. O primeiro é muito bonito; é ornado de notáveis

---

[4] O autor da inscrição quer aparentemente dizer que o sultão de que se trata favoreceu a construção do monumento erigido a Attar.

vinhetas, e a redação é geralmente boa. O segundo, que pertenceu ao orientalista Hindley, também me foi útil. Finalmente o terceiro, que pertenceu a Turner Macan, o organizador da edição do *Shah Nama* de Calcutá, é menos bom e está incompleto.

Acrescentemos a estes vários manuscritos que me pertencem ou que me foram emprestados e que assim permitiram dar ao *Mantic* uma edição que creio correta. Tive também a vantagem de poder ser ajudado, quando necessitava decidir-me entre manuscritos divergentes, por uma versão em hindustani do Décan, intitulada *Panchhi-bacha*, palavras que são a tradução literal do título original. Essa versão, da qual tenho uma cópia manuscrita que devo à cortesia de E. Sicé, de Pondichéry, chamada também *Panchhinama*, "O Livro dos pássaros", é de autoria de Wajh ud-Din, apelidado poeticamente Wajdi, "contemplativo", e foi escrita no ano 1124 da hégira (1712-1713). É a mesma versão da qual o erudito major Ottley citou um hemistíquio em sua segunda carta a lorde Stanley, inserida no *Morning Chronicle* de 12 de abril de 1859 sobre o ensino do hindustani.

Entretanto, o instrumental crítico de que mais me servi foi certamente o da métrica e da rima. Verifiquei efetivamente com cuidado a exatidão das rimas, e escandi minuciosamente cada verso; assim pude rejeitar com mais segurança as versões errôneas. Não mencionei os versos que os bons manuscritos não mencionam e que podem assim ser considerados interpolações; com respeito a variantes, apenas citei em minhas notas aquelas que me pareceram indispensável assinalar.

O estilo do *Mantic* é freqüentemente muito obscuro, sobretudo nas digressões filosófico-religiosas. Se os eruditos orientalistas nem sempre ficarem satisfeitos com a maneira como as compreendi, peço que considerem que não tive à minha disposição o menor comentário exegético, e que essas passagens ou faltam inteiramente nos manuscritos ou estão muito abreviadas, ou constam ainda muito literalmente na versão hindustani de que falei e na versão turca impressa em Constantinopla em 1274 (1857-58). Não pude aproveitar, nesses casos, senão variantes dos textos persas que consultei, e que além de pouco numerosas, geralmente não consistem mais que de erros do copista.

As traduções hindustani e turca de que falei possuem ambas a mesma métrica do original. A primeira é muito livre e resumida, a segunda é por demais literal, e assim essas versões não puderam ser-me úteis como deveriam. A versão hindustani, todavia, nas partes traduzidas, ofereceu-me verdadeiro socorro. Ela é de fato melhor que a tradução turca, está impregnada das idéias do original, possui vida e animação, ao passo que a tradução turca é muito servil nas passagens traduzidas de forma literal; às vezes é de tal forma ao pé da letra que se torna mais obscura que o original, que ela deveria esclarecer. Entretanto, nos pontos judiciosamente traduzidos, ela me foi útil e lastimo que tenha aparecido somente após a publicação do texto persa.

Em resumo, essas duas versões, malgrado suas omissões, seus defeitos e contra-sensos, não são de todo desprovidas de qualidades, e serviram-me em minha tradução, bem como os trabalhos dos célebres orientalistas Hammer e De Sacy pelas partes que eles traduziram e analisaram.[5]

Na versão hindustani omitiu-se a invocação, os elogios a Mohâmmed e tudo o que diz respeito aos primeiros califas; estas mesmas partes foram abreviadas na versão turca. O final do poema, a partir do *Epílogo*, não é de forma alguma o mesmo em todos os manuscritos e chega a faltar nas traduções hindustani e turca, com exceção do curto diálogo do início da "História sobre os discursos edificantes". Na versão hindustani, o Epílogo persa é substituído por um epílogo especial que se relaciona apenas ao trabalho de Wajh ud-Din. Nos manuscritos persas, as histórias do Epílogo, que podem ser consideradas simplesmente acessórias, são mais ou menos numerosas; segui, para esta parte como para todo o resto, os manuscritos que me pareceram melhores e mais certos.

As divisões do poema variam segundo os manuscritos, assim como os títulos destas divisões ou capítulos (*macala*) e das histórias (*hikayat*) diferem nos manuscritos em que foram adotados tais critérios; a maior parte, bem como a versão hindustani, não as possuem. No texto persa que publiquei respeitei as divisões mais sensatas, e quanto aos títulos, apenas conservei os das partes principais e dos capítulos, escolhendo a redação mais simples; porém, para a presente tradução, restabeleci os títulos das *hikayat* adotando de preferência os da versão turca, que me pareceram os mais regulares e claros.

Minhas notas geralmente referem-se apenas à tradução de passagens. Minhas explicações literárias e filosóficas encontram-se em meu memorial, já citado, sobre a *Poesia filosófica e religiosa dos persas*. As passagens que não tive ocasião de mencionar nesse memorial deram oportunidade a alguns novos esclarecimentos.

Estranhar-se-á talvez que eu não tenha sempre seguido, para minha tradução, o texto persa estabelecido por mim; e que em minhas notas manifeste às vezes preferência por variantes que não segui. Isto deve-se, em primeiro lugar, ao fato de que somente depois da impressão da versão persa tive ocasião de consultar manuscritos que não possuía até então, inclusive a versão turca de que falei; em segundo lugar, deve-se ao estudo mais aprofundado de certas passagens, o que me fez entendê-las de modo diverso e adotar, para essas passagens, uma redação diferente.

Direi, finalmente, de minha tradução, o que São Jerônimo disse da sua no prefácio do *Livro de Jó*: "Vel verbum e verbo, vel sensum e sensu, vel ex utroque commixtum, et medie temperatum genus translationis". [6]

---

5. O primeiro na *Geschihte der schonen Redekünste Persiens*, e o segundo no *Pend-Nameh* de Attar e no tomo XII das *Notices des manuscrits*.

6. "Ora uma tradução literal, palavra por palavra, ora uma literária, idéia por idéia, ora a adoção de ambas num tipo de tradução equilibrada." (N. do T.)

Os que lerão minha tradução não poderão, sobretudo, fazer uma justa idéia do trabalho que ela me deu, apesar de sua imperfeição, da mesma forma que aquele que caminha tranqüilamente na praia não pode se dar conta das angústias dos marinheiros, como diz uma antiga balada inglesa que reproduz este famoso hemistíquio de Hafiz:

*"Little do the landman know
What we poor seamen undergo."*

"Pouco sabe o homem da terra
Do que nós, pobres homens do mar, padecemos."

A LINGUAGEM DOS PÁSSAROS

INVOCAÇÃO

Louvor ao Santo Criador da alma, que agraciou a vil terra com a alma e a fé; que sustentou Seu Trono acima das águas[1] e fez viver nos ares as criaturas terrestres! Deu aos céus a dominação e à terra a dependência; imprimiu aos céus movimento perpétuo e à terra repouso uniforme. Colocou sobre a terra o firmamento como uma tenda sem estacas para sustentá-la. Em seis dias criou os sete planetas, e com duas letras[2] as nove cúpulas dos céus. Dourou o dado das estrelas para que o céu possa, à noite, jogar o gamão. Teceu de propriedades diversas a rede do corpo e colocou pó na cauda do pássaro da alma;[3] tornou líquido o oceano em sinal de sujeição, e gelou o topo das montanhas pelo temor que lhes inspirou. Secou completamente o leito do mar; da pedra fez nascer o rubi, e do sangue o almíscar. Deu à montanha um pico como punhal e vales como cinturão: por isso ela eleva a cabeça com orgulho. Tanto fez nascer matas de rosas sobre a superfície do fogo,[4] tanto pontes sobre as águas. Fez um pequeno mosquito atacar Nemrod, seu inimigo, que se ressentiu da picada por quatrocentos anos.[5] Em Sua sa-

---

1. *Gênesis*, I, 2.
2. Trata-se aqui das letras árabes *káf* e *nún*, que formam a palavra *Kun*, correspondente ao 'Fiat' latino. É a ordem pronunciada por Deus no momento da Criação: *Kun faia kun*, ou seja, "Faça-se (a luz). E foi feito" (*Corão*, II, 111; *Gênesis*, I, 3; *Salmos*, XXXII, 9).
3. Quer dizer, Ele uniu o corpo à alma.
4. Alusão à tradição oriental sobre Abraão segundo a qual este é atirado por Nemrod ao fogo: as chamas transformam-se, por intervenção divina, em rosas (*Corão*, XXI, 69).
5. Nemrod, rei idólatra da Assíria, é citado no Velho Testamento (*Gênesis*, X, 8-12) como o primeiro homem poderoso sobre a terra. Perseguiu Abraão porque este professava a unicidade de Deus. Foi derrotado em um dos combates contra o patriarca por causa de um enxame de mosquitos enviado por Deus. Um deles, ao entrar em seu cérebro, deixa-o louco. O nome Nemrod é derivado da raiz hebraica MRD, que forma também as palavras 'gigante', 'rebelião' e 'traição'.

bedoria, inspirou a aranha a tecer sua teia para proteger o mais alto dos homens.[6] Ajustou a cintura da formiga de maneira a assemelhá-la a um cabelo, e fez dela a companheira de Salomão;[7] deu-lhe o belo manto negro dos Abássidas[8] e um vestido de brocado digno do pavão real, que não custou trabalho tecer.

Ele viu que o tapete da natureza estava defeituoso e o recompôs convenientemente. Manchou a espada com a cor da tulipa, e da fumaça fez um canteiro de nenúfares. Embebeu de sangue pedaços de terra para deles tirar a cornalina e o rubi.

O sol e a lua, um de dia, a outra de noite, inclinam sua fronte sobre a poeira do caminho para adorá-Lo; é a essa veneração que se deve o seu movimento. Deus é quem acendeu o branco dia e o fez brilhante; foi Ele quem envolveu a noite e a enegreceu como se a houvesse queimado.

Deu ao papagaio um colar de ouro e fez da poupa a mensageira do caminho.[9] O firmamento é como um pássaro que bate suas asas na rota (*tariq*) que lhe foi traçada por Deus; ele golpeia (*taraqa*) a Sua porta com a cabeça como se fosse um martelo (*mitraqah*). Deus dá ao firmamento a revolução do dia e da noite. Quando Ele sopra sobre a argila cria o homem, e forma o mundo de um pouco de vapor. Às vezes faz com que o cão vá à frente do viajante, às vezes usa o gato para mostrar o caminho.[10] Assim, enquanto faz o cão familiar ao homem, mesmo sendo o homem valente como o leão, permite-lhe assemelhar-se ao cão.[11] Tanto dá o poder de Salomão a um bastão como concede eloquência à formiga. De um bastão produz uma serpente, e de um forno faz sair uma

---

6. Deus envia uma aranha para tecer uma teia na entrada da caverna onde Mohâmmed, por ocasião da hégira, escondia-se de seus inimigos, dando assim a impressão de que ninguém lá entrava há tempos.

7. *Corão*, XXVII, 18-19.

8. Os Abássidas, a segunda das duas grandes dinastias do império maometano, descendentes de al-Abbas (566-652), tio de Mohâmmed.

9. *Corão*, XXVII, 20.

10. O cão é possivelmente o de Tobias, ou talvez aquele dos Sete Dormentes (*Corão*, XVIII, 8). No Islam, ao mesmo tempo que o cão é tomado como símbolo de imundície e da alma concupiscente, acredita-se que pode ver a chegada de Azrael, o anjo da morte. Quanto ao gato, conta-se que este acordou certa vez Mohâmmed na hora da prece; conforme Abu Qutadah, os gatos guardam vigília para proteger-nos.

11. Há um ditado sufi que diz: "Golpeia o cão (*kalb*) e o leão (*fahd*) aparecerá", o que deve ser interpretado como "golpeia o coração (*qalb*) e o descuidado (*fahid* — as faculdades, o corpo) obedecerá". (v. Idries Shah, *The Sufis*, ed. Anchor, New York, 1971.)

torrente de água.[12] Coloca no firmamento o globo orgulhoso da lua e ferra-o com o ferro incandescente do decrescimento. De um rochedo fez surgir um camelo;[13] fez mugir o bezerro de ouro.[14] No inverno espalha a neve prateada, no outono o ouro das folhas amareladas. Se Ele cobre de uma tinta vermelha um espinho, é porque este está prenhe do sangue do botão. Dá ao jasmim quatro pétalas e veste a tulipa com um capuz vermelho. Coloca uma coroa de ouro na fronte do narciso e engasta pérolas de orvalho em seu santuário. Ante a idéia de Deus, o espírito se desconcerta, a alma desfalece; por Sua causa o céu gira, a terra vacila. Do dorso do peixe às estrelas, cada átomo atesta Sua existência. As profundezas da terra e as alturas do céu rendem a Ele seu particular testemunho.

Deus produziu o vento, a terra, o fogo, o sangue; por estas coisas Ele anuncia Seu segredo. Ele colheu a terra e amassou-a com água; depois de quarenta manhãs, colocou nela a alma, e esta deu vida ao corpo. Deus deu-lhe então inteligência, para que ela tivesse o discernimento das coisas. Quando viu que a inteligência estava de posse do discernimento, deu-lhe a ciência, para que pudesse apreciar tudo o que lhe havia sido conferido. Quando o homem tomou posse de suas faculdades, confessou sua impotência e submergiu no espanto; então seu corpo entregou-se aos atos exteriores. Amigos ou inimigos, a sabedoria impõe a todos inclinar a cabeça sob o jugo de Deus; e, coisa admirável!, Ele vela por todos nós.

No começo dos séculos Deus usou as montanhas como pregos para fixar a terra;[15] depois lavou-lhe a face com as águas do Oceano. Colocou a terra sobre o dorso de um touro; o touro sobre um peixe, e o peixe está no ar.[16] Porém sobre o que repousa o ar? Sobre nada. Mas nada é

---

12. A primeira metade deste verso alude ao cajado de Moisés, transformado numa serpente ante o Faraó (*Êxodo*, IV, 3), e a segunda a uma lenda rabínico-muçulmana sobre o dilúvio (*Corão*, XI, 42).

13. Refere-se à camela que Salih, profeta desconhecido da tradição judaico-cristã, dá à tribo de Thamud. Ele lhes diz que a camela havia sido mandada por Deus e recomenda-lhes que não a maltratem, pois de outra forma seriam castigados. Os chefes da tribo repudiam o profeta e matam a camela. Imediatamente um terremoto os atinge. Comentaristas dizem que a camela retorna, surgindo de uma pedra. V. *Corão*, VII, 73-79; XI, 61-68; e XXVI, 155. Sobre a função cósmica e espiritual de Salih, v. Ibn 'Arabi, *Fusus al-Hikam* (trad. de Austin).

14. Deus "fez mugir o bezerro de ouro" para provar a tribo de Moisés (*Êxodo*, XXXII, 1, etc. e *Corão*, VII, 146; XX, 88).

15. *Corão*, XXI, 31.

16. Alusão à cosmogonia persa.

nada, e tudo isso é nada. Admira pois a obra desse Rei, ainda que Ele mesmo não a considere mais que puro nada. Visto que existe unicamente Sua essência, certamente não há nada afora ela. Seu Trono está sobre a água, e o mundo está no ar; mas deixa água e ar, pois tudo é Deus: o Trono celeste e o mundo não são mais que um talismã. Deus é tudo, e as coisas têm somente um valor nominal. Sabe que o mundo visível e o mundo invisível são Ele mesmo. Não há nada além d'Ele, e o que é, é Ele. Porém, ai!, ninguém tem a possibilidade de vê-Lo. Os olhos são cegos, ainda que o mundo esteja iluminado por um sol brilhante. Se chegas a percebê-Lo, perdes o juízo; se O vês completamente, perdes a ti mesmo. Coisa admirável! Todos os homens, desculpando-se de sua ignorância, recolhem em reverência a bainha de seus mantos e proclamam com ardor: "Ó Tu que não és visto, ainda que Te faças conhecer!, todo o mundo é Tu e nada além de Ti se manifesta". A alma está escondida no corpo e Tu estás escondido na alma. Ó Tu que Te ocultas no que está oculto! Ó alma da alma! Tu és mais que tudo e antes de tudo. Tudo se vê por Ti e vê a Ti em todas as coisas. O telhado de Tua casa está cheio de guardas e sentinelas; assim, como poderemos acercar-nos de Ti? Nem o espírito nem a razão podem ter acesso a Tua essência, e ninguém conhece Teus atributos. Ainda que sejas um tesouro oculto na alma, estás no entanto manifesto na alma e no corpo. O espírito humano não tem nenhum vestígio de Tua existência, e mesmo os profetas perdem-se na poeira de Teu caminho. Ainda que o espírito pudesse descobrir Tua existência, poderia encontrar o caminho da Tua essência? Por seres eterno e perfeito em Tua existência, tens desconcertado constantemente a todo o mundo.

Ó Tu que estás no interior e no exterior da alma! Tu não és e és tudo o que digo. Em Teu reino a razão tem vertigens, perde o fio que deve dirigi-la em Tua via. Vejo claramente todo o universo em Ti e, no entanto, não Te percebo em absoluto no mundo. Todos os seres estão marcados com Teu selo, porém visivelmente não há nenhum selo Teu. Reservaste a Ti o segredo de Tua existência. Por mais olhos que tivesse, o firmamento não poderia perceber nem um átomo da poeira da trilha que conduz a Ti. Ainda que, de dor, a Terra tenha coberto a cabeça de poeira, tampouco ela viu essa poeira. O sol perdeu a razão por amor a Ti, e a cada noite esfrega a cabeça na terra. Por sua vez, a lua se funde; a cada lua (mês) ela se desvanece de admiração. O Oceano, elevando suas ondas para proclamar Teu *sal* (Tua glória), teve seu manto molhado e os lábios secos. A montanha (*koh*) colocou-se cem vezes no caminho que conduz a Ti, mas tinha o pé fundido na terra úmida como uma fibra de palha (*kah*). Por causa de Teu amor o fogo se acendeu; e se tão alto se elevou, é porque pisa em brasas. Sem Ti o vento não tem pé nem cabeça, tem pó no oco da mão e mede o ar. Enquanto a água tem *água* (honra) no coração, permanece aquém de Teu amor. Tenho permanecido à Tua porta como a poeira do caminho, com cinza e pó sobre a cabeça.

Que dizer ainda, se não podes ser descrito? Como descrever-Te se não Te conheço?

Ó meu coração! se queres abordar o noviciado desse conhecimento, entra na via espiritual; olha para frente e para trás, caminha com circunspecção. Mira-te no exemplo dos adeptos que chegaram a essa corte: sustentam-se uns aos outros nessa via. Para cada átomo há uma porta diferente, e de cada átomo abre-se um caminho diferente que conduz ao Ser misterioso de que falo. Que sabes, para ir por tal via e para chegar a essa porta por um tal caminho? Quando queres ver manifestamente este ser, Ele está escondido; quando O desejas escondido, Ele está manifesto. Enfim, se queres encontrar, visível ou invisível, este ser sem par, sabe que Ele não é nem um nem outro. Se não podes fazer nada, não busques, pois, nada; tudo o que dizes não faz falta; não digas, pois, nada. O que dizes e o que sabes, eis o que és. Conhecer a si mesmo é existir cem vezes. Porém, deves conhecer Deus por Ele mesmo e não por ti. É Ele quem abre o caminho que conduz a Ele, e não a sabedoria humana. O conhecimento d'Ele não está ao alcance dos retóricos; o homem que possui energia e o que está desprovido dela são incapazes de alcançá-Lo. Ciência e ignorância são aqui a mesma coisa, pois este Ser não se pode explicar nem descrever. As opiniões dos homens a esse respeito nascem somente de sua imaginação, e é absurdo tentar deduzir qualquer coisa do que dizem; quer se expressem bem ou mal, o que dizem a esse respeito, dizem-no por eles mesmos. Deus está acima da ciência e além da evidência, pois nada pode dar-nos uma idéia de Sua Santa Majestade. De Seu rastro ninguém encontrou mais que ausência de rastro; ninguém encontrou outro partido a tomar senão abandonar-se a Ele. Todo homem, quer tenha sangue frio quer esteja fora de si, não tem outra coisa a fazer senão reconhecer o Deus da revelação.[17] Os mais ínfimos seres dos dois

---

17. São as mesmas palavras do Corão; elas significam "Eu creio que não há outro Deus senão aquele no qual crêem os filhos de Israel", e são pronunciadas pelo Faraó quando estava a ponto de afogar-se no Mar Vermelho, durante a perseguição aos judeus. Sua conversão não é aceita porque tardia. Seu corpo é salvo, porém não sua alma (sura X, 90; *Salmos*, CXXXVI, 15).

mundos não são mais que produto de tuas conjecturas. Afora Deus, tudo o que sabes não é mais que o resultado de tuas próprias concepções. A palavra imperfeição não pode alcançar a altura que Ele habita. Como chegará a alma humana aonde Ele está? Ele está mil vezes acima da alma, muito acima do que possa ser dito. A razão permanece incapacitada em seu amor apaixonado por Ele; a inteligência está desconcertada, a alma desolada, o coração ensangüentado por seu próprio sangue!

Ó tu que aprecias a verdade! não busques analogia nisto; a existência deste Ser sem igual não admite nenhuma analogia. Sua glória abateu a inteligência e a razão; uma e outra estão numa indizível estupefação. Nem os profetas nem os mensageiros celestes compreenderam a mais mínima partícula do todo, e então, em sua impotência, curvaram-se sobre o pó, dizendo: "Nós não Te conhecemos como deves verdadeiramente ser". Quem sou, pois, para vangloriar-me de conhecê-Lo? Aquele que O conheceu não buscou conhecê-Lo senão através d'Ele. Como não há outro ser exceto Ele nos dois mundos, com quem, senão com Ele, se poderá estar em relação de afeto e de amor? O Oceano agita suas ondas para proclamar Sua essência, mas tu não compreendes esse discurso e ficas na incerteza. Aquele que não sabe encontrar Sua essência neste Oceano deixa de existir, pois não encontra outra coisa senão negação e nada. Não fales deste Ser enquanto Ele não se manifestar alegoricamente a ti; não digas nada sobre Ele enquanto Ele não se mostrar a ti por símbolos. É verdade que nenhuma alegoria e nenhuma explicação pode dar-nos uma idéia justa d'Ele; ninguém O conhece e ninguém encontrou Seu rastro. Aniquila-te!, eis aqui tudo, tal é a perfeição. Renuncia a ti mesmo; este é o penhor de tua união com Ele. Perde-te n'Ele para penetrar esse mistério, tudo o mais é supérfluo. Caminha na unidade e mantém distância da dualidade; não tenhas mais que um coração, uma face, uma *qibla*.[18]

Ó ignorante filho do primeiro homem, califa de Deus na terra! [19] Esforça-te para participar na ciência espiritual de teu pai. Todas as criaturas que Deus tirou do Nada para a Existência prostraram-se ante Ele para adorá-Lo. Quando afinal Ele quis criar Adão, fê-lo sair detrás de

---

18. *Qibla* significa propriamente 'centro de atração', mas é mais comumente traduzido por 'direção'. No Islam, esta *orientação* é como a materialização, se assim se pode dizer, da intenção (*niya*). V. René Guénon, *O Rei do mundo*, edições 70, Lisboa, 1982, págs. 58-59.

19. O título de califa, dado aqui a Adão, lhe é atribuído no Corão (II, 30) na qualidade de *locum tenens* (lugar-tenente, representante) de Deus no mundo.

cem véus e lhe disse: "Ó Adão! Sê um oceano de bondade. Todas as criaturas Me adoram; sê adorado por tua vez". O único que desviou o rosto de sua adoração foi transformado de anjo em demônio; foi amaldiçoado e não teve conhecimento do segredo. Sua face tornou-se negra e ele disse a Deus: "Ó Tu que desfrutas de independência absoluta, não me abandones e faz algo por mim!" O Mais Alto respondeu-lhe: "Tu cuja via é maldita, sabe que Adão é Meu representante e o rei da natureza. Vai hoje antes dele, e amanhã queima o *ispand*[20] para ele". Quando a alma uniu-se ao corpo, tornou-se a parte e o todo: nunca se fez um talismã mais maravilhoso. A alma participou da elevação, e o corpo, da baixeza terrestre. Formou-se um amálgama de terra vil e espírito puro. Por esta mescla o homem tornou-se o mais admirável dos mistérios. Ninguém, no entanto, teve o conhecimento desse segredo e, de fato, este não é assunto para qualquer indigente. Nós não sabemos nem compreendemos, sequer podemos dispor da mais mínima parte do nosso espírito. Qualquer coisa que queiras dizer, o melhor é guardar silêncio, pois ninguém saberia lançar mesmo um suspiro sobre esse tema. Muitos conhecem a superfície desse oceano, mas não compreendem sua profundidade. Há um tesouro nessa profundeza, e o mundo visível é o talismã que o protege; porém, o talismã dos obstáculos corporais será quebrado afinal. Encontrarás o tesouro quando o talismã desaparecer; a alma se manifestará quando o corpo for posto de lado. Mas tua alma é um outro talismã; ela é, para este mistério, outra substância. Segue pelo caminho que te irei indicar e não peças explicações nem remédio para tal enfermidade.

Muitos homens se afogaram nas profundezas desse oceano sem fundo, e nunca mais voltou-se a falar de nenhum deles. Nesse imenso oceano o mundo é um átomo, e o átomo um mundo. É preciso que saibas que o mundo é uma bolha na água desse oceano, e o átomo é idêntico à bolha. Se faltasse um só átomo do mundo, as duas bolhas desse oceano, tão pequeno ante a imensidão divina, também desapareceriam. Sabe alguém se nesse profundo oceano é o seixo ou a cornalina o que tem valor?

Temos apostado nossas vidas, nossa razão, nosso espírito, nossa religião, para compreender a perfeição de um átomo. Já que tua inteligên-

---

20. *Ispand* é, em persa, a semente conhecida cientificamente como *Paganum Harmala L*. A fumigação das sementes queimadas purifica as casas, sendo utilizada por ocasião dos ritos de nascimento, casamento e outros; quando ingerida, mata e expele todos os tipos de parasitas nos homens e nos animais.

cia consome-se por uma coisa tão delicada como um fio de cabelo, costura teus lábios e nada perguntes sobre o empíreo e o Trono divino. Em realidade, ninguém conhece a essência de um átomo; pergunta a quem quiser ou fala sobre este tema, pouco importa! Que é o céu senão uma coisa parecida a uma cúpula em desordem, sem estabilidade, móvel e imóvel ao mesmo tempo?! Te perdes completamente no caminho deste mistério — é véu sobre véu. O que é, ante tal coisa, o céu, cuja cabeça gira e o pé se perde? Pode ele saber o que há atrás da cortina?, ele, que durante tantos anos, sem cabeça nem corpo, gira impotente ao redor dessa porta? Se ele ignora o mistério escondido sob o véu, como estaria manifesto a um ser como tu? O mundo, admirado e desesperado, só pode subsumir-se em profunda estupefação. Neste assunto, que é como uma superfície sem princípio nem fim, somos como a figura pintada na parede e só conseguimos morder o dorso de nossa mão. Os que entraram antes de nós no caminho espiritual estudaram, oportuna e inoportunamente, este mistério. Atormentaram-se muito e, em definitivo, só obtiveram a debilidade e a estupefação.

Considera em primeiro lugar o que aconteceu a Adão; quantos anos passou em lamentação, ocupado desse pensamento. Contempla o dilúvio de Noé, e tudo o que o patriarca sofreu em mil anos nas mãos dos ímpios. Recorda Abraão, que estava cheio de amor por Deus; ele sofreu torturas e foi atirado ao fogo. Vê o desafortunado Ismael,[21] sacrificado no caminho do amor divino. Volta-te para Jacó, que ficou cego de chorar por seu filho. Olha José, tão admirado em seu poderio como na escravidão, no poço e na prisão. Lembra-te do infeliz Jó estirado na terra, presa de vermes e de lobos. Pondera sobre Jonas, que, perdido em seu caminho, foi desde a lua (*mah*), para onde as ondas o levaram, até o ventre de um peixe (*mahi*), onde permaneceu algum tempo.[22] Segue Moisés desde o seu nascimento: uma cesta serviu-lhe de berço, e o faraó exaltou-o. Pensa em David, que se ocupava fazendo armaduras e tornava o ferro brando como a cera com os suspiros ardentes de seu cora-

---

21. Alusão ao sacrifício de Abraão, cujo objeto era, segundo o Corão, Ismael, e não Isaac.
22. "Do peixe à lua" é uma imagem freqüente na literatura persa não só pelo 'jogo de palavras' (*mah - mahi*), mas principalmente por seu simbolismo: das profundezas do mar às alturas celestes, isto é, a totalidade do cosmos. Sempre empregada em sentido ascendente, esta trajetória é aqui invertida e confunde-se com a passagem bíblica de Jonas no ventre de um peixe. Ao mesmo tempo, o peixe é um símbolo identificado ao cristianismo, enquanto a lua (o crescente) o é da mesma forma ao Islam. Em outra passagem Attar também irá utilizar o peixe como alegoria do amor divino na figura do Cristo: "(...) peixe cuja respiração envolve todo o mundo e atrai para si todas as criaturas sem exceção".

ção.[23] Olha o rei Salomão, de cujo império apoderou-se um *djim*.[24] Observa Zacarias, tão ardente em seu amor a Deus que não deixou ouvir nenhuma queixa e permaneceu silencioso quando o mataram. E João Batista, vilipendiado ante o povo, e cuja cabeça cortada como uma vela foi posta numa bandeja. Maravilha-te com o Cristo ao pé da cruz, quando salvou-se das mãos dos judeus.[25] Admira finalmente tudo o que sofreu Mohâmmed,[26] o Chefe dos Profetas, por causa das injúrias e tormentos dos iníquos.

23. Refere-se ao trecho do Corão que diz: "E para David conferimos os Nossos favores. Dissemos: 'Montanhas, e vós pássaros, ecoai seus cantos de louvor. Fizemos com que o duro ferro se tornasse brando para ele, dizendo: 'Faz cotas de malha e mede seus elos com cuidado. Faz o que é certo: estou observando todas as tuas ações'" (sura XXXIV, 10-11).
24. *Djim*: "gênio"; do árabe *jinn*, designação dada pelos árabes a entidades, benfazejas ou maléficas, intermediárias aos anjos e aos homens. Conforme a lenda rabínico-muçulmana, um gênio roubou o selo de Salomão e assumiu sua forma. Depois sentou em seu trono durante quarenta dias, os quais Salomão passou vagando e mendigando seu pão; porém o gênio perdeu esse anel, que foi reencontrado no ventre de um peixe e devolvido a Salomão. V. Mewlana Jalaludin Rumi, *Masnavi*, t. II, pág. 13, ed. Dervish International, Argentina, 1983.
25. *Corão*, IV, 157-158. O docetismo (corrente herética do cristianismo) afirmava que Cristo, durante sua vida na terra, não teve um corpo real, mas somente aparente, e que seus sofrimentos (entre eles a crucifixão) não tiveram existência real, mas tão-somente aparente. O Corão não fala sobre "corpo aparente"; para o Islam tradicional os judeus tentaram matar o Cristo mas não o conseguiram.
Frithjof Schuon, em seu *O Esoterismo como princípio e como caminho* (ed. Pensamento, São Paulo, 1985, cap. IV, pág. 226) comenta: "É o que exprime a aparente negação, no Corão, da crucifixão de Cristo. Aparente, porque o Corão afirma que 'eles não o mataram realmente (*yaqinen*)'. Se Cristo é o Intelecto (Espírito), vê-se que a *queda*, segundo a perspectiva cristã, o 'crucificou' e 'matou' pelas paixões e pelos pecados, mas que ao mesmo tempo — é a perspectiva islâmica — o Intelecto (ou Espírito) foi 'elevado em direção a Deus'. Isto significa que ele permaneceu intacto nele mesmo e que Deus o iluminou com a eterna Verdade, a da Unidade salvadora". Também em um dos mais conhecidos Engelhos Apócrifos, *Atos de João* (*O Novo Testamento Apócrifo*, trad. Montague Rhodes James, ed. Clarendon Press, Oxford, 1924), lê-se a seguinte passagem (cap. 97): "(...) E quando na Sexta-feira ele foi crucificado, na Sexta hora do dia fez-se treva em toda a terra. E o meu Senhor, em pé no meio da gruta e a iluminá-la, disse: 'João, lá embaixo, para a multidão em Jerusalém, Eu estou sendo crucificado e varado com lanças e flechas e dão-me fel e vinagre para beber'". E no capítulo 98: "(...) E tendo falado assim ele me mostrou uma cruz de luz e em volta da cruz uma grande multidão que não tinha uma forma; e nela (na cruz) uma forma e uma similitude".
26. Mohâmmed significa 'O Louvado', particípio da segunda forma do verbo *hamada*. O fundador da religião muçulmana, Maomé (a grafia ocidentalizada do nome) nasceu em Meca pelo ano 571 d.C. e morreu, segundo alguns registros, em junho de 632.

Após tudo isso, acreditas que seja fácil chegar ao conhecimento das coisas espirituais? Significa não menos que renunciar à vida! Que mais posso dizer, desde que não há mais nada a dizer e não resta nem uma rosa no ramalhete? Estou completamente aniquilado por admiração. Não conheço outro recurso neste estado senão a falta de recurso. Ó sabedoria! nesta via és como a criança de peito, e a razão do velho experimentado se perde nesta busca. Como poderia eu, um tolo, chegar a essa essência?, e se chego, como poderia entrar pela porta?

Tu não és acessível à ciência; nem ao mundo és manifesto. A vantagem ou o prejuízo não Te alcançam. Não tiraste nenhuma vantagem de Moisés, e o faraó não Te causou nenhum prejuízo. Ó Deus! quem é infinito senão Tu? Quem, como Tu, é sem limite e sem fim? Ó Tu por quem o mundo criado permanece em admiração, Tu que permaneces escondido sob o véu! Retira finalmente esse véu, para que minha alma não se perca à Tua procura; não me consumas no segredo detrás desse véu. De repente perdi-me em Teu oceano agitado pelas ondas; libera-me do aturdimento em que submergi. Caí no oceano do mundo, rodeado pelo firmamento e lançado fora do interior do barco. Ah! retira Teu servidor desse mar que lhe é estranho; por Ti fui precipitado nele; retira-me pois, Tu, dele. A concupiscência apodera-se inteiramente de meu ser. Se não me colhes na mão, ai!, o que será de mim? Minha alma está manchada pela vaidade, mas eu não posso suportar esta mancha. Ah! purifica-me dela, ou então me afoga em sangue e depois me reduz a pó. Os homens Te temem, mas eu temo a mim mesmo, pois estou certo de que o bem vem de Ti, e o mal, de mim. Ainda que eu caminhe pela superfície da terra, estou morto. Ó Santo Criador, vivifica minha alma! Tanto os crentes como os não-crentes estão submersos em sangue; a cabeça lhes gira, estão perdidos. Se tu me chamas, minha razão se perde; se me rejeitas, estou perdido. Ó meu rei! estou manchado de sangue e tenho vertigem exatamente como o céu.

Meus amigos, quero repetir dia e noite o meu discurso para que em nenhum momento deixeis de sonhar com a busca da Verdade.

Somos vizinhos um do outro; Tu és como o sol, e eu como a sombra. Ó Tu que és generoso com os indigentes! por que não prestarás atenção a Teus vizinhos? Meu coração está triste, minha alma aflita. O ardor que me leva a Ti faz correr minhas lágrimas como a água da nuvem. Sinto não poder estar unido a Ti; no entanto não Te busco menos. Ah! sê meu guia, pois perdi-me de meu caminho! Dá-me a felicidade, ainda que venha a pedir-Te intempestivamente. Aquele que teve a fortuna de entrar em Tua via enojou-se de si mesmo e perdeu-se em Ti. Não estou sem esperanças, mas estou impaciente. Espero que de cem mil tomarás um.

PARÁBOLA

Um homem perverso maltratava um pobre infeliz a quem havia amarrado as mãos. No momento em que ia cortar-lhe a cabeça, sua mulher deu um pedaço de pão ao desgraçado que preparava-se para morrer. Quando o malvado viu esse pedaço de pão nas mãos de sua vítima, disse: "Miserável, quem te deu esse pão?" — "Foi tua mulher", respondeu o outro. Ao ouvir estas palavras, o malvado disse: "Já não me é permitido matar-te. Eu não saberia levantar o sabre contra um homem que compartiu de meu pão. Nada posso recusar àquele que comeu meu pão, e com maior motivo não devo servir-me da espada para derramar seu sangue".

Ó meu Criador! Desde que entrei em Tua via, tenho comido o pão de Tua mesa. Quando alguém se alimenta do pão de outra pessoa fica-lhe muito agradecido. Não estaria eu agradecido a Ti, que possuis milhares de oceanos de bondade e me tens alimentado abundantemente com Teu pão?

Ó Deus das criaturas! estou no desalento. Em meio ao sangue em que estou submerso, refugio-me em um navio. Toma-me pela mão, sê meu refúgio. Como faz a mosca, elevo as mãos por sobre minha cabeça em direção a Ti. Ó Tu que perdoas minhas faltas e aceitas minhas desculpas! Fui cem vezes consumido; por que queres queimar-me ainda? É Tua inspiração que faz ferver meu sangue; permite-me expandir o meu ardor. Em proporção aos inumeráveis pecados que cometi por negligência culpável, Tu me gratificaste com abundantes misericórdias. Ó meu Rei! volta Teu olhar para mim, que sou pobre e indigente. Não consideres minhas faltas passadas, perdoa minhas faltas por ignorância, concede a graça, eu Te suplico!, para minha alma e para meu coração aflito. Se meu olho não chora visivelmente, choro interiormente com abundância por causa do amor que experimento por Ti. Ó meu Criador!, o bem ou o mal que fiz, eu os fiz com meu corpo. Perdoa minhas fraquezas, apaga minhas faltas. Sou arrastado por minhas inclinações, e fui lançado por

Ti mesmo na incerteza; assim, o bem ou o mal que eu faça deriva de Ti. Sem Ti não sou mais que uma pequena parte do todo; porém retirar-me-ei de tudo se Te dignares olhar-me. Lança um olhar até meu coração ensangüentado e retira-me de tudo isso. Se, desgraçado de mim, Tu me chamas por um instante para perto de Ti, ninguém alcançará a minha poeira. Quem sou eu para ter algum valor diante de Ti? Basta-me estar próximo de Ti, e aí não valer nada. Poderia dizer que sou como o ponto negro de Teu rosto? Não! Sou apenas o ponto negro da terra onde se deita o cão de Tua rua. Puseste um ponto negro no meio de minha alma.[27] Tu me marcaste com uma mancha tão negra quanto a pele do abissínio; porém, se não me converto numa sarda de Teu rosto, como poderia ser acolhido por Ti? Para alcançar meu intuito, transformei meu coração em negro escravo abissínio. Não vendas esse ponto negro do jardim de meu coração; melhor, coloca a mim, Teu escravo, em Tua orelha, como um anel. Ó Tu, de cuja bondade ninguém desespera! eu sou esse ponto negro convertido em Teu eterno brinco. Não sejas benévolo para com aquele que não entra de bom coração em Teu amor, pois ele não Te pertence. Ah! dá-me um pouco de Teu amor, ó Tu que és minha esperança!, pois sem Teu amor minha alma perece.

    A impiedade é para o infiel, a devoção para o crente; porém o coração de Attar quer compartilhar um pouco de Teu amor. Ó Senhor! Tu sabes que Te invoco e estás presente em minhas noites de pesar. Minha tristeza muda-se em delicioso prazer, e uma luz encantadora brilha em meio às minhas trevas. Concede uma compensação por este pesar; socorre-me, pois não tenho ninguém que possa fazê-lo. Dá-me a alegria da luz islâmica; aniquila em mim minha tirânica concupiscência. Eu sou um átomo perdido numa sombra; eu não tenho o menor recurso de existência; venho mendigar próximo a essa majestade comparável ao sol na esperança de obter um pouco de Seu brilho. Eu sou como o átomo errante; mas no poço em que caí agarro a corda com minhas mãos. Saio pela boca desse poço, e por fim estou de posse do brilhante mundo da existência. Enquanto minha alma não escapar de meus lábios, conservarei meu espírito nestes sentimentos. Quando a vida deixar-me, terei somente a Ti. Em meu último suspiro, sê o companheiro de minha alma. Que desgraçado eu seria se, no momento de deixar o mundo, não estivesses comigo! Espero que não me abandones. Tu podes fazê-lo, se essa é Tua vontade.

---

27. Isto é, a mancha do pecado original.

ELOGIO A MOHÂMMED, O SENHOR DOS ENVIADOS

Mustafá (O Eleito) é o tesouro da fidelidade, o senhor do mundo espiritual e do mundo temporal: de ambos ele é a lua cheia e o centro, o sol da Lei e o oceano da certeza, a luz do universo; *ele é uma misericórdia de Deus para as criaturas*.[28] A alma dos seres mais puros é a poeira da sua; ele é o libertador da alma: a Criação é sua poeira. Ele é o senhor dos dois mundos[29] e o rei do universo, o sol da alma e da fé de todos. Ele subiu aos céus; ele é o centro das criaturas, a sombra de Deus, o sol de Sua essência. Os dois mundos lhe estão submetidos; o trono e o dossel de Deus adoraram sua poeira e fizeram dela sua *qibla*. Ele é o chefe deste mundo e do outro, o chefe dos seres visíveis e dos seres invisíveis, o maior e o primeiro dos profetas, aquele que dirige os puros e os santos, o guia do islamismo, o condutor dos retos caminhos, aquele que decide sobre as coisas obscuras, o *imam*[30] de todos e de cada um em particular.

Ele está acima de tudo o que eu possa dizer, está antes de tudo e em todas as coisas. Declarou-se ele mesmo o senhor dos espaços. Ele disse: "Eu sou uma misericórdia para a terra". Os dois mundos dependem de sua existência; ele é o sustentáculo do dossel do trono de Deus. Por ele as criaturas do mundo saíram do oceano da liberdade para a existência como o orvalho. As criaturas voltam-se para a sua luz. Ele é a origem de tudo o que existe e de tudo o que poderia existir. Quando Deus viu essa luz suprema, criou dessa luz um oceano de luz. Foi para Si mesmo que Ele criou essa alma pura, e para ela criou o mundo.[31] Ao criar o mundo, Ele não teve outra finalidade senão Mohâmmed, pois nenhum ser foi mais puro que ele.

---

28. *Corão*, XXI, 107. A frase inteira diz: "Ó Mohâmmed! Nós (Deus) não te enviamos senão como misericórdia para todas as criaturas".
29. Isto é, o mundo presente e o mundo futuro, o mundo terreno e o celeste.
30. *Imam*: modelo, protótipo; ritualmente é aquele que preside a oração em comum; chefe de uma comunidade religiosa.
31. Alusão a um *hadith* (sentença do Profeta — v. glossário) citado por Garcin de Tassy: "Se não fosse por ti, Eu (Deus) não teria criado os céus".

O que em primeiro lugar apareceu do seio do mistério foi sem dúvida essa luz pura.[32] Quando essa luz se mostrou, manifestaram-se o trono, o dossel, a tábua dos decretos divinos e o *Kalam*.[33] Um rastro dessa luz, isto foi o mundo; um outro, Adão (a humanidade). Quando este último surgiu dessa luz suprema, prosternou-se para adorar o Criador. Através de Adão todas as gerações tomaram parte nessa adoração, todas as vidas uniram-se nessa prosternação. Ele manteve-se em pé anos inteiros, e durante muito tempo declarou a profissão de fé muçulmana.

Foi por causa da oração que fez então Mohâmmed, luz desse oceano de mistério, que o *namaz*[34] tornou-se obrigatório para toda a nação muçulmana. Deus considerou essa luz (Mohâmmed) como o sol e a lua, algo sem par para sempre. Depois Ele abriu a essa luz, no oceano da verdade, uma via manifesta. Quando essa luz viu a superfície do oceano do segredo, emocionou-se por sua grandeza e sua graça. A luz, quer dizer, Mohâmmed, percorreu sete vezes essa via, e então manifestaram-se as sete cúpulas dos céus. Os olhares que Deus lançou sobre ele foram outras tantas estrelas, e assim foi formado o céu. Depois Mohâmmed, essa luz pura, descansou. Então o dossel e o trono celestes se mostraram; foram um reflexo de sua essência; também os anjos tomaram aí sua existência. De seus suspiros formaram-se os esplendores celestes, e dos pensamentos de seu espírito foram conhecidos os mistérios. A estes pensamentos devemos o segredo da alma, segundo as palavras do Mais Alto: "Eu insuflei nele algo de Meu espírito".[35] De fato, foi quando estes suspiros e estes mistérios foram reunidos que as almas puderam ouvir-se, e compreenderam a si mesmas. Pelo efeito de sua luz todas as nações

---

32. Na Criação todas as almas foram criadas a um só tempo, e todos os homens criados em Adão. Insere-se neste ponto a idéia do 'Homem Universal', o qual não é senão a realização total da 'Identidade Suprema' e que ultrapassa o sentido individual e a própria humanidade, pois encontra-se totalmente liberto de suas condições específicas. O homem é, por definição, um cosmo total, expresso pelo termo 'microcosmo'. O 'Homem Universal' é a realização da perfeição do Universo nesse microcosmo. O Universo encontra-se, portanto, perfeitamente hierarquizado e equilibrado nas personificações do Profeta e de Jesus Cristo. Essa identidade supra-individual é afirmada neste *hadith*: "Eu (Mohâmmed) era Profeta (Verbo) quando Adão ainda estava entre a água e o barro". Palavras que se aproximam daquelas do Cristo: "Na verdade, antes que fosse Abraão, Eu era" (cf. *Evangelho Segundo João*, VIII, 57-58).

33. *Kalam*: a palavra divina, o Verbo.

34. Nome persa da prece oficial dos muçulmanos, *salat* em árabe. Segundo os muçulmanos, Mohâmmed a fez desde o começo do mundo, uma vez que ele foi criado com todas as outras almas contidas em Adão.

35. Essas palavras são tiradas do Corão (XV, 29); porém lá elas aplicam-se a Adão, enquanto aqui aplicam-se a Mohâmmed.

que deviam povoar o mundo reuniram-se ao redor desta palavra: "Todos surgirão". Quanto a ele, existe desde sempre e até o Dia da Ressurreição, no interesse de todas as criaturas do mundo.

Quando ele chamou Satanás, este fez a profissão de fé do islamismo. Com a permissão do Altíssimo, Mohâmmed conclamou também os *djins* numa noite especial. Os anjos e os profetas, a quem convocou na mesma noite, sentaram-se à sua volta. Quando chamou os animais, acudiram o cabrito e a doninha.[36] Convidou à religião todos os seres do mundo; todos apressaram-se a chegar humildemente até ele. Mohâmmed, essa essência imaculada, chamou também todos os átomos do mundo, e foi assim que toda a terra participou (por ele) nos louvores de Deus. Quem dentre os profetas esteve de posse de tal prerrogativa? Quem como ele pôde chamar à fé todas as nações da terra? Como sua luz tem sido a fonte de todos os seres e sua essência produziu as outras essências, ele tem chamado à fé os dois mundos, os átomos manifestos e os átomos ocultos. Todos os indivíduos que tomaram parte em sua nação colheram benefícios de suas visões celestiais. No Dia da Ressurreição, somente em favor do punhado de terra que adotou o islamismo ele dirá: "Este é meu povo"; e estas palavras serão suficientes. De fato, Deus concederá a liberdade a essa nação por causa da alma desse *farol da direção*. Como ele é o senhor de todas as coisas, tudo lhe está submetido. Ainda que ele não tenha visto tudo com seus próprios olhos, não há motivo para aflição, pois tudo o que existe encontra abrigo próximo a ele, e todas as intenções são dirigidas a ele. Ele tem a chave de todos os desejos do mundo; ele é o remédio do coração de cada ferido. Poderia alguém ter idéia, mesmo em sonhos, das prerrogativas do Profeta? Ele viu completamente a si mesmo, e viu todo o mundo; viu também adiante e atrás de si. Deus fez dele o selo da profecia, a maravilha da natureza e da generosidade; ordenou-lhe que convidasse os grandes e pequenos à fé, e conferiu-lhe a plenitude da Graça. Deus deu trégua aos infiéis antes de puni-los e não executou Seu castigo nos tempos do Profeta. As coisas espirituais e as coisas temporais estão sob a proteção de sua glória; ele deu sua vida em favor de sua nação.[37]

Uma noite ele subiu ao Céu, e todos os segredos lhe foram revela-

---

36. Isto é, o puro e o impuro. O cabrito era animal doméstico particularmente usado nos sacrifícios por sua pureza. A doninha, ao contrário, é símbolo de impureza (v. *Levítico*, XI, 29).

37. Conforme Garcin de Tassy, esta e as linhas seguintes são uma alusão ao sacrifício do Cristo; nota-se, mais uma vez, a ênfase no simbolismo do Homem Universal; "sua nação" significa, aqui, toda a humanidade.

dos. Converteu-se então, por sua majestade e dignidade, no centro das duas *qiblas*;[38] e a sombra de seu corpo, no qual jamais se viu nenhuma sombra, estendeu-se pelos dois horizontes. Foi de Deus que ele recebeu um livro excelente (o Corão), e assim conheceu completamente todas as coisas.

Suas esposas eram as mães dos crentes; sua ascensão foi objeto do respeito dos profetas. Estes últimos são seus seguidores, e ele é o seu Chefe; os sábios de sua nação são como os profetas. O Altíssimo, pela consideração que teve por Mohâmmed, mencionou seu nome no Pentateuco e no Evangelho.[39] Por ele, uma pedra obteve honra e elevação,[40] e seu manto possuía o poder divino. Pelo respeito que se tem a ele, a terra onde

---

38. As duas *qiblas* são Jerusalém e Meca; Medina, onde está a tumba do Profeta, é o centro. A expressão pode ser empregada figuradamente por Oriente e Ocidente, quer dizer, os dois horizontes, o mundo inteiro.

39. Para os muçulmanos, as profecias sobre a descida do Espírito Santo englobam todos os 'modos' de manifestação paraclética, sobretudo com relação a Mohâmmed, que, segundo a tradição islâmica, foi a própria manifestação do Paráclito, ou melhor, sua manifestação cíclica; aliás, o Corão é chamado também um *tanzil* (descendimento), à semelhança da descida do Espírito Santo sobre os apóstolos. Particularmente no *Evangelho Segundo João*, as palavras de Jesus sobre a vinda do Paráclito são associadas diretamente, na interpretação esotérica, à Revelação mohâmmediana: "Quando vier o Confortador que eu enviarei lá do Pai, o Espírito da verdade, que do Pai procede, ele dará testemunho de mim. E também vós dareis testemunho, porque estais comigo desde o princípio" (*Jo*, XV, 26-27), e "Quando, porém, ele vier, o Espírito da verdade guiar-vos-á por toda a verdade. É que não vos falará por si mesmo, mas falará de quanto ouve e anunciar-vos-á as coisas vindouras. Ele glorificar-me-á, porque receberá do que é meu, para vo-lo anunciar. Tudo quanto o Pai tem é meu; por isso eu disse que ele receberá do que é meu, para vo-lo anunciar" (XVI, 13-15).

Frithjof Schuon ressalta (em *Da Unidade transcendente das religiões*, ed. Martins, São Paulo, 1953) o fato da profecia judaica da vinda do Messias cumprir-se afinal fora do âmbito exotérico do judaísmo; isto é, o cumprimento da Lei mosaica pelo Cristo foi ao mesmo tempo o fundamento de uma nova doutrina. É nessa perspectiva que a vinda do Profeta Mohâmmed (identificado à promessa feita por Jesus da nova descida do Paráclito) e o advento do Islam seria o cumprimento e a afirmação da supra-individualidade do Cristo e da universalidade do cristianismo (e, indiretamente, do judaísmo). É por isso que a manifestação cíclica do Paráclito, em sua personificação mohâmmediana, teve de aparecer fora da cristandade e romper assim uma certa limitação "particularista". É nesta ordem de idéias, isto é, de afirmação da universalidade e da unidade das tradições (particularmente em seu corpo esotérico) que se pode tomar a frase de Santo Agostinho: "Pois isso mesmo, o que agora se chama religião cristã, já existia desde o começo do gênero humano até a vinda do Cristo encarnado; e então a verdadeira religião, que já existia, começou a chamar-se cristã" (*Retract.*, I, XIII-3). É nessa perspectiva que deve ser compreendida a afirmação doutrinal do Islam: "Não há divindade (ou realidade) senão a (única) Divindade (ou Realidade)" (cf. F. Schuon, *op. cit.*, pág. 48).

40. Alusão à tumba de Mohâmmed.

está sepultado tornou-se uma *qibla* que não foi mudada nem esquecida por sua nação. Sua aparição derrubou os ídolos; sua nação é a melhor das nações. Uma gota d'água de sua boca enche de água límpida um poço em tempo de seca. Seu dedo dividiu a lua, e o sol recuou à sua ordem. Entre seus ombros, brilhantes como o sol, via-se claramente o selo da profecia.[41] Ele foi o guia dos homens no melhor dos países, e o melhor dos homens na melhor das tribos. Por ele, a Caaba tornou-se a nobre casa de Deus e um refúgio seguro para aqueles que nela entram. Gabriel recebeu do Profeta o manto da iniciação, e por isso fez-se célebre. Durante a vida de Mohâmmed a terra teve mais vigor; viu a um só tempo uma mesquita e um Sinai. Todos os segredos foram conhecidos pelo apóstolo de Deus; ele recebeu esta ordem: "Fala sem ler no livro".[42] Já que a linguagem de Deus foi a sua, seu tempo foi o melhor dos tempos. No último dia todas as línguas serão aniquiladas, à exceção da sua, de maneira que ao final dos séculos, quando as coisas mudarão, somente ele intercederá junto a Deus.

Porque seu coração estava constantemente agitado no oceano do mistério, seu ardor manifestava-se sobretudo na oração. Ele dizia a Bilal:[43] "Refresca-me, para que eu saia destes estreitos pensamentos". Depois voltava-se turbado e dizia: "Fala-me, ó Hamira (Aischa)!"[44] Todavia, refletindo-se seriamente, não se sabe se ele ganhava uma alma dentre cem. A razão não pode fazer idéia do colóquio secreto que Mohâmmed, em sua ascensão, teve com Deus, e a ciência não conhece a sua duração. Quando Deus leva à parte seu amigo num misterioso banquete, nem Gabriel é admitido: ele queimaria suas asas. Quando o Simorg[45] da essência divina se manifesta, Moisés (*Muça*) torna-se tão temeroso quanto uma alvéloa (*mucicha*). No entanto, Moisés foi sentar-se no tapete dessa majestade, mas somente após ter recebido ordem de Deus para que tirasse suas sandálias. Quando ele se aproximou descalço, penetrou no vale da santidade por excelência e foi mergulhado na luz; porém, mais tarde, na noite

---

41. Conforme as narrativas, à época do nascimento de Mohâmmed, Satã inquieta-se e estigmatiza-o. Porém, no deserto, dois anjos, abrindo o peito de Mohâmmed, apagam o sinal do diabo e marcam seus ombros com o selo (sinal) da profecia.

42. Segundo De Tassy, trata-se da Bíblia.

43. Bilal era o *muezim* de Mohâmmed (o *muezim* chama, em voz alta, do alto do minarete, os fiéis para a prece islâmica).

44. Hamira é o nome de uma célebre tribo árabe, à qual pertencia Aischa, a esposa preferida de Mohâmmed depois da morte de Hadija (ou Khadija).

45. Simorg é o pássaro mítico (o rei dos pássaros) objeto da busca que empreendem milhares de pássaros de todo o mundo, como se lerá mais adiante.

da ascensão de Mohâmmed, o archote da glória celeste, Bilal ouviu o ruído de seu calçado, enquanto Moisés, filho de Amran, ainda que filho de rei, não pôde chegar próximo a Deus com suas sandálias.[46] Admira o favor que Deus concedeu ao servidor de Sua corte por sua dignidade; fez dele o homem de Seu caminho, permitiu-lhe que chegasse até Ele com seu calçado. Quando Moisés, filho de Amran, testemunhou o favor que gozava esse servidor de Deus, disse: "Ó Senhor! admite-me na nação de Mohâmmed, faz com que eu participe do banquete de suas visões celestiais". Mas foi em vão que Moisés pediu esse favor, que foi concedido somente a Jesus. Foi depois dessa conversa que Mohâmmed chamou o povo à fé; ele desceu do quarto céu à terra e prosternou-se.

O Messias, que adquiriu tão grande celebridade, não foi senão um sinal do rosto de Mohâmmed. Deus serviu-se dele para anunciar o nome do Profeta.[47] Se alguém disser que faltou um testemunho dessa ascensão, responde, dirigindo-te a Mohâmmed: "Tu deixaste este mundo e retornaste a ele; afastaste nossas dificuldades uma a uma, de maneira a não deixar uma só dúvida em nosso coração".

Ninguém nos dois mundos, exceto Mohâmmed, veio do Céu, nem manifestamente nem de forma oculta. O que ele viu com seus olhos nesse lugar, os outros profetas conheceram somente pela ciência divina. Ele é seu rei e todos são seus convidados; ele é seu imperador e eles formam seu exército. Quando sua cabeça recebeu a coroa expressa pelas palavras "Juro por tua vida",[48] a humanidade converteu-se na poeira do caminho à sua porta. O mundo foi coberto pelo perfume de almíscar de seus cabelos, e o Oceano, pelo desejo de respirá-lo, agitou-se até ter os lábios secos. Quem é aquele que à sua visão não se altera, e que por ele não afronta a madeira e a pedra? Quando esse oceano de luz subiu ao *minbar*,[49] ouviram-se à distância ternos suspiros. Os céus que não estão sustentados por colunas encheram-se de luz, e essas colunas (supondo-se que existissem) afligiram-se por sua ausência. Quando quero descrever suas perfeições, minha pele cobre-se de um suor de sangue. Ele é o ser mais eloqüente do mundo; em relação a ele sou mudo; como poderia eu dar uma explicação satisfatória do que lhe concerne? Tal descrição

---

46. *Êxodo*, III, 5. *Corão*, III, 33; XX, 12.
47. Alusão à passagem do *Evangelho Segundo João* citada na nota *39*.
48. *Corão*, XV, 72.
49. *Minbar* é, no interior da mesquita, o púlpito utilizado pelo *imam* para a pregação.

seria suportável por minha fraqueza? O Criador do universo é o único capaz disso.

Ó Mohâmmed! O mundo, apesar de sua excelência, não é mais que a poeira de teus pés; as almas dos dois mundos não são mais que a poeira de tua alma pura. Os profetas, admirados, desistiram de louvar-te; até mesmo os que conhecem os segredos divinos desviaram a cabeça dessa louvação. O sol é o comensal de teu sorriso, a nuvem obedece a teus prantos. Os dois mundos são a poeira de teus pés. Contentar-te-ias em dormir sobre o tapete do dervixe; no entanto, que espaço te poderia conter? Ó generoso! levanta tua cabeça acima de teu tapete e pisoteia a dignidade de Moisés. Toda a lei foi revogada pela tua; todo tronco foi destruído por teu ramo; tua lei e tuas ordens são para a eternidade; teu nome está associado ao de Deus; todos os profetas e os apóstolos acorrem desde seus diversos caminhos à tua lei. Como antes de ti nenhum profeta esteve acima de ti, não virá necessariamente nenhum depois de ti. Tu estás ao mesmo tempo antes e depois do mundo; és a um só tempo anterior e posterior. Ninguém alcança tua poeira; ninguém chega a tua dignidade. Deus centrou unicamente em Mohâmmed, Seu enviado, o império dos dois mundos por toda a eternidade.

Ó profeta de Deus! estou desencorajado, fiquei com a mão cheia de vento e a cabeça coberta de pó. És o sustentáculo permanente dos que estão abandonados, e eu não tenho, nos dois mundos, mais que a ti. Ah! lança um olhar sobre mim, que sou presa da tristeza; dá um remédio para meus males, desgraçado de mim! Perdi minha vida, é certo, por minhas faltas, porém arrependo-me; intercede por mim junto a Deus. Ainda que eu tema a sentença do Corão, "Não te entregues à confiança", leio no entanto no mesmo livro sagrado as palavras: "Não desesperes".[50]

Presa da tristeza, estou sentado dia e noite à espera de que intercedas um momento por mim. Se houver a menor intervenção de tua parte, o selo da obediência cobrirá minhas transgressões. Ó tu que és o intercessor deste infeliz punhado de terra! Acende com benevolência a lâmpada da intercessão, a fim de que, como a mariposa, em meio a tua assembléia eu vá agitar minhas asas diante de tua chama.

Quem quer que veja manifestamente tua chama submeterá, como a mariposa, sua inteligência a seu coração. Basta aos olhos da alma contemplar-te, e aos dois mundos contentar-te. O remédio para a dor de

---

50. As duas frases entre aspas estão no Corão (sura XII, 11 e 87).

meu coração é teu amor; a luz de minha alma é o sol de teu rosto. Minha alma está à tua porta; meus rins estão apertados por meu cinturão. Olha as pérolas da espada de minha língua; cada pérola que faço cair de minha boca sobre teu caminho provém do fundo de meu coração. Se espalho assim as pérolas do oceano de minha alma, é porque recebi a indicação de que tu és esse oceano. Quando, por ti, minha alma encontrou teu rastro, todo rastro meu foi apagado.

Ó essência elevada! o que desejo é que queiras, em tua bondade, dedicar-me um olhar. Por esse olhar aniquilarás para sempre minha existência alienada. Purifica-me de todos os pensamentos que me agitam, das associações politeístas e das vaidades. Ó essência pura! não enegreças meu rosto pelo pecado, considera que levo teu nome.[51] Sou uma criança submersa em teu caminho; águas negras envolvem-me como um redemoinho; espero que me tires dessa água e me reconduzas a teu caminho.

HISTÓRIA ALEGÓRICA

Uma criança caiu nas águas de um rio, e sua mãe caiu na agitação e na angústia. Em seu terror, a criança debatia os braços e as pernas; porém a água levou-a para perto do barco do moinho. A água arrastava-a, e a bem-amada criança afastou-se dali, rolando pela superfície da água. A mãe, vendo aquilo, desejou estar naquele barco. Contudo, atira-se à água e salva a criança; toma-a então em seus braços e amamenta-a com seu leite e aperta-a contra seu peito.

Ó tu cuja ternura é parecida à das mães! És para mim, neste redemoinho, um barco protetor. Quando caí neste abismo de estupefação, encontrei-me ante o barco do oceano dos suspiros. Tenho sido presa da vertigem como essa criança na água, agitando em meu desconcerto os pés e as mãos.

Ó tu que estás cheio de ternura para com as crianças de teu caminho! Lança neste momento com benevolência um olhar sobre aqueles que submergiram, tem piedade de nosso coração cheio de angústias, vem em nossa ajuda ao ver que as águas nos arrastam, faze-nos saborear o leite do seio de tua graça, não retires de nossa frente a mesa de tua generosidade. Ó tu que estás além da inteligência e a quem não se pode defi-

---

51. O prenome de Farid-ud-Din Attar era, de fato, Mohâmmed.

nir! Tu, a quem os relatos dos narradores não saberiam descrever; a mão de nenhum de nós jamais poderá alcançar a brida de teu corcel, e necessariamente não somos mais que a poeira de tua poeira; teus santos amigos chegaram a ser tua poeira, e os habitantes do mundo não são mais que a poeira de tua poeira.

Aquele que não é, em relação a teus amigos, como a poeira, este é o inimigo. De teus companheiros, o primeiro é Abu Bekr, o último, Ali. Eles são os quatro pilares da *caaba* da verdade e da pureza. O primeiro, Abu Bekr, foi digno por sua sinceridade, por ser o confidente de Mohâmmed e seu ministro; o segundo, Omar, era para a justiça um sol resplandescente; o terceiro, Osman, é um oceano de modéstia e discrição; finalmente o quarto, Ali, é um rei, possuidor de ciência e de generosidade.[52]

ELOGIO A ABU BEKR

O primeiro é pois Abu Bekr, o primeiro amigo de Mohâmmed, e o segundo dos dois personagens que estiveram na caverna;[53] o centro da religião, a verdade do Mais Alto, o pólo do verdadeiro Deus, aquele que em todas as coisas teve preeminência. Tudo o que Deus verteu de Sua corte elevada sobre o nobre peito de Mohâmmed, verteu também em sua totalidade e efetivamente sobre o peito de Abu Bekr. Quando Deus tirou do nada os dois mundos por uma só palavra, ele manteve a boca firmemente fechada e reteve no coração Suas agradáveis palavras. Assim, Abu Bekr permanecia com a cabeça baixa durante toda a noite até o dia; à meia-noite deixava ouvir gemidos, por causa do ardor de seu amor a Deus. Seus suspiros perfumados chegavam à China, e o sangue do gamo da Tartária produzia então seu almíscar. É por causa disso que o sol da lei e da religião, Mohâmmed, disse: "É preciso ir daqui à China em busca da ciência".[54] A sabedoria governava tão bem os movimentos da boca

---

52. Para a compreensão dos fatos aos quais Attar se refere na série de elogios que se segue, é bastante apreciável o conhecimento de certos fatos relativos à história do islamismo. O leitor poderá encontrar, no corpo do Prefácio deste volume, uma breve narrativa sobre a investidura dos quatro primeiros califas.

53. Palavras tiradas do Corão (IX, 40). Sabe-se que Abu Bekr acompanhou Mohâmmed em sua hégira e escondeu-se com ele numa caverna do monte Thaur.

54. *Hadith* bastante conhecido e que irá aparecer diversas vezes ao longo do texto, possui, além do sentido literal, um sentido cifrado: a palavra 'China' também designa a alma e a mente humana. Este dito é uma maneira velada de dizer que há uma potencialidade na mente (alma) do homem que deve ser desenvolvida.

de Abu Bekr que seus lábios pronunciavam sem cessar a palavra *Hu* (Ele) com a seriedade conveniente; o que digo?!, a seriedade manifestava-se em sua língua, de maneira que ele não pronunciava outro nome senão o de Deus. É necessária a seriedade para que a dignidade se manifeste: como pode um homem sem seriedade ser bom para qualquer coisa? Omar viu um fragmento da grave dignidade de Abu Bekr e disse: "Eu gostaria de compartilhar um pouco disso, ainda que fosse o valor de um só dos pelos de seu peito".

Ó Deus! uma vez que acolheste o segundo dos dois da caverna, Abu Bekr é pois o segundo depois do Profeta.

ELOGIO A OMAR

Ele é o mestre da lei, o grande sol da religião, a sombra de Deus, o notável dissipador das dificuldades, o archote da religião. Ele colocou efetivamente selo à justiça e à eqüidade; por sua perspicácia, teve primazia sobre todos os homens. Com respeito a ele Deus pronunciou as palavras *Ta Ha*,[55] para que ele fosse purificado e guiado por elas. É ele quem deve passar primeiro pela ponte Sirat.[56] Foi Mohâmmed que deu a ele o nome de Omar. Feliz esse homem eminente, que foi o primeiro a possuir o manto de honra de Jerusalém![57] Como desde o princípio Deus colocou Sua mão sobre a dele, conduziu-o afinal até onde ele está. Por sua justiça, as coisas da religião encontraram seu cumprimento, e acalmouse a desordem e a turbação. Ele era a vela acesa do Paraíso, e essa vela não produzia sombra a ninguém em nenhuma reunião. Entretanto, como não haveria sombra de luz na vela se a divindade fugiu para longe dessa sombra? Quando Omar falava, a verdade estava em sua língua; ela vinha claramente do caminho do coração.

Quando o Profeta viu que ele queimava de amor por Deus, disse: "Este homem memorável é a luz do Céu". De fato, tanto sua alma queimava pelo ardor do amor, como sua língua por suas conversas com Deus.

---

55. Palavra mística que inicia a sura XX do Corão.
56. *Sirat*: o Reto Caminho, o Caminho da Verdade; literalmente significa "O Caminho" (do latim *strata*). Uma ponte fina como um cabelo sobre o abismo do Inferno. Os bons serão capazes de atravessá-la, os fracos resvalarão e mergulharão no abismo.
57. Expressão figurada para dizer que ele tomou a cidade de Jerusalém.

ELOGIO A OSMAN

Ele é o senhor da *Sunna*,[58] a luz absoluta, o que digo?!, o senhor das duas luzes.[59] Osman, filho de Affan, é aquele que esteve mergulhado no oceano do conhecimento espiritual: ele foi o centro da religião. Foi por Osman, o comendador dos crentes, que a bandeira da fé adquiriu elevação. O esplendor religioso que brilha na superfície dos dois mundos foi tirado do coração luminoso do possuidor das duas luzes. Este segundo José, conforme as palavras de Mohâmmed, foi uma fonte, o que digo?!, um oceano de piedade e de modéstia. Ele sacrificou-se para servir seu parente, Mohâmmed; consumiu sua vida para a realização dos desígnios do Profeta. Cortaram-lhe a cabeça enquanto repousava. Ele não se apegava a nada, somente à compaixão.

Foi sobretudo em seu tempo que a boa direção e a honra espalharam-se pelo mundo. Por sua justiça propagou-se a fé, e por sua sabedoria, o Corão. O Senhor dos senhores dizia: "Os anjos no Céu estão ciumentos de Osman". E o Profeta disse também: "Deus não se importa com Osman quando ele descobre Seus mistérios". Como poderia ele não aceitar a investidura do califado, uma vez que o Profeta apertou-lhe a mão em sinal de transmissão de seu poder? Cada um dos presentes à investidura dos dois primeiros califas disse: "Eu golpearia meu peito se estivesse ausente como o possuidor das duas luzes".

ELOGIO A ALI

Ali é o mestre da verdade, o chefe possuidor de retidão, a montanha de doçura, o oceano de ciência, o pólo da religião. Ele é o escanção que dá para beber a água do Kauçar,[60] o *imam* que mostra o caminho verdadeiro, o primo de Mohâmmed, o leão de Deus, o escolhido, o eleito, o esposo da virgem, o casto senhor, o genro do Profeta. Ele veio explicar

---

58. Sunna é a coletânea de preceitos de obrigação extraída das práticas do Profeta e dos quatro califas ortodoxos.
59. Alusão a duas de suas mulheres filhas de Mohâmmed.
60. Al-Kauçar: "Abundância", um rio no Paraíso prometido a Mohâmmed (*Corão*, sura CVIII). É às vezes identificado ao Eufrates.

a direção, desvelar o segredo de "Pergunta-me";[61] ele é o diretor cheio de mérito da religião, é o juiz absoluto. Como Ali é o único confidente dos segredos de Deus, não se pode experimentar nenhuma dúvida sobre sua eminente ciência. Segundo uma sentença de Mohâmmed, Ali conhecia a essência divina, o que digo?!, formava parte dela. Se alguém foi ressuscitado pelo sopro de Jesus, Ali curava uma mão cortada com uma só palavra. Na Caaba ele foi aceito por Deus; ele quebrou os ídolos até mesmo sobre as costas e os ombros do Profeta. Seu coração continha os segredos do mistério; ele poderia retirar, imaculada, de seu peito, a sua mão:[62] se ele não a tivesse realmente branca, como a espada *zu'l ficar*[63] poderia nela repousar? Tanto ficava turbado por causa de suas preocupações como dizia em voz baixa segredos para um poço; ele não encontrou nos horizontes ninguém a quem pudesse fazer seu companheiro; entrou no santuário e não teve *mahram*.[64]

SOBRE O FANATISMO
RELATIVO AOS PRIMEIROS CALIFAS

Ó tu que és presa do fanatismo!, tu que permaneces tanto no ódio quanto no amor! Se te jactas de possuir inteligência e coração, por que te entregas ao fanatismo? Ó ignorante! não há desvio no califado: como pensar que isto poderia ter ocorrido com relação a Abu Bekr e a Omar? Caso isto houvesse ocorrido com estes dois chefes, eles teriam designado os seus filhos como sucessores, e ainda que estes dois eminentes personagens tivessem feito levar o testemunho da verdade por pessoas dignas de confiança, outros impedimentos lhes teriam sido colocados. Pois bem, como ninguém colocou obstáculo, é que não houveram então pretensões contrárias. Ninguém impediu Abu Bekr de ser proclamado califa; queres pois desmentir a todos? Porém, se desmentes os Companheiros do Profeta, não aceitas o que disse o próprio Profeta: "Cada um de meus amigos é um astro luminoso, e minha tribo é a melhor tribo. Os melho-

---

61. Ou "Peça-me". *Hadith* que começa por essa expressão.
62. Menção a um dos milagres de Moisés, que colocou sua mão tomada de lepra sobre o peito e retirou-a curada (*Êxodo*, IV, 6).
63. *Zu'l ficar*: assim era chamada a célebre espada de duas lâminas que pertenceu a Ali, o quarto califa.
64. *Mahram*: 'parente', 'próximo', 'íntimo', 'confidente'; por extensão, 'igual' ou 'semelhante'.

res homens são meus amigos; eles são meus aliados e meus entes queridos". Se para ti o melhor converte-se no pior, pode alguém chamar-te clarividente? Podes admitir que os Companheiros do Profeta houvessem aceito de coração pessoas indignas para sentar no lugar de Mohâmmed? Isto não é admissível para aqueles santos homens. Se a escolha da maioria não foi boa, então a reunião do Corão em volume não foi melhor. Pois bem, tudo o que os Companheiros do Profeta fizeram, fizeram justa e convenientemente. Não reconhecendo a eleição de uma pessoa, vós condenais trinta e três mil. Aquele que coloca sua esperança unicamente em Deus não amarra os joelhos de seu camelo. Estando em suspenso neste assunto, como podes receber a verdade de Deus? Não tenhas pois tal opinião.

Se o desvio houvesse ocorrido em favor de Abu Bekr, haveria ele dito alguma vez "Mata-me"? Se isto houvesse ocorrido com relação a Omar, haveria ele morto seu filho ferindo-o com um bastão? Abu Bekr sempre foi o homem da via espiritual, despreocupado de tudo e assíduo na corte celeste. Ele deu a Mohâmmed seus bens e sua filha; dedicou-se a ele e jamais o traiu; ele estava livre da aparência das ficções, pois encontrava-se na medula do verdadeiro conhecimento. Se se considera convenientemente a cátedra do califado, querer-se-á colocar nela Abu Bekr. Quando se reflete sobre tudo o que se passou antes e depois, como se poderá chamar injusto esse eminente personagem?

Depois vem Omar, o divisor, aquele que não tinha em vista senão a justiça. Tanto removia tijolos como recolhia espinhos do chão; tanto carregava lenha às costas como perguntava pelo caminho quando estava na cidade. Todos os dias ele estava ativamente ocupado, e não tinha como alimento mais que alguns bocados de pão. Os que à sua mesa compartiam seu pão nada recebiam do tesouro público. Quando dormia, a areia era a sua cama, e a terra do vale, seu travesseiro. Como um aguadeiro, carregava um odre e dava de beber a uma anciã enquanto ela dormia. À noite ia velar com ardor por seu exército. Ele dizia a Khadija: "Ó tu que és clarividente! Vês em Omar o menor sinal de hipocrisia? É em vão que me ofereçam presentes e dissimulem para mim os meus próprios defeitos, pois os conheço.

Se Omar houvesse obtido injustamente o califado, por que haveria de carregar um traje que pesava dezessete *manns*,[65] tanto era remendado? Ele não tinha nem manto nem tapete, e costurava juntos dois peda-

---

65. Medida persa de peso: um *mann* equivale a três quilos.

ços de couro para consertar seu cinturão destroçado. Aquele que exerceu dessa maneira uma realeza tão digna de consideração não poderia tornar-se culpável de parcialidade. Aquele que tanto carregava tijolos como amassava a argila teria feito então esses duros trabalhos em vão? Porém, se ele houvesse atirado aos ventos o califado, deveria ao menos aceitar o sultanato. De fato, em sua época as cidades dos infiéis foram, em seu nome, esvaziadas da infidelidade. Se fazes oposição fanática a Omar, tu não tens eqüidade; morres de cólera por isso. Omar pereceu pelo veneno; e tu, ainda que não tenhas tomado veneno, quantas vezes não morres de cólera por causa disso? Ó ignorante que desconheces a justiça!, não julgues o califado de acordo com tua própria maneira de ver, do contrário cem fogos cairão sobre teu coração em conseqüência desse juízo. Em todo caso, supondo que um dos três primeiros califas houvesse usurpado o califado, teria tomado para si o fardo das cem espécies de males que sofreram. Não é fácil, quando a alma está no corpo, carregar uma coisa que deveria ser carregada por outra pessoa.

HISTÓRIA RELATIVA A OMAR

Num dia em que Omar estava exaltado na presença de Awis, um dos principais Companheiros do Profeta, ele disse: "Vou colocar o califado à venda. Eu o venderia a quem o quisesse, desde que o comprassem com boa intenção". Quando Awis ouviu esse discurso, disse a Omar: "Dá-me o califado e fica livre de preocupações. Afasta qualquer outro que possa desejá-lo ou apropriar-se dele".

Quando soube-se que Omar queria deixar o califado, um só grito elevou-se dentre seus amigos: "Ó nosso chefe!, nós suplicamos em nome de Deus, não abandones Suas criaturas. Abu Bekr colocou sobre teus ombros esse fardo; ele não o fez às cegas, mas com sabedoria. Se desvias a cabeça de sua obediência, sua alma se entristecerá por tua causa". Omar ouviu esse argumento decisivo e, sentindo a força das palavras, resignou-se.

HISTÓRIA SOBRE O MARTÍRIO DE ALI

Quando, por causa do destino, Ali foi ferido por um inimigo, deram-lhe em seguida algo para beber, e então ele disse: "Onde está aquele que fez correr o meu sangue? Dai de beber primeiro a ele, depois a mim. Não o trateis de forma diferente que a mim". Levaram pois algo de beber a esse homem, que exclamou: "Que desgraça!, Ali quer matar-me com veneno". Ali disse então: "Juro pela verdade do Criador que se este infeliz tomar essa bebida não colocarei o pé sem ele ante Deus no jardim da eternidade". De fato, Ali não entrou no Céu sem o homem perverso que o ferira mortalmente. Se Ali intercedeu dessa maneira por seu inimigo, poderia ele alguma vez ter odiado Abu Bekr? Deus não cria um amigo como Ali para Abu Bekr tanto quanto cria um mundo novo para o homem. Por mais que digas que Ali foi tratado injustamente ao ser rejeitado para o califado, sabe, ó meu filho!, que ele é o leão de Deus, e tendo uma coroa à cabeça, jamais poderiam tratá-lo injustamente!

HADITH RELATIVO A ALI

Mohâmmed foi certa vez a um lugar ao largo do caminho e ordenou que buscassem água do poço para seu exército. Um homem foi e voltou apressadamente, dizendo: "O poço está cheio de sangue, e não há água". Mohâmmed disse: "Creio que é porque Ali, cheio da dor que experimenta, contou seus segredos a esse poço. O poço não teve forças para ouvir esses segredos, e é por isso que está cheio de sangue, e não de água". Aquele cujo coração agitava-se com tal emoção poderia ter a malícia de uma formiga?

Tua alma agita-se no fanatismo; mas isto não acontecia a Ali. Guarda pois silêncio; não te compares a Ali, pois esse amigo da Verdade (Deus) estava submerso em Deus (a Verdade).[66] Ele estava absorvido em seus deveres e enojado de tudo o que é imaginário. Se Ali estivesse, como tu, cheio de inimizade, teria combatido o exército de Mohâmmed. Ele era mais bravo que tu, e no entanto jamais bateu-se com ninguém. Coisa

---

66. O Corão revela noventa e nove nomes de Deus (Allah), ou atributos divinos. Um deles é *Al-Haq* (A Verdade), daí o 'jogo de palavras' contido no verso.

admirável!, se, ao contrário de Ali, Abu Bekr não estava na Verdade, então Ali deveria pedir o califado. Como o exército da mãe dos crentes (Aischa) não queria vingar-se de Ali por causa da religião, mas por outros motivos, necessariamente Ali, ao ver tal combate e tal confusão, rechaçou essas tropas pela força. Aischa, que era capaz de combater contra a filha de Mohâmmed,[67] poderia igualmente combater o pai daquela.

Ó meu filho! Tu não tens idéia de quem é Ali, e não vês mais que as letras *áin*, *yé* e *lâm*, que formam seu nome. Estás impaciente pelo amor à tua própria vida, e ele estava pronto a entregar cem vidas ao vento.

HISTÓRIA EM LOUVOR DE ALI

Quando um dos companheiros de Mohâmmed foi morto, o impetuoso Ali ficou muito aflito. "Por que", dizia ele, "não mataram a mim também? Minha vida, ainda que me seja querida, é vil a meus olhos". Alguém lhe disse: "De que te queixas, ó Ali!, se o Rei (Deus) guardou-te como depositário de Suas confidências?"

HISTÓRIA SOBRE O ABISSÍNIO BILAL

Bilal recebeu um dia em alguma parte de seu frágil corpo numerosos golpes de bastão e de correias de couro. Seu sangue corria em abundância por causa desses golpes, e todavia ele não cessava de gritar: "Deus é Único! Deus é Único!"

Se um oceano de ignomínia se apresentasse subitamente a ti, não ficaria nem amor nem ódio em teu caminho. Aquele que é atormentado nas mãos do aviltamento não tem razão de permanecer em tais condições. Se aquela gente era assim, por que tu deverias ser diferente? Até quando ficarás submerso no assombro? Tua língua aumentou o número dos adoradores de ídolos; ela feriu os Companheiros do Profeta. Tu enegreces teu *diwan*[68] com a abundância de palavras; ao contrário, ganhas a bola de pólo se refreias tua língua.

---

67. Fátima, esposa de Ali.
68. Reunião de escritos, livro; neste contexto, bem como no Corão, o livro onde são escritas as boas e as más ações dos homens.

OUTRA HISTÓRIA EM LOUVOR DE ALI

Ali e Abu Bekr estavam ambos mergulhados na busca da Verdade. Quando Mohâmmed refugiou-se na caverna, Ali passou a noite na cama do Profeta; dessa forma, ele expôs sua vida ao sacrifício para salvar o mais eminente dos homens eminentes. Por outro lado, Abu Bekr acompanhou Mohâmmed na caverna, e assim também arriscou sua vida pela do Profeta. Ambos expuseram pois suas vidas por ele de maneira diferente. Serias então fanático contra esses personagens, se um e outro sacrificaram suas vidas por seu amigo? Se és homem deste ou daquele, se experimentas simpatia por este mais que por aquele, ao menos faz, como eles, do sacrifício de tua vida a tua ocupação. Guarda silêncio e deixa de te apaixonar a respeito dos primeiros califas. Tu conheces, ó meu filho!, Ali e Abu Bekr, e ignoras o que seja Deus, o espírito e a alma. Põe de lado o fato histórico, que está selado, e sê dia e noite homem de verdade como Rabi'ah.[69] Rabi'ah não era uma mulher, ela valia cem homens da cabeça aos pés; o amor de Deus dominava-a inteiramente. Ela estava sempre mergulhada na luz divina; estava livre das coisas inúteis e submersa no amor divino.

HISTÓRIA SOBRE RABI'AH

Alguém disse a Rabi'ah: "Tu que és cara a Deus, responde: qual é tua opinião sobre os amigos do Profeta?" — "Eu não posso dizer nada de satisfatório sobre Deus", respondeu ela. "Como poderia então falar de Seus amigos? Se eu não houvesse perdido minha alma e meu espírito em Deus, poderia dar um momento de atenção aos homens. Contudo, não sou eu aquela cujo olho foi perfurado por um espinho enquanto caminhava absorta em contemplação, e cujo sangue correu de meus olhos para a terra sem que eu me apercebesse disso? Aquela cujo amor a Deus chegou a tal ponto, como poderia ocupar-se de um homem ou de uma mulher? Se sou uma desconhecida para mim mesma, como poderia conhecer então qualquer outra pessoa?"

Já que nesta via não és nem Deus nem profeta, retira tua mão da

---

69. Rabi'ah al-Adauya é uma das mais importantes mulheres místicas do Islam, considerada santa pelos sufis. Viveu no século VIII d.C. (séc. I da Hégira) e teve como discípulos muitos dos grandes mestres do sufismo (v. índice biográfico).

recusa e da aceitação. Não sejas nem dependente nem independente. És um punhado de terra, contenta-te em ser a poeira do caminho. Uma vez que não és mais que um punhado de terra, fala humildemente, acredita que tudo é puro e fala conforme a pureza do coração.

ORAÇÃO DE MOHÂMMED

O senhor do mundo (Mohâmmed) disse um dia ao Criador: "Encarrega-me dos assuntos de minha nação, de forma que ninguém venha a julgar de nenhuma maneira as faltas de meu povo". — "Ó tu que és o centro dos grandes homens!", respondeu-lhe Deus, "tu não poderias suportar a visão dessas inumeráveis faltas; ficarias estupefato e, envergonhado, te esconderias nalgum canto. Tu ouviste o que disseram os estranhos e mandaste-os de volta a seu lugar. Ainda que na nação muçulmana encontrem-se os melhores, muitos no entanto estão cobertos de faltas, e tu não terias forças para suportá-las; assim, limita-te a salvar tua nação intercedendo por ela. Se desejas que ninguém no mundo encontre vestígios das faltas de tua nação, Eu desejo, ó essência elevada!, que tu as ignore. Não ponhas o pé no centro, caminha ao largo, e encarrega-Me noite e dia dos assuntos de tua nação."

Assim, por tua vez, não decidas nada, abrevia tua língua, age sem fanatismo e ocupa-te de caminhar pela via espiritual. Põe diante de teus olhos o que fizeram os primeiros califas, anda tranqüilamente e segue teu caminho. Coloca o pé na verdade como Abu Bekr; escolhe a justiça como Omar; como Osman, age com doçura e modéstia; como Ali, sê um oceano de ciência e de bondade. Ou não digas nada e segue meu conselho a esse respeito indo por teu caminho, ou levanta o pé e age conforme tua idéia. És um homem de sinceridade como Abu Bekr, ou de ciência como Ali? Não, tu és um homem de concupiscência; és infiel a cada instante. Destrói pois em primeiro lugar tua alma infiel; sê crente, e, quando houveres feito perecer essa alma concupiscente, estarás em segurança. Em teu fanatismo com relação aos primeiros califas, te apaixonas excessivamente; outorgas por ti mesmo um mandato profético em favor de Ali; porém não deves somente admitir os preceitos da lei, é preciso que saibas quais discursos deves manter sobre os amigos do Profeta. Ó Deus! o fanatismo de que falo não está em mim; preserva-me dele para sempre, purifica minha alma e faz com que essa falta não se encontre no livro de minhas ações!

APRESENTAÇÃO DOS PÁSSAROS

CAPÍTULO I

A REUNIÃO DOS PÁSSAROS

Sê bem-vinda, ó poupa! Tu que serviste de guia ao rei Salomão e foste a verdadeira mensageira de todo o vale; tu que tiveste a felicidade de levar suas cartas às fronteiras do reino de Sabá![70] Ele conhecia tua linguagem (*mantic uttair*), e tu conhecias seu coração; tu foste a confidente de seus segredos, e assim obtiveste uma coroa de glória.[71] Por seres digna dos segredos de Salomão, aprendeste a encerrar e a manter a ferros o demônio que quer tentar-te. Fazendo isto, poderás então descerrar as cortinas do palácio de Salomão.

Ó alvéloa (*mucicha*)! tu que te assemelhas a Moisés (*Muça*), levanta-te e faz ressoar teu canto para celebrar o verdadeiro conhecimento de Deus! O músico sabe tirar sons harmoniosos de sua garganta em louvor a Deus! Como Moisés, viste o fogo desde longe; tu és, em verdade, um pequeno Moisés no monte Sinai. Afasta-te do brutal Faraó!, chega a tempo e sê o pássaro do Sinai. Meu discurso é sem palavra, sem língua, sem ruído; compreende-o sem inteligência e ouve-o sem ouvido.

---

70. A poupa aparece no *Corão* (XXVII, 16-44) como mensageira de Salomão, que falava a sua linguagem: "E Salomão sucedeu a David e disse: 'Foi-nos ensinada a linguagem dos pássaros'" (vers. 16). Neste episódio, logo depois que Salomão dá falta da poupa, ela chega de Sabá com a notícia de que uma rainha de trono grandioso (Balkis, a rainha de Sabá) prostrava-se, juntamente com seu povo, diante do sol, em vez de prostrar-se diante de Deus. Salomão pede à poupa que lhe leve uma mensagem e que observe o que fazem. A rainha diz a dignatários que uma carta honrada lhes fora enviada por Salomão, pedindo submissão. Por medo de ter seu reino invadido, Balkis decide então mandar um presente a Salomão e esperar a resposta que este lhe enviaria pela poupa. O que ocorre, entretanto, é que o rei, indignado com o ouro enviado por Balkis, e decidido a invadir o reino de Sabá, pede que, antes do ataque, alguém lhe traga o próprio trono da rainha. Um gênio se oferece: "Eu o trarei antes que te levantes de teu lugar" (vers. 39). O trono aparece diante de Salomão e ele ordena que o desfigurem. Quando a rainha é trazida prisioneira e adentra o palácio do soberano, mal pode reconhecer seu trono: "E quando entrou, confundiu o brilho do piso com água, e suspendeu o vestido acima dos joelhos. Disse Salomão: 'É um palácio de cristal polido'. Disse ela: 'Senhor, fui iníqua para comigo mesma. Submeto-me, com Salomão, a Deus, o Senhor dos mundos'" (vers. 44).
71. Alusão ao penacho que adorna a cabeça da poupa.

Sê bem-vindo, ó papagaio que repousa na Tuba!⁷² Tu que vestes um lindo manto e tens um colar de fogo! Esse colar de fogo com que te adornas é próprio de um habitante do Inferno, porém tua vestimenta é digna de um habitante do Céu e de um homem generoso. Aquele que quer salvar-se do fogo de Nemrod, como Abraão, o amigo de Deus, pode comprazer-se com o fogo? Quebra a cabeça de Nemrod como a um cálamo e, da mesma forma que Abraão, põe o pé nas chamas. Quando te libertares da dureza de Nemrod, veste teu manto, e não mais temerás o colar de fogo.

Bem-vinda ó perdiz que caminha graciosamente! Tu que estás contente quando percorres a montanha do conhecimento divino! Entrega-te à alegria pensando nos benefícios deste caminho, e golpeia como um martelo a porta da casa de Deus. Humildemente, derrete a montanha de tuas perversas inclinações, e de sua ruína surgirá um camelo; então verás correr um regato de leite e mel. Conduz esse camelo, se podes, até o fim de tua jornada, e o próprio Salih virá a teu encontro como um velho amigo.⁷³

Saudações, ó magnífico falcão real! Tu que tens o olhar penetrante, até quando serás violento e apaixonado, ciumento de tua liberdade? Crava tuas garras na carta do amor eterno, mas não rompas o selo até a eternidade. Mistura teu espírito a tua razão inata para que possas ver a eternidade de antes e de depois como uma só. Rompe tua imunda carcaça natural e estabelece-te no interior da caverna da unidade. Quando estiveres nessa gruta, Mohâmmed, o amigo da caverna, o centro do mundo, virá a ti.

Saudações, ó codorniz (*darraj*) do *mi'râj* do *alast*!⁷⁴ Já que ouviste de Deus a primeira palavra que tudo comanda e respondeste "sim!", quando escutares em teu espírito o chamado do amor, rejeita a concupiscência de tua alma, que é para ti o turbilhão da desgraça; consome tua alma concupiscente e submete teu corpo de desejo como Cristo montou seu

---

72. Tuba é uma árvore do Paraíso. Segundo um *hadith* do Profeta, o espaço de tempo para escalá-la é de cem anos, e dela são feitas as vestimentas dos habitantes do jardim do Paraíso. V. Ibn 'Arabi, *Kitab al-Fotuhat al-Makkiya*, vol. III, p. 433 e sgs. e notas de Maurice Gloton à tradução de *Shajarat al-Kawniya* (*A Árvore do mundo*), de Ibn 'Arabi, pág. 130 e sgs., ed. Les Deux Océans, Paris.

73. V. nota *13*.

74. *Alast* refere-se à célebre passagem do Corão: "*Alastu birabbikum? Qalu: Bala, shahidné!*" — "Não sou vosso Senhor? Responderam: Sim, somos testemunhas!" (sura VII, 172). Deus faz esta pergunta às almas quando estas ainda se encontram unificadas em Adão. Attar compara esse ato solene ao *mi'raj* (ascensão de Mohâmmed ao Céu).

asno; depois, como o Messias, inflama-te com o amor do Criador. Queima pois este asno e usa o pássaro da alma, para que assim o espírito de Deus[75] venha a ti com felicidade.

Saudações, ó rouxinol do jardim do amor! Geme graciosamente tuas notas por causa da dor e da ferida do amor; geme ternamente, como David, pela aflição de teu coração; canta as melodias que fazem os homens suspirar pela morte para que a cada instante cem almas façam o *niçar*[76] por ti. Abre tua garganta melodiosa e canta sobre o sentido espiritual de todas as coisas; mostra o reto caminho aos homens por meio de tuas canções. Como David, durante muito tempo fabricaste para tua alma vil uma cota de malha. Também como ele, torna o ferro de teu coração brando como a cera; quando esse ferro tornar-se brando como a cera, serás, como David, ardente no amor de Deus.[77]

Saudações, ó pavão real do jardim das oito portas![78] Tu foste atormentado por causa da serpente de sete cabeças. A sociedade dessa serpente lançou-te no sangue e te fez sair do jardim do Éden. Distanciou-te da Sidra e da Tuba;[79] enegreceu teu coração selvagem e fez da sombra do jardim uma confusa escuridão. Enquanto não faças perecer essa serpente, como serás digno de praticar esses segredos? Se fores libertado da detestável serpente, Adão te tomará com ele no Paraíso.

Saudações, ó excelente faisão, que vê à distância e percebe assim a fonte do coração que está submerso no oceano da luz! No entanto, permaneces num poço escuro, retido na prisão da incerteza. Sai desse poço tenebroso, levanta a cabeça até a cúspide do trono divino. À imitação de José, deixa o poço e a prisão para que sejas rei no *Egito da honradez*.

---

75. Segundo Garcin de Tassy, esse é um dos títulos dados a Jesus Cristo no Corão (sura IV, 169); porém, nomeados de fato, há os seguintes títulos: "o enviado de Deus", "o ungido", e "Sua palavra" (vers. 72).
76. *Niçar*: palavra persa, literalmente "lugar de sombra"; usado aqui como sinal de oferenda e louvor.
77. V. nota 23.
78. Quer dizer, do Céu, que os muçulmanos dividem em oito seções. Dante utiliza-se desta mesma alegoria na *Divina Comédia* (v. *La Escatologia musulmana en la Divina Comedia*, de Miguel Asín Palacios, Madrid, 1919).
79. A Sidra, assim como a Tuba (v. nota 72), é uma árvore do Paraíso. Está situada à direita do trono de Deus e é o ponto mais próximo a Deus que a criatura pode alcançar. Seu nome em árabe é *Sidrat al-Muntahi*, sendo que *Muntahi* significa ponto de chegada. Ela é o ponto mais alto do conhecimento místico. Mohâmmed alcançou-a em sua ascensão (*mi'raj*). V. *Corão*, LIII, 14-16.

Se tal reino te for atribuído, encontrarás também o verdadeiro José.

Saudações, ó rola de suaves lamentos! Foste contente de encontro ao sangue, e tristemente retornaste encerrada numa gaiola tão estreita quanto a de Jonas. Ó tu que erras aqui e ali como um peixe! Podes abrandar por um instante tua persistência nesse malquerer? Corta a cabeça desse peixe de malquerer, a fim de poder roçar tuas penas no vértice da lua. Se te salvas do peixe de tua própria alma, serás a companheira de Jonas no oceano sem fim.

Saudações, ó pomba! Entoa teu arrulhar para que eu possa estender sobre ti em *niçar* sete bandejas de pérolas. Como o colar da fé circunda teu pescoço, não te corresponderia agir com infidelidade. Mas enquanto tiveres a menor parcela de imperfeição, te chamarei verdadeiramente infiel. Se puderes entrar no domínio das coisas espirituais e sair por ti mesma, encontrarás, por tua própria sabedoria, o caminho que conduz ao sentido espiritual. Quando tua sabedoria te conduzir até esse ponto, Hidr te oferecerá a clara água da vida eterna.[80]

Bem-vindo tu, falcão, que alçaste vôo e, depois de levantar-te contra teu dono, inclinaste a cabeça. Não te levantes quando deves baixar a cabeça; comporta-te adequadamente, mesmo estando submerso em sangue. Estás preso ao cadáver deste mundo, e foste assim afastado do outro. Deixa não somente o mundo presente, mas também o futuro; levanta teu capuz e olha livremente, e, quando estiveres desembaraçado dos dois mundos, repousarás nas mãos de Alexandre.[81]

Saudações, ó pintassilgo! Vem alegremente, chega como o fogo e apressa-te a agir. Consome inteiramente, por teu calor, tudo o que se mos-

---

80. *Hidr* (ou *Khidr*) é o mestre espiritual invisível. Tendo atingido a Fonte da Vida, a Verdade (*haqiqat*), e bebido da água da imortalidade, não conhece nem a velhice nem a morte. É o 'Eterno Adolescente', e seu nome significa 'O Verdejante'. Para os sufis é o iniciador da Verdade que emancipa da religião literal. De acordo com comentaristas, é ele quem aparece na sura XVIII (v. 60-82) do Corão como guia de Moisés e depositário de uma ciência divina superior à lei (*shari'at*). Como guardião da Fonte e como amigo e mestre interior, mostra a cada um como atingir o estado espiritual que tipifica. *Hidr* também é identificado ao profeta Elias, ou ainda a São Jorge. V. Henry Corbin, *L'Imagination créatrice dans le soufisme d'Ibn 'Arabi*, cap. "Le disciple de Hidr", pág. 48, ed. Flammarion, Paris, 1977.

81. Alexandre, o Grande (para os árabes *Iskandar*, 356-323 a.C.), rei da Macedônia, considerado santo pelos cristãos e sábio pelos muçulmanos. No texto, bem como no Corão, Alexandre é nomeado 'o detentor dos dois cornos', ou dos dois raios de glória, como Moisés, porque suas conquistas tinham por objetivo a propagação da verdadeira religião (*Corão*, XVIII, 83-98).

trará; queima completamente a essência da alma. Quando houveres queimado todos os apegos, a luz de Deus se manifestará mais e mais a ti a cada instante. Uma vez que teu coração conhece os Seus segredos, permanece fielmente unido às coisas de Deus. Quando te tornares um pássaro perfeito, já não existirás, mas Deus permanecerá. Saudações!

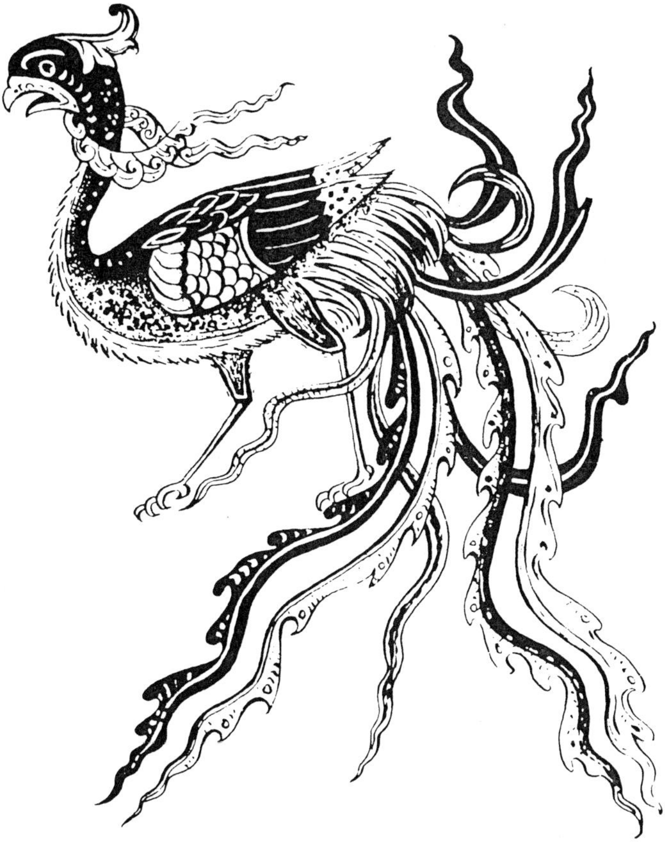

CAPÍTULO II

DISCURSO DA POUPA AOS PÁSSAROS

Todos os pássaros do mundo, tanto os conhecidos como os desconhecidos, reuniram-se e tiveram entre si estas palavras: "Não há no mundo país sem rei; como pode ser então que os pássaros não tenham um para governá-los? Este estado de coisas não pode perdurar! Devemos unir nossos esforços e ir em busca de um rei, pois num país sem rei não há boa administração e o exército está desorganizado".

Assim, os pássaros começaram a considerar como partir em busca de um rei. A poupa, emocionada e cheia de esperança, foi à frente, colocando-se no centro da assembléia. Levava no peito o emblema que atestava que ela havia entrado no caminho espiritual e que conhecia o bem e o mal: a crista em sua cabeça era a coroa da verdade.

"Prezados pássaros", começou, "sou um dentre aqueles engajados na milícia divina, sou a mensageira do mundo invisível. Conheço Deus e os segredos da Criação. Quando, como eu, se tem inscrito no bico o nome de Deus,[82] necessariamente deve-se ter conhecimento de muitos segredos. No entanto, passo meus dias na ansiedade e não me interesso por ninguém, pois estou absorvida no amor ao rei. Ocupo-me somente do que interessa pessoalmente a ele, e não me inquieto pelo seu exército. Posso encontrar água por instinto natural, e conheço ainda muitos ou-

---

82. Trata-se provavelmente da primeira parte da profissão de fé muçulmana, "Não há outro deus senão Deus" (*La ilaha illa Llah*), que parece ser a tradução ortodoxa da antiga fórmula panteísta persa "Não há senão Deus". (Nota de Garcin de Tassy.)

tros segredos.[83] Encontrei-me com Salomão e sou o primeiro dentre seus seguidores. É admirável que ele nunca perguntasse pelos ausentes; no entanto, quando eu me afastava dele, mesmo que por um só dia, mandava buscar-me por toda parte; e já que não podia ficar sem mim um momento sequer, fica assim estabelecido meu valor para sempre. Eu levava suas cartas e era sua confidente: o pássaro que é querido pelo profeta Salomão merece ter uma coroa em sua cabeça.

"Pode qualquer pássaro entrar no Caminho senão pela graça de Deus? Durante muitos anos viajei por mar e por terra; atravessei vales e montanhas; percorri um imenso espaço nos tempos do dilúvio, sem terra para descansar; acompanhei Salomão em suas viagens e medi várias vezes a superfície do globo.

"Conheço bem meu rei, mas não posso ir a seu encontro sozinha. Se quiserdes acompanhar-me, vos darei acesso à corte desse rei. Libertai-vos da timidez, de toda presunção e de qualquer turbação incrédula. Aquele que deixou a própria vida está liberto de si mesmo, foi libertado do bem e do mal para trilhar o caminho de seu bem-amado. Sede generosos com vossas vidas e colocai o pé no caminho para chegar à porta desse rei. Temos um verdadeiro rei. Ele habita além do monte Káf[84] e seu nome é Simorg; é ele o rei dos pássaros. Ele está sempre próximo de nós, apesar de estarmos distantes dele. O lugar onde vive é inacessível e não pode ser descrito por nenhuma língua. Diante dele pendem cem mil véus de luz e escuridão. Nos dois mundos não há ninguém com poder para disputar seu império. Ele é o soberano por excelência, está imerso na perfeição de sua majestade; e não se manifesta completamente sequer no lugar de sua morada, a qual nem a ciência nem a inteligência podem alcançar. O caminho é desconhecido, e, ainda que milhares de criaturas

---

83. Salomão, quando estava em peregrinação a Meca, necessitou água e chamou a poupa, por ser ela capaz de descobrir água sob a terra. Na França medieval acreditava-se que a poupa "possuía o singular poder de ver através dos corpos opacos e de conhecer segredos que faziam-na capaz de quebrar o vidro mais espesso e as pedras mais duras" (cf. L. Charbonneau-Lassay, *Le Bestiaire du Christ*, ed. Milano, pág. 430).

84. O Káf tem significado semelhante ao monte Meru dos hindus, ao Alborj dos persas e ao Olimpo grego: uma região que, como o Paraíso terrestre, tornou-se inacessível à humanidade comum. Simbolicamente é tanto o centro do mundo como os seus limites; é, portanto, ao mesmo tempo um monte e uma cadeia de montanhas que circunda o mundo e limita os dois horizontes. Conforme a tradição, para chegar-se ao Káf é necessário atravessar os sete oceanos, isto é, o mundo inteiro. Geograficamente identificado ao Cáucaso pelos povos orientais, representa essencialmente o eixo fixo em torno do qual realiza-se a revolução de todas as coisas. (v. René Guénon, *O Rei do mundo*, edições 70, Lisboa, pág. 51).

gastem suas vidas desejando-o, muito poucos têm bastante perseverança para encontrá-lo. A alma mais pura não saberia descrevê-lo, nem a razão compreendê-lo. Estamos confusos e, apesar de termos dois olhos, na escuridão. Nenhuma ciência descobriu ainda sua perfeição, nenhuma vista percebeu ainda a beleza de sua face; as criaturas não puderam elevar-se até sua excelência; a ciência ficou aquém, e ao olho faltou alcance. Foi em vão que as criaturas desejassem alcançar com sua imaginação esta perfeição e esta beleza. Como abrir este caminho pelo pensamento? Queres medir a lua como medes um peixe? Milhares de cabeças são aqui como bolas de pólo jogadas de um lado para outro num grande torneio, e só se ouvem exclamações e suspiros dirigidos aos céus. Encontrareis neste caminho água e terra firme, e ninguém pode ter idéia de sua extensão. É necessário um homem com coração de leão para percorrer esta rota extraordinária, pois o caminho é longo e o mar profundo. Podeis caminhar, também, penosamente: ora rindo ora chorando, em estupefação. Quanto a mim, seria feliz em encontrar ao menos uma pista deste caminho, pois seria uma vergonha viver sem alcançá-lo. Para que serviria a alma se não houvesse um objeto para amar? Se és um homem, que teu coração não fique sem dono. É preciso um homem perfeito para este caminho, pois deve saber introduzir sua alma nesta corte. Valentemente lava as mãos desta vida se queres ser chamado homem de ação. Para que serviria a vida sem amor? Pela amada, renuncia a tua vida querida como os homens dignos de sua vocação. Se entregas generosamente tua alma, merecerás que tua bem-amada sacrifique a vida por ti".

A PRIMEIRA MANIFESTAÇÃO DO SIMORG

Coisa admirável! A primeira manifestação do Simorg teve lugar na China, em meio à noite sem lua. Uma de suas plumas caiu na China e sua fama correu o mundo todo. Cada um que dela ouviu falar imaginou um desenho e tomou-o como verdadeiro em seu coração. Esta pluma ainda se encontra na sala de pinturas daquele país, e é por isso que o Profeta disse: "Busca o conhecimento, ainda que seja na China".[85] Não fosse essa pluma, não teria havido tanto barulho no mundo a propósito desse misterioso ser. Este sinal de sua existência é a lembrança de sua glória.

85. V. nota 54.

Todas as almas levam uma impressão da imagem dessa pluma. Como sua descrição não tem pé nem cabeça, nem começo nem fim, não é necessário dizer mais nada a esse respeito. Agora, vós que sois homens do Caminho, tomai essa direção e colocai o pé nessa via.

Assim que a poupa terminou o seu discurso, os pássaros puseram-se agitados, sonhando com a majestade e a glória daquele rei, e, tomados pela ânsia de tê-lo como seu próprio soberano, ficaram impacientes para partir. Fizeram, assim, seu projeto de viagem e resolveram ir juntos; cada qual tornou-se um amigo do outro e um inimigo de si mesmo. Porém, quando começaram a perceber quão longa e dolorosa seria essa viagem, hesitaram. E, apesar da boa vontade que parecia haver, cada um, justificando-se à sua maneira, deu uma desculpa diferente para não se comprometer.

CAPÍTULO III

O ROUXINOL

Em primeiro lugar apresentou-se o enamorado rouxinol: estava fora de si pelo excesso de sua paixão. Expressava um sentido em cada uma das mil notas de seu canto, e em cada sentido estava contido um mundo de segredos. Celebrou assim os segredos do mistério, até calar os outros pássaros: "Os segredos do amor me são conhecidos. Todas as noites repito meus cantos de amor. Não há ninguém infeliz como David a quem eu possa cantar meus melancólicos salmos de amor? É imitando meu canto que a flauta geme e o alaúde faz ouvir os seus lamentos. Faço sobressaltar de emoção tanto o jardim de rosas como o coração dos amantes. Sempre ensino novos mistérios, e a cada instante repito novos cantos de tristeza. Quando o amor subjuga minha alma, meu canto soa como as ondas do mar. Quem quer que me escute perde a razão, fica embriagado, não importa o domínio que guarde de si mesmo. Se sou privado durante muito tempo da visão de minha querida rosa, fico desolado e cesso meu canto, e não digo meus segredos a ninguém. Quando, no princípio da primavera, ela espalha seu suave perfume pelo mundo, eu lhe abro alegremente meu coração e, por seu feliz horóscopo, cessam os meus pesares. Mas quando sua bem-amada não se mostra, o rouxinol se cala.

Meus segredos não são conhecidos por todos; somente a rosa sabe com certeza quais são. Tão profundamente enamorado pela rosa, sequer penso em minha própria existência. Só penso no amor da rosa, só quero para mim a rosa vermelha. Desejar o Simorg está além de minhas forças, o amor da rosa é suficiente para o rouxinol. É meu o seu botão, é para mim que ela floresce com suas cem pétalas. Por que sentir-me-ia desgraçado, se a rosa que hoje se abre cheia de desejos sorri alegremente para mim? Ainda que se mostre sob o véu, sei que é para mim que ela sorri. Como poderia então o rouxinol privar-se uma noite sequer do amor de um objeto tão encantador?"

A poupa respondeu ao rouxinol: "Ó tu que ficaste para trás, ocupado com a forma exterior das coisas! Deixa de comprazer-te nesse apego sedutor. O amor da rosa cravou em teu coração muitos espinhos; confundiu-te e dominou-te. Mesmo sendo a rosa formosa, sua beleza não dura mais que oito dias. Pois bem, o amor de algo evidentemente caduco não deve provocar mais que fastio nas gentes perfeitas. Aquele que busca a perfeição não deveria tornar-se escravo de um amor tão efêmero. Se o sorriso da rosa desperta teu desejo, é somente para encher teus dias e noites de lamentações. Esquece o rubor da rosa e lembra-te do teu, que não deve ser de paixão, mas de vergonha. Renuncia à rosa e sorri, pois ela se ri de ti a cada nova primavera, e não te sorri".[86]

---

86. Este capítulo é comentado e explicado pelo mestre Adil Alimi. Ele observa que Attar, além de se referir à inutilidade do arroubamento extático dos místicos que não vão mais além disto e que não estão em contato com a vida dos homens, também se refere a um equivalente mundano do extasiado: "a pessoa que sente amores freqüentes e incompletos, e que, mesmo que a afetem profundamente, não a regeneram nem a alteram a ponto de seu próprio ser experimentar uma transformação". Depois Alimi fala do homem transformado pelo verdadeiro amor e de como a qualidade de seus sentimentos é incompreendida pela maior parte dos homens. V. Idries Shah, *The Sufis*, ed. Anchor, New York, 1971, pág. 123. O tema do êxtase místico será desenvolvido mais adiante nas histórias de Majnun e nos comentários sobre as vidas de Hallaj e de Junaid.

A PRINCESA E O DERVIXE

Um rei tinha um filha bela como a lua, por quem todos tinham simpatia e afeto. Ela despertava a paixão por meio de seus olhos semicerrados pelo sono e por uma doce embriaguez. Seu rosto tinha a brancura da cânfora e seus cabelos o negror do almíscar. Os rubis da mais pura água secavam de ciúmes ante o brilho de seus lábios. Se ela manifestava mesmo um pouco de sua beleza, a razão entristecia-se por não poder apreciá-la dignamente. Se o açúcar chegava a conhecer a doçura de seus lábios, derretia-se de pudor.

Pela vontade do destino, um dervixe cujo olhar recaiu sobre essa brilhante lua enamorou-se dela violentamente, e das mãos embargadas desse homem o pequeno pão redondo que poderia tê-lo nutrido caiu esquecido. A princesa passou por ele como uma chama e afastou-se sorrindo. Ao ver esse riso, o dervixe tombou no pó e mergulhou no sangue. Tinha, até então, a metade de um pão e a metade de sua alma: foi privado de ambos ao mesmo tempo. Não teve mais descanso, nem de dia nem de noite; guardava silêncio, contentando-se em chorar e arder. Quando recordava o sorriso da princesa, derramava lágrimas como a nuvem derrama a chuva. Esse louco amor durou sete anos, os quais ele dormiu com os cães da rua de sua bem-amada. Cansados da presença daquele tolo, os parentes da princesa resolveram pôr um termo a tal situação, e, como eram de natureza malvados, planejaram cortar a cabeça do dervixe como se corta uma vela. No entanto, a princesa chamou o faquir em segredo e lhe disse: "Ó infeliz!, como poderia haver proximidade entre uma pessoa como eu e alguém como tu? Sabe que meus parentes planejam matar-te; portanto, parte imediatamente. Não permaneças mais à minha porta, levanta-te e desaparece!"

O desgraçado dervixe respondeu: "No dia em que comecei a te amar, lavei minhas mãos da vida. Meu único desejo é que a cada instante milhares de almas privadas de repouso como eu possam sacrificar-se por tua beleza! Nenhum poder sobre a terra poderá fazer com que eu deixe este lugar, mas uma vez que querem matar-me, responde a única pergunta que tenho para fazer-te: no dia em que te tornaste a causa de minha morte, por que te rias de mim?" — "Ó ignorante!", respondeu ela, "quando notei que estavas prestes a desonrar-te, sorri por piedade. Permiti-me sorrir por piedade, e não por zombaria." Ela falou e depois desapareceu como fumaça, abandonando o desolado dervixe.

CAPÍTULO IV

O PAPAGAIO

Depois foi a vez do papagaio, com açúcar em seu bico. Vestia um traje verde como pistache e usava um colar de puro ouro em seu pescoço. Comparado a seu brilho, o gavião não é mais que um mosquito, e por toda parte o tapete verde da terra é o reflexo de suas plumas. Suas palavras são açúcar destilado, pois ele o mastiga desde a manhã: "Homens vis e com coração de aço", disse, "trancaram-me numa gaiola de ferro, tão gracioso sou. Retido nesta prisão, anseio estar livre novamente para encontrar a fonte da imortalidade, que é guardada por Hidr.[87] Como ele, estou vestido de verde, pois sou Hidr entre os pássaros. Eu gostaria de beber da fonte dessa água de que falam, porém não tenho forças para elevar-me até a grande asa do Simorg. A fonte de Hidr basta-me".

A poupa respondeu: "Ó tu que não tens idéia da felicidade! Sabe que aquele que não está disposto a renunciar à vida não é um homem. A vida te foi dada apenas para que possas possuir, mesmo por um só instante, um amigo valoroso. Busca sinceramente a água da vida; põe-te em marcha, pois não tens a amêndoa, tens somente a casca. Queres sacrificar tua vida pela companhia das damas? Imita os homens dignos desse nome entrando, de posse de tua liberdade, em seu caminho. Age como o amante; renuncia a tua alma e procura o coração do amado".

87. V. nota *80*.

O MAJNUN[88] E HIDR

Havia um homem, *louco por excesso de amor a Deus*, cujos pensamentos ocupavam-se unicamente d'Ele. Hidr lhe disse: "Ó homem perfeito, queres ser meu amigo?" — "Não me convém", ele respondeu. "Nós dois não podemos ser amigos porque nossas existências têm fins diferentes. Tu já bebeste grandes goles da água da imortalidade, de forma que existirás para sempre. A vida é teu destino, assim como morrer é o meu. Tu desejas viver; quanto a mim, preparo-me para morrer. Não tenho amigo neste mundo, e dessa forma me é difícil suportar minha própria existência. Enquanto preservas tua vida, eu sacrifico todos os dias a minha. É melhor que eu te deixe, como os pássaros escapam da armadilha para elevar-se no horizonte livres. Adeus!"

CAPÍTULO V

O PAVÃO

Em seguida veio o pavão real, o das vestes douradas e das plumas de cem, o que digo?!, de cem mil cores. Exibiu-se com todos seus atavios, virando-se de um lado para outro como uma noiva; cada uma da suas plumas manifestava seu esplendor. "O pintor do mundo invisível", disse, "entregou com Suas próprias mãos Seu pincel aos *djins* para que eles me dessem forma. Mas embora eu seja Gabriel entre os pássaros, minha sorte não deve ser invejada, pois tendo contraído amizade com a serpente no paraíso terrestre, dali fui ignominiosamente expulso. Fui privado do posto de confiança que me havia sido entregue, e meus pés

---

88. Majnun é o célebre louco de amor da literatura persa e árabe. Impedido de ver sua amada Laila, ele abandona as riquezas e o mundo para vagar sozinho no deserto, entre as feras. À semelhança de *Romeu e Julieta* para o Ocidente, essa é a mais conhecida história de amor do Oriente: Majnun e Laila eram crianças de tribos hostis, e sua união era proibida pelo pai de Laila; ambos os amantes morrem da dor de sua separação. O nome *Laila* significa literalmente 'noite', e simbolicamente evoca o mistério da Essência divina. *Majnun* significa, em árabe, 'louco'. Na poesia mística é usado para designar aquele que está louco de amor por Deus, e, por sua sabedoria e desenvolvimento espiritual e por não se basear em padrões pré-estabelecidos de comportamento, não é compreendido pelos outros homens, sendo, portanto, tomado por insano.

foram a minha prisão.[89] Mas mantenho a esperança de que um guia generoso me tirará desta morada escura para conduzir-me à mansão da eternidade. Não tenho a pretensão de alcançar o rei de que falas, basta-me chegar à sua porta. Acaso poderia ser o Simorg o objeto de minha ambição, se não desejo mais que o paraíso terrestre? Nada mais tem significado para mim neste mundo, a não ser habitar novamente o Paraíso."

A poupa respondeu: "Ó tu que te separas voluntariamente do verdadeiro caminho! O palácio desse rei é infinitamente superior ao palácio de que falas. Não tens nada melhor a fazer que tentar alcançá-lo. O lar que procuramos é a habitação da alma; a eternidade é o objeto dos nossos desejos, a morada do coração; em uma palavra, a residência da Verdade. O Altíssimo é um vasto oceano; o paraíso das delícias terrenas não é mais que uma pequena gota dele. Aquele que possui o oceano possui a gota, e tudo que não é esse oceano é loucura. Quando podes ter o oceano, por que buscar uma gota de orvalho noturno? Pode aquele que participa dos segredos do sol deter-se por uma partícula de pó? Como poderia aquele que é o todo permanecer preocupado com uma parte? Necessita a alma ocupar-se dos membros do corpo? Se queres ser um homem perfeito considera o todo, busca o todo, escolhe o todo, sê o todo".

O MESTRE E O DISCÍPULO

Um discípulo perguntou a seu mestre: "Por que Adão foi obrigado a deixar o Paraíso?" O mestre lhe respondeu: "Quando Adão, a mais nobre das criaturas, acordou no Paraíso, ouviu uma ressoante voz do mundo invisível, que lhe disse: 'Ó tu que estás atado com cem laços ao paraíso terrestre, sabe que, nos dois mundos, quem quer que se ocupe de qualquer coisa que se interponha entre ele e Eu, fica privado de tudo o que existe visivelmente, a fim de que se apegue somente a Mim, seu verdadei-

---

89. Ao simbolismo do pavão é associada a beleza, a incorruptibilidade, a glória, a imortalidade, a justiça, e, em contrapartida, a vaidade. É a ave do Paraíso por excelência. O fato desta ave ser predadora natural das serpentes permite também que lhe sejam associadas as idéias de arrependimento e vingança e reforça ainda a idéia de justiça. Essas idéias vão de encontro a esta passagem do texto, em que se alude também à feiúra dos pés dessa ave, em contraste com sua magnífica plumagem. V. L. Charbonneau-Lassay, *Le Bestiaire du Christ*, ed. Milano, págs. 617-627. Sobre o pavão e a serpente, ver também *Histórias dos Dervixes*, de Idries Shah (ed. Nova Fronteira, São Paulo, 1976, pág. 155) e *The Sufis* (do mesmo autor, ed. Anchor, New York, 1971, pág. 437).

ro amigo'. O que é uma alma em comparação a milhares de almas? E, no entanto, todas elas de nada serviriam se não se dedicassem ao que é digno de ser amado por excelência. Aquele que vive para outra coisa que não para Ele, ainda que o próprio Adão, será expulso. Os habitantes do Paraíso sabem que a primeira coisa que devem dar é o coração; mas se não pertencem ao Paraíso, recuarão ante o sacrifício de seu coração".

CAPÍTULO VI

O PATO

O pato saiu da água temerosamente; vestia seu mais fino traje e, dirigindo-se à assembléia, disse: "Ninguém, nos dois mundos, jamais ouviu falar de uma criatura tão bonita e mais pura que eu. Faço regularmente e a qualquer hora as abluções costumeiras, e estendo sobre a água o tapete de oração. Que pássaro pode viver e movimentar-se na água como eu? Nisto tenho um maravilhoso poder. Eu sou, entre os pássaros, um penitente de visão clara, de vestes limpas, e vivo no elemento mais puro. Minha alma e minhas penas são de um branco sem mácula. Nada me é mais proveitoso que a água, da qual retiro meu alimento. Por maior que seja a dor que experimente, lavo-a na água. Águas claras alimentam a corrente onde vivo, não me agrada a terra seca. Só me relaciono com a água: como poderia deixá-la? 'Tudo o que vive, vive pela água',[90] e não se pode passar sem ela em absoluto. Como poderia eu cruzar vales e voar até o Simorg? Pode alguém como eu, satisfeito com a superfície da água, ter algum anseio de ver o Simorg?"

A poupa respondeu: "Ó tu que te delicias com a água! Tu, cuja vida está rodeada pela água como que pelo fogo! Adormeces brandamente sobre a água, mas vem uma onda e és varrido. A água é boa para os que não têm a cara limpa. Se estás assim, fazes bem em buscar a água; mas quanto tempo permanecerás tão puro como a água, se tens sempre de ver todos os que não têm a cara limpa quando vão banhar-se?"

90. Conforme o *Corão*, XXI, 31; e *Gênesis*, I, 20.

HISTÓRIA ALEGÓRICA

Alguém perguntou a um *majnun*: "O que são os dois mundos que estão sempre ocupando nossos pensamentos?" Ele respondeu: "O mundo superior e o mundo inferior são como uma gota de água que é e não é.

"No princípio manifestou-se uma gota de água, que se revestiu das mais belas aparências. Mas tudo o que está na água, ainda que de ferro, perecerá. Não há nada mais duro que o ferro, que, no entanto, tem a água como origem; e tudo que tem a água como origem não tem mais realidade que um sonho. Nunca ninguém considerou a água como coisa estável. Seria sólido um edifício sobre a água?"

CAPÍTULO VII

A PERDIZ

Depois aproximou-se a perdiz, que, contente e andando com graça, saiu de sua toca como em estado de embriaguez. Ergueu a cabeça do tesouro de pérolas que enfeitam as suas vestes: seu bico é vermelho, sua plumagem aurora, e o sangue ferve em seus olhos. Em seu vôo carrega o cinto e a espada, e ao andar faz rápidos movimentos de cabeça, como que se desviando de golpes de espada. "Gosto de passear entre as ruínas", disse, "porque amo as pedras preciosas. As jóias acendem um fogo em meu coração, e isto é suficiente para minha felicidade. Quando queimo de desejo por elas, os seixos que engoli enrubescem como se estivessem ensangüentados. Ao aproximar-se do fogo, a pedra incandesce, tingindo-se da cor do sangue. Tenho permanecido entre a pedra e o fogo, em inação e perplexidade. Ardente e apaixonado, alimento-me de seixos e, com o coração inflamado, durmo sobre a pedra. Ó meus amigos, abri os olhos e vêde do que me alimento e como durmo! Como despertar o desejo daquele que dorme sobre pedras e delas se alimenta? Meu coração está ferido por cem pesares, porque meu amor pelas pedras preciosas mantém-me atado à montanha. O amor por outras coisas é transitório; o reino das jóias, ao contrário, é eterno; por sua essência elas sustentam a montanha. Eu conheço a montanha e a pedra preciosa. Para buscar o diamante não deixo nem por um instante meu cinto e minha espada,[91] cuja folha furta-cor me oferece sempre diamantes: busco-os até mesmo nela. Não encontrei ainda nenhuma essência cuja natureza fosse superior à das pedrarias, nem uma pérola de água tão formosa quanto elas. Pois bem, o caminho até o Simorg é difícil, e meu pé permanece atado às pedras preciosas como se estivesse atolado em lama. Como posso esperar chegar à presença do Simorg com as mãos na cabeça e os pés na lama? Não me desvio mais do diamante que o fogo de sua presa: ou encontro pedras preciosas ou morro. A nobreza de meu caráter deve mostrar-se, e o que dela não comparte não tem valor."

---

91. Os naturalistas nos informam que a perdiz tem por hábito engolir pequenas pedras, sobretudo coloridas, que ela arranca do solo por meio do esporão de suas patas furta-cor, a que Attar se refere como 'espadas'.

A poupa lhe respondeu: "Ó tu que tens todas as cores como as pedrarias! És um pássaro um pouco coxo e dás desculpas coxas. O sangue de teu coração tinge tuas patas e teu bico. Não te rebaixes buscando jóias! O que são as jóias senão pedras coloridas? Sem as cores elas seriam apenas pedregulhos. Sem dúvida é teu amor pelas pedras que endurece teu coração. Pois bem, o que se apega à cor não tem peso; aquele que possui o perfume não busca a cor; quem tem a essência não renunciará a ela pelo brilho da forma aparente. Procura a verdadeira jóia da qualidade mais perfeita, e não mais te contentes com uma pedra".

O ANEL DE SALOMÃO

Nenhuma pedra teve jamais prerrogativa tão eminente como a de engastar o anel de Salomão. A fama e a reputação desse anel eram extremas, e no entanto o engaste era uma pedra do peso de meio *dang*.[92] Porém, quando Salomão fez dela um selo, o mundo inteiro caiu sob seu poder. Assim, Salomão viu seu reino estabelecido, e sua lei estendeu-se sobre os mais longíquos horizontes. A superfície de seu reino era, pois, imensa; e embora o vento levasse sua vontade a todos os quadrantes, em realidade ele possuía somente uma pedra de meio *dang*. "Meu reino e meu governo somente são estáveis pelo poder desta pedra", disse ele, "não quero que no mundo espiritual ou temporal possa alguém possuir desde agora tal poderio."[93]

Ó meu rei! Vi claramente este reino precário com o olho da razão; é um diminutivo daquele que virá depois. Não quero ter nada com o exército ou com o império; escolho para sempre o alforje do dervixe. Embora Salomão fosse um rei poderoso por causa da pedra de seu anel, essa pedra era, no entanto, o que retardava seu progresso no caminho espiritual; e por isso ele chegou ao Paraíso do Éden quinhentos anos depois dos outros profetas. Se esta pedra produziu este efeito em Salomão, o que não faria a um ser como tu, pobre perdiz? Já que o diamante é uma simples pedra, não a busques; não entregues tua alma a não ser pelo rosto de teu amado. Ó tu que buscas a jóia verdadeira, afasta teu coração da jóia vulgar, e está sempre à procura do bom joalheiro!

---

92. O *dang* equivale a um quarto de dracma (ou dinar), isto é, a menos de um grama.
93. Conta-se que Salomão jogou seu anel maravilhoso ao mar para que ninguém mais tivesse acesso a seu poder (v. *As Mil e Uma Noites*, trad. Lane).

CAPÍTULO VIII

O GRIFO[94]

O grifo (*humay*), o da feliz sombra, chegou ante a assembléia; ele cuja sombra confere majestade aos reis. Dele provém o nome *humayun*, o afortunado, porque dentre os pássaros é o mais ambicioso.

"Pássaros da terra e do mar", disse, "eu não sou um pássaro como os outros. Sou movido por uma alta ambição, e é para satisfazê-la que vivo afastado das outras criaturas; para tanto subjuguei o cão do desejo. Graças a mim grandes reis como Feridun e Jamchid foram dignificados. Os reis elevam-se às nuvens sob a influência de minha sombra, e não me agradam os homens que têm caráter de mendigo. Dou ossos para o cão da minha alma roer e guardo meu espírito em segurança; por isso encontro-me em posição elevada. Como pode desviar a cabeça da glória aquele cuja sombra produz reis? Todos buscam abrigar-se à sombra de minhas asas na esperança de obter qualquer vantagem. A glória dos Khosroes[95] ergue-se em minha defesa. Para que buscaria eu a amizade do nobre Simorg quando tenho a realeza a minha disposição?"

A poupa respondeu: "Ó escravo do orgulho! Não espalhes mais tua sombra nem te vanglories. Neste momento, longe de conferir poder aos reis, estás, como um cachorro, ocupado com um osso. Deus proíbe-te fazer sentar Khosroes no trono! Crês que uma sombra deve merecer tamanha importância? Supondo que todos os reis estejam sentados no trono pelo efeito de tua sombra, amanhã, no entanto, cairão em desgraça e permanecerão para sempre privados de sua realeza; enquanto que se nunca tivessem visto tua sombra, não teriam de arcar com um ajuste de contas tão terrível no último dia".

---

94. O grifo, ou *humay*, é um animal fabuloso que possui corpo de leão e cabeça e asas de águia. A pessoa sobre a qual cai sua sombra torna-se rei. Tanto o leão como a águia são emblemas reais, e é comum, principalmente na Grécia, a representação de um grifo de cada lado do trono de um rei.

95. *Khosroe* é o nome de três reis sassânidas que governaram a Pérsia pré-islâmica de 229 a 652. Como o nome César, passou a designar, na Pérsia, os imperadores ou reis importantes.

MAHMUD E O SÁBIO

Um homem de puras intenções e que estava no reto caminho viu, uma noite em sonho, o sultão Mahmud e lhe disse: "Ó rei de tão feliz fortuna! Como te parecem as coisas no reino da eternidade?" O sultão respondeu: "Golpeia meu corpo se quiseres, mas deixa minha alma em paz; não digas nada e retira-te, pois aqui não deves falar de realeza. Meu poder foi ao mesmo tempo ilusório e culpável, foi somente vaidade e autoestima, presunção e erro. Como poderia a soberania elevar-se de um vil punhado de terra? A soberania pertence somente a Deus, o Senhor do Universo. Agora que posso ver minha debilidade e impotência, tenho vergonha de minha realeza. Se queres dar-me um título, chama-me 'o desolado'. Deus é o rei da natureza, então não chames rei a mim também. O império Lhe pertence, e hoje eu seria feliz em ser um simples faquir na terra. Quisera Deus houvessem cem poços para encerrar-me neles; assim eu não teria sido um monarca. Quisera antes ter sido um colhedor nos campos de trigo que ter sido rei. Chama-me 'Mahmud, o escravo'. Dá minhas bênçãos a meu filho Massud e diz a ele: 'Se queres a sabedoria previne-te do estado de teu pai'. Retira-te, pois eu nada tenho atualmente e nada posso dizer-te, sequer com respeito às mais pequenas coisas; os demônios do Inferno esperam por mim. Que sequem as asas e as plumas desse grifo que projetou sua sombra sobre mim!"

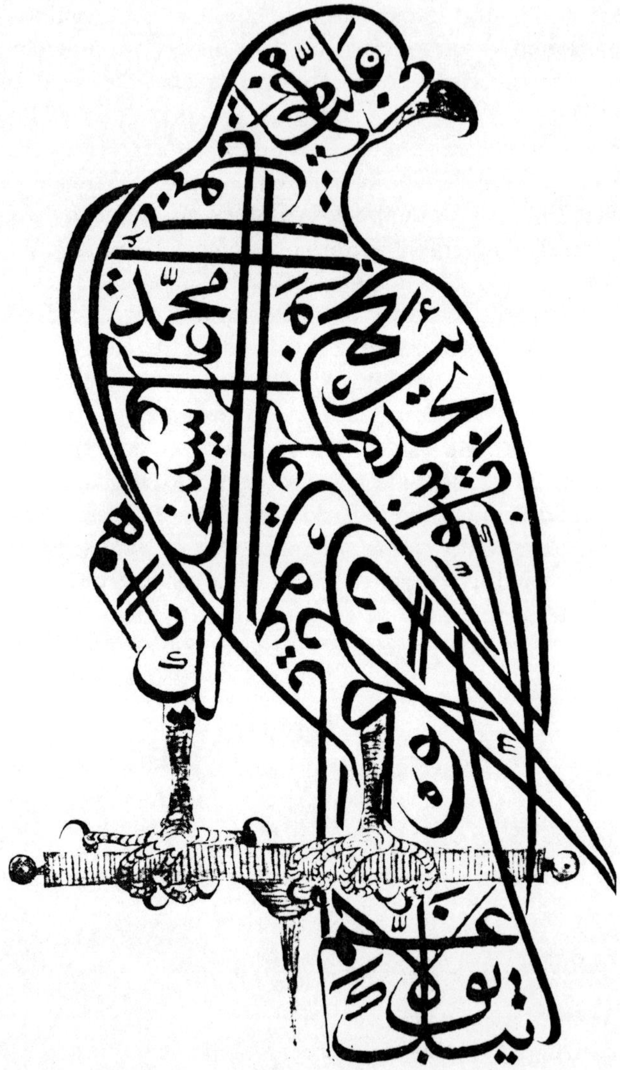

CAPÍTULO IX

O FALCÃO

Depois veio orgulhosamente o falcão, para desvelar o segredo dos mistérios ante a assembléia. Tinha a postura de um soldado, a cabeça ereta coberta por um capuz. Disse: "Eu que me deleito na companhia dos reis não dou atenção às outras criaturas. Cubro meus olhos com um capuz para poder repousar meus pés nas mãos do rei. Fui educado para ter a melhor conduta e pratico a abstinência como os penitentes a fim de que, quando levado à presença do rei, possa fazer exatamente o que o serviço exige de mim. Por que deveria eu, mesmo em sonho, buscar o Simorg? Por que me apressaria a ir ante ele aturdidamente? Contento-me em ser alimentado pela mão do rei, sua corte é suficiente para mim. Não me sinto disposto a tomar parte na viagem que me propõem; estou bastante honrado com a mão do rei, e aquele que goza do favor real obtém o que deseja. Para fazer-me agradável ao rei, devo somente empreender meu vôo através dos vales sem limite. Assim, não tenho outro desejo senão passar minha vida alegremente, próximo ao rei e caçando sob suas ordens".

A poupa lhe respondeu: "Ó tu que és sensível às coisas exteriores sem ocupar-te das qualidades essenciais, e que permaneceste apegado à forma! Sabe que se o rei tivesse um igual em seu reino, a realeza não lhe pertenceria. Se há um ser digno da verdadeira realeza, este é o Simorg, porque é único em seu poder. Um rei não exerce tolamente sua vontade, nem agarra-se a uma coroa e pensa que governa. O verdadeiro rei exerce domínio com suave humildade e não tem rival em sua firme fidelidade. Os reis do mundo são freqüentemente justos; podem, no entanto, ser culpados de injustiça. Quanto mais próximo do rei se está, mais delicada é a nossa posição: há sempre o temor de desagradá-lo. As necessidades de um crente podem ofendê-lo, e às vezes até mesmo a vida corre perigo. Um rei do mundo é como o fogo: mantém-te distante, é melhor que ser queimado".

O REI E SEU ESCRAVO

Havia um rei de nobre caráter que sentia afeto por um escravo cuja beleza havia chamado sua atenção; seu corpo era como a prata. O rei estava tão apegado a esse escravo que não podia separar-se dele por um momento sequer. Deu-lhe as mais belas vestimentas e colocou-o acima de seus companheiros; tinha-o sempre diante de seus olhos. Quando o rei divertia-se atirando flechas em seu castelo, seu favorito tremia de medo: uma maçã equilibrada sobre sua cabeça servia de alvo ao arco real. Pois bem, quando o rei atravessava a maçã com sua flecha, o escravo estava, de medo, amarelo como a tinta chamada *zarir*.

Um dia alguém que ignorava o que se passava perguntou ao escravo: "Por que tens no rosto a cor do ouro? Por que, apesar da consideração de que gozas junto ao rei, tens essa palidez mortal?" — "O rei", respondeu o escravo, "usa como alvo de suas flechas uma maçã que coloca sobre minha cabeça. Se sua flecha me toca, ele diz, renegando-me: 'Esse escravo não se manteve bem parado, pois sou o mais hábil atirador de meu reino!' Se, ao contrário, a flecha vai direto ao alvo, todo mundo diz que é por causa de sua destreza. Quanto a mim, nesta cruel situação, fico transtornado sem que o rei se dê conta disso; dele só posso esperar que continue com boa pontaria!"

CAPÍTULO X

A GARÇA

A garça chegou apressada e falou aos pássaros sobre sua posição: "Minha miséria prefere a vazia linha do mar entre as lagunas, onde ninguém ouve meu canto. Sou tão inofensiva que não há no mundo quem de mim se queixe. Triste e melancólica, fico à beira do mar salgado, pensativamente; o coração sangrando de desejo pela água.[96] O que seria de mim sem ela? Mas desde que não estou entre aqueles que habitam o mar, morro com os lábios secos, na margem. Mesmo vendo ferver o oceano e tendo suas ondas quebrando a meus pés, não posso beber uma única gota; no entanto, a possibilidade de ele vir a perder uma gota sequer faz

---

96. Em árabe, o nome da garça é *Alméliku Ul'hezin*, ou seja, "O soberano melancólico".

بسم الله الرحمن الرحيم

اسمعيل زبيدى

١٠٣

meu coração arder de ciúme e desgosto. A uma criatura como eu basta o amor do oceano; esta paixão me é suficiente. Não tenho forças para juntar-me a vós nessa árdua busca; assim, peço que me desculpem. Como poderia alguém que só deseja uma gota de água alcançar a união com o Simorg?"

"Ó tu que não conheces a natureza do oceano que amas!", respondeu a poupa, "sob a superfície esperam-te tubarões e outras criaturas perigosas. Suas águas têm o sabor amargo do sal. Seu destino nunca é claro, ora em fluxo, ora em refluxo, sempre inconstante, jamais estável; formam-se tempestades e subitamente o mar se acalma. Grandes homens tentaram, em nobres embarcações, navegar sobre este oceano e caíram no abismo, onde pereceram. Tripulações foram sugadas pelos redemoinhos de sua garganta. O nadador que nele mergulha não encontra mais que aflição para sua alma; tem de lutar para manter o escasso fôlego, e se por um instante toca o fundo é vomitado e reaparece morto na superfície, como a palha. De um tal elemento, desprovido de fidelidade, ninguém deve esperar afeto. Se não te afastares por completo do oceano, ele acabará por te afogar. Ele próprio agita-se por amor ao Amigo; às vezes se contorce em enormes ondas, outras vezes faz ouvir o seu rugido. Se ele não pode por si mesmo encontrar o que deseja, tampouco tu encontrarás nele repouso para o teu coração. O oceano não é mais que um regato que tem sua fonte no caminho que conduz ao Amigo. Ele vive para Ele, enquanto tu te contentas em ouvir Seu convite e esconder-te. Por que deverias tu permanecer aqui satisfeito, em vez de esforçar-te para ver a face do Simorg?"

O SÁBIO E O OCEANO

Um sábio que tinha o hábito de meditar sobre o significado das coisas espirituais foi até o oceano e lhe perguntou: "Por que vestes este manto azul da cor do luto?[97] E por que pareces ferver sem fogo?"

O oceano respondeu ao homem de espírito atento: "Estou agitado por estar separado de meu amigo. Por causa de minha insuficiência não sou digno d'Ele, e visto azul como sinal do pesar que sinto. Em minha dor secou-se a orla de meus lábios, e é por causa do fogo de meu amor que experimento esta turbação parecida à ebulição. O amor faz minhas ondas enfurecerem-se; é o fogo que ninguém pode apagar. Meus lábios

---

97. Azul é a cor do luto na Pérsia antiga.

salgados têm sede da corrente límpida do Kauçar. Pudesse eu encontrar uma gota dessa água celestial e, à porta do Amigo, gozaria de vida eterna. Sem essa gota morrerei de desejo com os milhares de outros que dia e noite perecem no Caminho".

CAPÍTULO XI

O MOCHO

Depois veio o mocho, que com um ar distraído disse: "Escolhi para minha morada uma casa arruinada e prestes a cair. Sou frágil; nasci entre as ruínas e com elas me satisfaço, mas não para beber vinho.[98] Encontrei centenas de lugares habitados; em alguns existem problemas e confusão, em outros floresce a discórdia e o ódio. Uma mente tranqüila só pode ser encontrada longe dos homens, entre as ruínas; e se tristemente nelas resido, é porque ali estão escondidos os tesouros. Assim, o amor aos tesouros levou-me aos lugares perdidos e desolados. Ali escondo de todos o meu interesse e minha esperança de encontrar um tesouro que não esteja protegido por um talismã. Se meu pé tropeçasse num deles, o desejo de meu coração seria realizado. Também eu acredito que o amor ao Simorg não é uma fábula, pois não é experimentado pelos insensatos. Mas sou fraco e, longe de estar firme em seu amor, amo somente minhas ruínas e meu tesouro".[99]

A poupa lhe disse: "Ó tu que estás embriagado pelo amor às riquezas! Suponhamos que chegues a encontrar um tesouro; muito bem, morrerás sobre este tesouro e tua vida ter-se-á acabado sem que tenhas alcançado o elevado objetivo do qual, dizes ao menos, estás ciente. O amor ao ouro é próprio dos infiéis, e aquele que faz do ouro um ídolo é um

---

98. Os muçulmanos refugiavam-se em ruínas para beber vinho, coisa que lhes é proibida pela lei.
99. Entre os judeus, o mocho (ou bufo, ou ainda, a coruja) é classificado como animal impuro por freqüentar ruínas e monturos (*Levítico*, II, 16-17; *Deuteronômio*, 14-15). Foi associado ironicamente, na Idade Média, ao povo judeu, tornando-se o emblema do demônio da avareza. Como ave noturna, o mocho lembrava o avaro que não dorme à noite por medo dos ladrões (cf. L. Charbonneau-Lassay, *Le Bestiaire du Christ*, ed. Milano, págs. 467-470).

outro Taré.[100] Adorar o ouro é infidelidade; acaso não serias tu da família do israelita que fabricou o bezerro de ouro?[101] Todo coração corrompido pelo amor ao ouro terá a fisionomia transformada, como uma moeda falsa, no Dia da Ressurreição; tomará a forma de um rato e será enxotado por todos os homens".

O AVARENTO

Um homem avarento morreu, deixando escondido um cofre de ouro. Um ano depois ele apareceu em sonho a seu filho sob a forma de um rato que, com os olhos cheios de lágrimas, corria para cá e para lá ao redor do lugar onde escondera seu tesouro. Seu filho lhe perguntou: "Por que vieste aqui, meu pai? Dize-me!" O pai respondeu: "Vim para ver se alguém descobriu o ouro que aqui deixei escondido". O filho perguntou novamente: "Por que tens a forma de um rato?" Ele respondeu: "O coração no qual cresceu o amor pelo ouro assume esta forma. Presta atenção e beneficia-te do que vês. Renuncia ao ouro, ó filho meu!"

CAPÍTULO XII

A ALVÉLOA

Aproximou-se depois a tímida alvéloa, com o corpo débil e o coração terno; trêmula da cabeça aos pés, como uma chama, disse: "Estou estupefata, abatida, sem vigor, sem energia, sem meios de existência. Sou frágil como um cabelo; não tenho ninguém que me socorra, e, em minha fraqueza, não tenho a força sequer de uma formiga. Não tenho nem penugem nem plumas, nada enfim! Como poderia chegar até o nobre Simorg? Minhas penas são muito fracas para elevar-me até o seu distante santuário; e se lá chegasse, tornar-me-ia cinzas ante seu olhar. Não

---

100. Taré é o adorador do fogo, pai idólatra de Abraão. O texto traz "um Azur", que é, de fato, o nome que lhe é dado no Corão (sura XXI, 53).
101. Menção a Aarão, irmão de Moisés (*Êxodo*, XXXII, 1-6). Conforme o Corão, um outro personagem, chamado 'o Samiri', é quem fabricou o bezerro de ouro (sura XX, 85, 95).

faltam no mundo aqueles que buscam essa união; mas sinto que não posso alcançá-la e, assim, não quero fazer viagem tão penosa por algo impossível. Se me dirigisse à corte do Simorg, morreria ou seria queimado no caminho. Não me sinto capaz para tal empresa. José foi escondido no interior de um poço, e devo contentar-me em ir à sua procura. Perdi José uma vez, mas ainda poderei encontrá-lo no mundo. Se encontrar meu José e puder tirá-lo do poço, voarei com ele desde o peixe até a lua".

A poupa respondeu: "Ó tu que, em teu abatimento, confundes tristeza e alegria e recusas o convite! Sabe que presto pouca atenção a teus hábeis pretextos, seu pequeno hipócrita! Não aceito teus argumentos! Põe o pé adiante e não digas nenhuma palavra, costura teus lábios. Se todos se queimam, tu te queimarás como os demais; então, ascende à pira. Mas, já que te comparas a Jacó, sabe que não te será dado José; deixa portanto de usar de astúcia. O fogo do ciúme arderá sempre,[102] e o mundo não pode elevar-se ao amor de José".

HISTÓRIA DE JACÓ

Quando Jacó perdeu seu filho, perdeu também a visão. Por causa dessa separação lágrimas de sangue caíam abundantemente de seus olhos, e seus lábios formavam, repetidamente, o nome de José. O anjo Gabriel veio e lhe disse: "Renuncia a essa palavra. Se pronunciares uma vez mais esse nome, teu próprio nome será suprimido do número dos Profetas e dos Enviados".

Quando esta ordem de Deus chegou a Jacó, o nome de José foi apagado de sua língua. Porém, fundo em sua alma, ele escondia a paixão que não podia controlar, e sem cessar repetia este nome em seu coração.

Uma noite, enquanto dormia, a criança há muito perdida apareceu-lhe em sonho e sorriu. Ele quis chamá-la para seu lado, mas recordando-se do que Deus ordenara, bateu no peito em arrependimento, e, não obstante, de seu coração imaculado deixou escapar um suspiro de tristeza. Quando o velho homem acordou deste vívido sonho, o anjo Gabriel tornou, fazendo ouvir estas palavras: "Deus disse que embora não tenhas pronunciado o nome de José, lançaste um suspiro em seu lugar, e assim traíste o voto e anulaste o efeito de teu arrependimento".

---

102. Alusão aos irmãos de José.

Um suspiro revela o coração tão claramente quanto um grito. Observa pois o jogo do amor, e como ele age em relação ao espírito.

CAPÍTULO XIII
A DISCUSSÃO ENTRE A POUPA E OS PÁSSAROS

Os demais pássaros tiveram, por sua vez, oportunidade de exibir loquazmente sua ignorância. Cada um deles apresentou uma tola desculpa; no entanto, não as enunciavam no interior da reunião, mas desde a porta. Que o leitor me perdoe se não as repito, pois tomariam muito tempo. Todos mostraram-se débeis e fracos; não tinham mais que más notícias para dar. Assim, como poderiam tais pássaros abraçar o Simorg?

Aquele que prefere o Simorg à sua própria vida deve combater valentemente consigo mesmo. Quando não se tem trinta grãos no ninho, pode ocorrer que não se esteja enamorado do Simorg.[103] Se não tens uma moela apropriada para digerir o grão, como pretendes ser o companheiro de jejum do Simorg? Se tonteias apenas provando o vinho, como poderias beber de uma grande taça? Se não tens mais energia que a mais mínima partícula, como poderias encontrar o tesouro do sol? Se te afogas numa gota de água imperceptível, como poderias ir do fundo do mar às alturas celestes? Isto é muito real, e não um simples perfume. Este não é assunto para os que não têm a cara limpa.

Quando todos os pássaros compreenderam do que se tratava, dirigiram-se mais uma vez à poupa, dizendo: "Tu que te encarregas de conduzir-nos pelo caminho; tu que és o melhor e o mais poderoso de todos os pássaros; sabe que nós somos débeis e sem força, sem penugem nem plumas, sem corpo nem energia. Dessa maneira, como poderíamos alcançar o sublime Simorg? Para alguém como nós, chegar ao seu trono seria um milagre. Ao menos dize-nos com quem se parece esse maravilhoso ser; sem isto, cegos como somos, não saberíamos buscar esse mistério. Houvesse alguma relação entre esse ser e nós, nos sentiríamos inclinados a buscá-lo. Mas nele vemos Salomão, enquanto nós podemos

---

103. Simorg quer dizer, em persa, trinta pássaros (*si-morg*); metaforicamente, aquele que não tem *trinta grãos* não tem em si o Simorg.

comparar-nos à miserável formiga. Olha o que ele é e o que somos nós: como poderá elevar-se até o grande Simorg o inseto que está preso no fundo do poço? Será a realeza a herança do mendigo? Poderia isto ocorrer com as poucas forças que temos?"

A poupa respondeu: "Ó pássaros sem ambição! Como poderia prosperar o amor num coração desprovido de sensibilidade? Esta espécie de mendicância em que pareceis comprazer-vos é sem resultado para vós. Esta pobreza mesquinha não encoraja a verdade ou a caridade, e o amor não concorda com a insensibilidade. Aquele a quem o amor abre os olhos caminha até o fim arriscando a vida, e, em sua dança, vai além do controle da mente. Sabei que quando o Simorg mostrou sem véus o seu rosto brilhante como o sol, produziu inumeráveis sombras sobre a terra. Depois, lançando um olhar sobre cada uma dessas sombras puras, desprendeu-se delas, deixando-as no mundo. Ofereceu luz para que todas as sombras existissem, e cada uma deu nascimento a um pássaro. As diferentes espécies de pássaros que se vê no mundo não são mais que a sombra do Simorg. Sabei bem isto, ó ignorantes! Quando conhecerdes este segredo, compreendereis exatamente a relação que tendes com o Simorg.

"Admira com inteligência este mistério, mas não o divulgues! Aquele que adquiriu esta ciência está submerso na imensidão do Simorg. Guarda-te de falar desta verdade e Deus te guardará do engano de tomar por Deus o amigo de Deus. Se chegares a ser o que digo, não serás Deus, mas estarás submerso para sempre n'Ele. Pode-se dizer que um homem imerso dessa forma foi transubstanciado? Os que se perdem n'Ele não são a Deidade! Quando souberes de quem és a sombra, tornar-te-ás indiferente a viver ou morrer. Se o Simorg não quisesse mostrar-se, não teria projetado sua sombra; se ele quisesse manter oculta sua majestade, jamais deixaria aparecer sua sombra no mundo. Tudo o que é produzido por sua sombra manifesta-se visivelmente. Se não tens olhos apropriados para ver o Simorg, tampouco terás um coração brilhante como um espelho que possa refleti-lo. É certo que não há olho susceptível de admirar esta beleza, nem de compreendê-la. Não se pode amar o Simorg como às belezas temporais; porém, por excesso de bondade, ele fez um espelho próprio para refleti-lo. O espelho é o coração. Teu coração deve ser um espelho brilhante e claro; olha nele e verás aí sua imagem."

O REI MARAVILHOSO

Era uma vez um rei cujo fascínio era incomparável no mundo da beleza. A aurora era um raio da luz de seu rosto, o anjo Gabriel uma emanação de seu perfume. O reino de sua beleza era o Corão de seus segredos, e seus olhos os versículos. Ignoro se alguém teve, alguma vez, força de manter os olhos neste príncipe de beleza tão consumada. O mundo inteiro celebrava sua fama, e seu amor era sentido com violência por todas as criaturas. Quando saía em seu cavalo pelas ruas da cidade, mantinha coberto o rosto com um véu escarlate. Aqueles em seu caminho que olhavam este véu, ainda que inocentes, perdiam a cabeça, e os que pronunciavam seu nome emudeciam para sempre. Assim, todos os que com ele sonhassem ter alguma proximidade entregavam, por isso, inevitavelmente, seu espírito e sua alma ao vento. Num só dia morriam milhares de pessoas do pesar causado por seu amor. Eis aqui o amor e seus efeitos.

A fim de ver manifestamente a beleza deste príncipe, dava-se voluntariamente a vida, e morria-se acreditando ser melhor morrer de paixão pela face desse ser encantador que viver cem longas vidas longe dele. Com relação a ele, ninguém conseguia resignar-se à paciência, ninguém tinha forças para isso. Os homens pereciam em sua busca; coisa admirável!, não podiam nem suportar sua presença nem passar sem ele! No entanto, se alguém, por um instante, mantinha o olhar sobre o rei, ele mostrava então o seu rosto, enquanto os que não tinham coragem de olhá-lo contentavam-se em ouvi-lo; mas, ouvindo-o, experimentavam novamente a dor do desejo de vê-lo. Não havia ninguém digno dele, e todos morriam com o coração cheio do pesar causado por seu amor. Em conseqüência disso, o rei ordenou que fizessem um espelho para que se pudesse ver, ao menos indiretamente, seu rosto. O rei ia então ao alto do seu palácio e olhava neste espelho, e seu rosto refletia-se de forma a que cada um pudesse vê-lo.

Se amas a beleza de teu amigo, sabe que teu coração é um espelho. Faz de tua alma um espelho para ver nele o esplendor do Amigo. Ele é teu rei, e Seu castelo de glória brilha pelo sol de beleza que nele habita. Esse castelo é teu coração; procura nele, e verás, manifesto em cada átomo, o Seu trono.

Toda aparência que se manifesta no deserto não deve ser, para ti, mais que a sombra misteriosa do Simorg. Se te fosse revelada sua beleza, tu a reconhecerias em sua sombra. Quer sejam trinta pássaros (*si-morg*) ou quarenta, tudo o que vês é a sombra do Simorg. O Simorg não se distingue de sua sombra; sustentar o contrário não é dizer a verdade; um e outro existem juntos. Busca, pois, a unidade, ou melhor, deixa a sombra e encontrarás então o segredo. Se a sorte te favorecer, verás o sol nesta sombra; porém, se te perdes nesta sombra, como conquistarás a união com ele? Se, ao contrário, descobrires que a sombra se perde no sol, então verás que tu mesmo és o sol.

HISTÓRIA DE ALEXANDRE, O GRANDE

Conta-se que certa vez Alexandre, rei do mundo, quis mandar uma longa mensagem. Em vez de enviar um embaixador, vestiu-se ele mesmo com as insígnias de seus enviados e foi em segredo cumprir a missão. Chegando a seu destino, deu ordens em nome de Alexandre, e nenhum dos que se apressaram a obedecer suspeitou da verdadeira identidade daquele mensageiro. Ninguém no universo jamais soube que este embaixador era Alexandre da Grécia, e como muito poucos conheciam-no, mesmo que ele houvesse dito quem era não teriam acreditado.

O Rei conhece o caminho para chegar a todos os corações; mas não há caminho que conduza ao coração perdido. Se o Rei parece desconhecer tua cela, não te aflijas, porque em realidade Ele habita teu interior.

MAHMUD E AYAZ

Ayaz, afetado por mau-olhado, deixou certa vez a corte, indo colocar-se em segurança num lugar distante do olho do sultão Mahmud. Em seu desalento, ele deitou-se no leito dos gemidos e caiu na aflição, na dor e no abatimento. Quando soube da notícia, Mahmud ordenou que um criado fosse imediatamente até Ayaz e lhe dissesse: "Ó tu que caíste em desgraça pelo rei!, eis aqui as palavras que ele te envia: 'Estou distante de ti e de teu rosto encantador, e por isto experimento dor e pesar. Sei que também te encontras no mesmo estado, porém não sei quem está mais triste, tu ou eu. Se meu corpo está distante de tua íntima companhia, minha alma está próxima de ti. Ó tu que me amas! Eu sou tua própria alma; nem por um instante estou ausente, mesmo quando longe de ti. O mau-olhado te fez muito mal, já que entristeceu alguém tão encantador como tu'". Isto disse o rei; depois acrescentou, falando ao mensageiro: "Vai rápido como o fogo e volta como a fumaça. Não te detenhas no caminho, tem cuidado. Vai como a água e como o brilho que precede o raio. Por pouco que te atrases no caminho, farei com que os dois mundos sejam estreitos para ti".

Atormentado, o criado pôs-se a caminho, e, rápido como o vento, não tardou a chegar até Ayaz; porém, lá chegando, deparou-se com o rei sentado diante de seu escravo. Seu espírito inquietou-se; um tremor apossou-se de seu corpo: dir-se-ia que era presa de uma dor extrema. De fato, ele dizia para si mesmo: "Que desgraça estar a serviço do rei! Sem dúvida ainda hoje meu sangue será derramado". — "Eu juro", disse então o criado, "não me detive no caminho sequer por um instante, nem sentado nem em pé; ignoro como pôde o rei chegar aqui antes de mim, acredite-me o rei ou não. Se faltei ao meu dever, reconheço-me infiel; no entanto, afirmo minha inocência." — "Não és *mahram*", respondeu Mahmud, "então como poderias conhecer o caminho que percorri? Eu tenho um caminho secreto até Ayaz porque não posso passar nem um instante sem vê-lo. O efêmero mundo exterior não conhece os mistérios dos quais participam Ayaz e Mahmud. Publicamente posso pedir notícias de Ayaz, mas por detrás do véu sei como agir por mim mesmo. Quando pedi notícias de Ayaz, meu espírito já encontrava-se com ele. Que eu peça notícias suas a velhos ou a jovens não quer dizer que minha alma esteja menos unida a ele."

CAPÍTULO XIV

ADVERTÊNCIAS DA POUPA SOBRE A VIAGEM

Os pássaros, ouvindo as palavras da poupa, descobriram os antigos segredos; reconheceram sua relação com o Simorg e experimentaram, mais uma vez, o desejo de fazer a viagem proposta pela poupa. Contudo, ainda havia hesitação; todos provavam da mesma inquietude, e expressaram-na de forma parecida. Dirigindo-se à poupa, disseram a uma só voz: "Ó tu que és nosso guia! Queres que abandonemos a vida tranqüila que gozamos para abordar este caminho? Débeis pássaros como nós podem vangloriar-se de encontrar o verdadeiro caminho para chegar ao lugar sublime onde vive o Simorg?"

A poupa respondeu então, em sua qualidade de guia: "O amante não pensa em sua própria vida; aquele que ama verdadeiramente, quer seja abstinente ou libertino, deve renunciar à vida. Se teu espírito não está de acordo com tua alma, sacrifica-a e chegarás à meta de tua viagem. Se este corpo de desejo obstrui o caminho, rejeita-o; depois lança o olhar adiante e contempla. Se te pedem para renunciar à fé, se querem que renuncies à vida, renuncia então a uma e outra; deixa a fé e sacrifica tua vida. Os blasfemos chamam esta ação blasfêmia; diz a eles que o amor excede a mera piedade. Os que ignoram as coisas espirituais poderão argumentar que é falso o amor ser preferível à infidelidade ou à fé. Podem perguntar: 'Que relação existe entre a fé, a infidelidade e o amor?' Porém eu digo: preocupam-se os amantes com suas vidas? O amante lança ao fogo a esperança de qualquer colheita, põe a lâmina em seu próprio pescoço e corta-o se for preciso. Ao amor é necessária a dor e o sangue do coração; o amor ama as coisas difíceis.

Ó escanção! Enche a taça com sangue de meu coração, e, se não há mais, dá-me a borra que fica. O amor é uma dor cruel que devora tudo; tanto rasga o véu da alma quanto torna a tecê-lo. Uma partícula de amor é preferível a tudo o que existe entre os dois horizontes, e uma partícula de suas dores vale mais que o amor feliz de todos os amantes. O amor é a medula dos seres; mas não pode haver amor verdadeiro sem sofrimento verdadeiro, e onde triunfa o amor a dor sempre será encontrada. Somente os anjos escapam deste ciclo — seu amor não é presa da selvagem agonia a que está submetida a atormentada humanidade. Quem quer que tenha o pé firme no amor renuncia de uma vez à religião e à infidelidade. O amor te abrirá a porta da pobreza espiritual, e a pobreza te mostrará o caminho da infidelidade. Quando não te restar nem infidelidade nem religião, teu corpo e tua alma desaparecerão, e então serás digno destes mistérios. É, de fato, necessário ser assim para penetrá-los. Avança sem temor nesta via e, como os homens espirituais, renuncia sem vacilar à fé e à infidelidade. Não duvides, retira tuas mãos da infância e abraça o ardor dos valentes. Cem vicissitudes poderiam cair inopinadamente sobre ti, e não temerias experimentá-las se ocorressem no Caminho.

HISTÓRIA DO SHEIK SAN'AN

O sheik San'an era um homem santo de seu tempo, mais perfeito que tudo o que se possa dizer. Este sheik permaneceu em retiro durante cinqüenta anos em companhia de quatrocentos discípulos perfeitos que, coisa admirável!, não deixavam de fazer penitência nem de dia nem de noite. Tinha como herança as obras e a ciência, e também tinha amigos; tinha os benefícios exteriores e também a revelação interior, bem como o conhecimento dos mistérios. Grande parte de sua vida foi ocupada em peregrinações a Meca; dedicou-se muitas vezes a este exercício. Suas orações e jejuns eram inumeráveis, e jamais negligenciava a prática da Sunna. Estarrecidos, santos e sacerdotes batiam à sua porta. Em questões religiosas argumentava com a precisão de quem perfura um cabelo, e em seu grau de espiritualidade podia operar milagres. Seu hálito fazia reviver os doentes e os impotentes. Em resumo, na alegria e na tristeza ele era um exemplo para os homens e um estandarte para o mundo. Todavia, mesmo consciente do crédito que seus companheiros lhe confiavam, um estranho sonho atormentava-o havia algumas noites: deixava Meca e ia à Grécia, onde prostrava-se ante um ídolo, em adoração. Depois deste sonho opressivo, ele expressava o pesar que sentia; como o José da graça, caíra num poço de dificuldades, e ignorava se poderia retirar sua alma desse pesar: "Ai de mim, meu Deus! Devo renunciar à vida se quero professar a fé. Em toda a superfície da terra jamais houve homem capaz de suportar tal revés em seu caminho; se transpõe esse obstáculo, o caminho lhe será iluminado até que alcance sua meta; porém, se não triunfar sobre ele, o caminho será demasiadamente longo". Um dia o mestre disse a seus discípulos: "Minha decisão está tomada; devo partir imediatamente para a Grécia a fim de ter a explicação de tal sonho". Seus quatrocentos discípulos acompanharam-no na viagem. Foram desde a Caaba até os confins da Grécia. Percorreram o país de ponta a ponta, até que um dia, por acaso, viram no alto de uma sacada uma jovem de angélica figura. Era uma menina cristã instruída nos segredos de sua fé, e possuía faculdades contemplativas no caminho de Deus. Era um sol sem ocaso no mundo da beleza e no zodíaco da dignidade. O astro do dia, pelo ciúme que lhe inspirava o esplendor de seu rosto, aparecia na rua onde ela vivia mais amarelo que o rosto dos amantes. O homem cujo coração se deixasse enredar em seus cabelos cingia o cinturão dos cristãos sonhando com sua cabeleira; quem quer que tivesse seu desejo aceso pelo rubi dos lábios desta encantadora criatura perdia a cabeça antes mesmo de colocar o pé no caminho do amor. A aurora tingia-se de negro por causa do negror de seus cabelos, e a Grécia inteira cobria-se de rugas ante a beleza das sardas desta moça. Seus olhos eram como um farol para os amantes; suas sobrancelhas formavam suaves arcos sobre as luas gêmeas de seus olhos, e bastava um único olhar para que seus admiradores abraçassem a terra sob seus pés. Quando o desejo iluminava a pupila de seus olhos, uma centena de corações caíam prisioneiros. Seu rosto, sob os lisos cabelos, brilhava como um carvão ardente; o úmido rubi de seus lábios tornava sedento o mundo inteiro; o narciso de seus olhos lânguidos tinha por pestanas cem punhais, e aquele que tinha sede da água pura que se bebia em sua boca, como numa fonte viva, sentia seu coração cem vezes apunhalado. Sua boca era tão pequena que as palavras mal podiam passar por ela, e por isso não se compreendia o que dizia. Cingida por um *zunnar*,[104] tinha a cintura delgada como um fio de cabelo. Seu hálito era vivificante como as palavras de Jesus, e uma covinha em seu queixo era como o poço de prata no qual afogavam-se em sangue centenas de Josés. Milhares de corações, como José, precipitavam-se, submissos, neste poço. Pérolas tão brilhantes como o sol adornavam seus cabelos que, como um negro véu, mantinham coberto seu rosto. Quando esta jovem levantou a ponta de seu véu, o coração do sheik inflamou-se. Assim, ao mesmo tempo que ela mostrou o rosto sob o véu, colheu o sheik com rédeas de cem *zunnares* que, no entanto, não eram mais que um fio de seus cabelos; e embora ele não tivesse pousado seu olhar sobre a jovem, sentiu um amor tão forte que a vontade escorregou-lhe das mãos. Ele caiu sem que seus pés pudessem sustentá-lo; caiu naquele mesmo lugar, consumido pelo fogo do amor; seu coração dissipou-se em fumaça e tudo o que tinha deixou de existir. O amor da jovem saqueou sua alma; dos cabelos negros estendeu-se a infidelidade, até cobrir-lhe completamente a fé.

O sheik entregou, pois, sua fé e comprou a infidelidade; vendeu sua sanidade e adquiriu a infâmia. Esse amor agiu com violência em sua alma e seu coração, até que desesperou seu coração e fartou-se de sua al-

---

104. Cinturão usado pelos cristãos e pelos judeus sob o domínio muçulmano; assim, um símbolo de infidelidade ou de heresia. Também usado para denotar as práticas exteriores da religião; para os sufis, no entanto, pode simbolizar a sinceridade no caminho da religião.

ma: "Oh! que terrível é o amor que sinto por esta jovem cristã!", gritou. "Quando a religião te abandona, de que vale o coração? O coração que dei é inútil agora!"

Quando os discípulos viram o sheik tão aflito, compreenderam o que lhe havia ocorrido. Admiravam-se de seu estado e, estupefatos, mantinham a cabeça baixa. Alguns davam-lhe conselhos que não tinham, afinal, nenhuma utilidade, pois admitindo-os ele não experimentava nenhum bem-estar. Não obedecia a ninguém que lhe desse opiniões, pois seu sofrimento não era susceptível a nenhum remédio. Quando um amante apaixonado ouviu algum conselho? Como poderia aceitar a cura uma dor que destrói todo remédio? Naquele longo dia, até a chegada da noite, ele teve os olhos fixos e a boca aberta. As estrelas, que nessa noite ardiam como lâmpadas, emprestavam calor do coração daquele santo personagem. Durante a noite seu amor aumentou cem vezes, e, inevitavelmente, ele ficou completamente fora de si. Arrancou o coração de si mesmo e do mundo; lançou pó sobre a cabeça e pôs-se de luto. Por algum tempo não teve sono nem repouso; estava agitado pelo amor e lamentava-se: "Senhor! Acaso é somente para mim que a noite não é seguida pelo dia, ou será que a lâmpada do firmamento se apagou? As noites que passei na austeridade da fé, em abstinência, não podem comparar-se com estas noites de agonia. Agora, como uma lâmpada, minhas chamas queimam altas; choram por toda a noite e morrem sob a luz do dia. Já não tenho forças para arder como a vela; não restou mais água para meu fígado que o sangue de meu coração. Retiram-me, como a vela, da liquefação e do arder; queimam-me de noite e guardam-me de dia. Fui acossado toda a noite; fiquei imerso em sangue dos pés à cabeça. Sofro cem ataques a cada instante durante a noite, e ignoro quando chegará o dia em que sucumbirei. Quem sabe quais tormentos o dia trará com sua luz? Aquele que experimentasse tais angústias durante uma só noite teria seu coração consumido para sempre. Esta noite foi o dia fatal para mim; esta febril escuridão e o meu desgraçado estado fizeram-se quando fui feito, são meu destino; o incidente que devia sofrer um dia ocorreu esta noite. Ó Senhor, que não haja mais dia depois desta noite! A lâmpada do firmamento não deve arder novamente. Ó Deus! o que assinala esta noite? Será o Dia da Ressurreição? Terá o sol se extinguido por meus suspiros, ou escondeu-se de vergonha dos olhos de minha amada? Esta noite é tão longa e negra como seus cabelos, e isto conforta meu desespero, pois privado que estou de ver a sua face, não fosse sua lembrança estaria cem vezes morto. Eu queimo nesta noite pelo efeito da loucura de meu amor; não tenho forças para suportar sua agitação; mas o que é minha vida para que eu a passe descrevendo minha aflição e deplorando o que experimento? Onde está minha paciência para que eu recolha meus pés sob a barra de meu manto ou, como os homens de espírito, beba da embriagante copa de vinho?[105] Onde está minha sorte, que não cumpre o meu desejo e não vem em minha ajuda no amor desta mulher? Onde está minha razão, para que eu possa fazer uso de meu conhecimento e, com habilidade, colocar-me de posse de meu juízo? Onde está minha mão, para colocar a poeira do caminho sobre minha cabeça, e para que eu a retire de sob o pó e do sangue onde está imersa? Onde está meu pé, para que eu caminhe até minha amada?, e meus olhos, para ver sua face? Onde está minha amiga, para dar-me seu coração ao ver-me em tal dor? Onde está ela, para colher minha mão? Onde está o dia, para que no seu decorrer eu possa lançar gritos e gemidos? Onde está a inteligência, para que eu possa fazer dela um instrumento de sabedoria? Minha razão, minha paciência e minha amiga desapareceram. Que amor é este, que dor é esta, que coisa é esta? Tudo se foi, e eu permaneço para sofrer o amor, sozinho".

Naquela noite todos os amigos do sheik reuniram-se e foram até ele. Um deles lhe disse: "Ó grande sheik! Levanta-te e expulsa a tentação que te aprisiona! Levanta-te e faz a ablução, limpa-te desta tentação conforme nosso rito". O sheik respondeu: "Sabe, ó impaciente!, que esta noite fiz cem abluções com o sangue de meu coração".

Outro lhe disse: "Onde está teu *tasbih*?,[106] como poderias rezar sem ele?" Ele respondeu: "Tirei-o de minhas mãos para poder cingir o *zunnar* cristão".

Outro lhe disse ainda: "Ó velho santo! Se pecaste, arrepende-te sem demora". O sheik respondeu: "Atualmente arrependo-me de haver seguido a Lei; quero deixar a absurda posição em que me encontrava".

---

105. O vinho é símbolo do conhecimento esotérico e da união com o Divino. Dada a proibição do vinho para os muçulmanos, os sufis adotaram-no como imagem cifrada para a doutrina reservada a poucos e que não convém ser revelada à totalidade da humanidade, pois não é por todos que o vinho é tomado impunemente. Tema constante na poesia mística do Islam (e particularmente no muito conhecido *Rubayat* de Omar Khayam), o vinho tem um caráter nitidamente iniciático, dos ritos gregos aos judaicos, e especialmente na Eucaristia cristã (v. também René Guénon, *O Rei do mundo*, edições 70, Lisboa, pág. 58).

106. *Tasbih* é, entre os persas, à semelhança do rosário cristão, o instrumento usado nas orações (em árabe é chamado *masbaha*). Deve ter noventa e nove contas, o mesmo número dos nomes (ou atributos) divinos revelados no Corão.

Outro lhe aconselhou: "Ó tu que conheces os segredos! Desperta e levanta para a oração". Ele disse: "Onde está o *mihrab*[107] do rosto de minha amiga, para que eu possa fazer ali o *namaz*? Onde está a face de minha amada, para que eu possa rezar voltado para o lugar santo?"

Outro lhe disse: "Até quando sustentarás esse discurso? Levanta-te e vai adorar a Deus em segredo". O sheik disse: "Se meu ídolo aqui estivesse, faria ante ele a adoração".

Um outro lhe reprovou: "Não experimentas então arrependimento? Não conservas nenhum respeito ao Islam?" Ele disse: "Ninguém está mais arrependido que eu de não haver estado apaixonado até agora".

Outro lhe disse: "Um demônio bloqueou teu caminho e trespassou teu coração com a flecha da frustração". Ele respondeu: "Diz ao demônio que bloqueia o meu caminho que me ataque, se deve fazê-lo, ágil e com destreza".

Outro disse: "Qualquer pessoa inteligente te dirá, ainda que sejas nosso mestre, que te perdeste". Ele respondeu: "Pouco me afeta o que se possa dizer, e não tenho vergonha de minha conduta. Destruí com uma pedra o disfarce de hipocrisia com que se acoberta o fracasso".

Outro lhe disse: "Teus velhos amigos estão aflitos por tua causa, e o coração deles partiu-se em dois". Ele disse: "Se o coração da jovem cristã está satisfeito, meu próprio coração não se preocupa do resto".

Outro disse: "Fica conosco, que somos teus verdadeiros amigos, e volta ainda esta noite à Caaba em nossa companhia". O sheik respondeu: "Na Caaba estou de posse de minha razão, porém é na igreja que embriago de amor meu coração".

Outro disse: "Parte imediatamente. Recolhe-te ao sagrado harém de Meca e pede perdão a Deus". Ele respondeu: "Eu quero pedir perdão colocando minha cabeça na soleira da porta de minha amada. Deixa-me em paz".

Outro lhe disse: "O Inferno está em teu caminho. No entanto, mantém-te vigilante e conseguirás evitá-lo". Ele respondeu: "Devo temer o Inferno, quando um só de meus suspiros alimenta o fogo de sete infernos?"

Outro lhe disse: "Volta-te para teus melhores sentimentos e, na esperança do Paraíso, arrepende-te de tua má conduta". Ele respondeu: "Tenho uma amiga de rosto celestial; se quiser chegar ao Paraíso, tenho nela o caminho".

---

107. Lugar reservado para o *imam* na mesquita e que indica a direção de Meca, a cidade sagrada do Islam.

Outro disse: "Teme a Deus e rende-Lhe a honra que é devida". Ele respondeu: "O fogo que Deus depositou em meu coração, eu não poderia expulsar de meu peito".

Outro disse: "Renuncia a esse perigoso objeto, retorna à fé e sê crente". O sheik respondeu: "Não procures em mim outra coisa que infidelidade, não peças fé àquele que se tornou infiel".

Como tais discursos não produziam nenhum efeito sobre o sheik, e vendo que haviam empreendido um trabalho inútil, seus amigos decidiram guardar silêncio. Ondas de sangue agitavam-se em seus corações, e eles acabaram por partir.

Por fim, no dia seguinte, quando o *turco do dia*, armado com seu escudo de ouro, cortou com seu sabre a cabeça da negra noite, quando o mundo cheio de enganos submergiu no oceano de luz vindo da fonte do sol, o sheik, antes tão alheio ao mundo, mas desde agora joguete de sua amada, foi disputar com os cães vadios um lugar à sua porta. Sentou-se em meditação na poeira da rua, com o coração em desordem como os cabelos que adornavam o rosto de sua amada, parecido à lua. Durante um mês, dia e noite, esperou pacientemente para ver o sol de sua face. Afinal, caiu enfermo; privado de ver aquela que havia submetido seu coração, ele recusava-se, no entanto, a levantar a cabeça da soleira de sua porta. A terra da rua desse ídolo era sua cama, e o degrau de sua porta, seu travesseiro. A bela cristã percebeu que ele não sairia dali, e compreendeu que se havia enamorado dela. Disfarçando-se,[108] a jovem foi até ele e disse: "Ó sheik, por que estás assim perturbado? Como é possível que um abstinente como tu esteja bêbado do vinho do politeísmo e venha sentar-se na rua dos cristãos? Se o sheik me adora, a loucura o dominará para sempre".

O sheik lhe respondeu: "É porque me viste fraco que roubaste meu coração, que já não me pertencia. Devolve-me o coração ou cede a meu amor. Considera minha súplica e não ajas com dissimulação; deixa de leviandade e orgulho e dá-me atenção, que sou *pir*[109] e amante desgraçado. Ó minha amada! toma meu amor com seriedade; ou me cortas a cabeça ou trazes a tua aos meus beijos. Se desejares, estou disposto a sacrificar minha vida por ti; e se quiseres, poderás restituir-me essa vida pelo contato de teus lábios. Ó tu cujos lábios e cabelos comandam a mi-

---

108. Ao que parece, ela vestiu-se como homem para ir falar com o sheik, pois a etiqueta oriental não permitia às mulheres falar com homens fora do harém.

109. *Pir* é a palavra persa correspondente ao árabe *sheik*. Ambas possuem dois significados. Um é o de 'mestre', 'homem sábio'; o outro é o de 'homem velho'.

nha vida, oferecendo-me benefícios e perdição ao mesmo tempo! Possuir-te é meu desejo e minha meta. Não me atires na desordem por teus cabelos enredados, nem na languidez, por teus lânguidos olhos. Por tua causa meu coração está em fogo, e meus olhos dissolvem-se em água; sem ti estou sem parente, sem amigo, sem paciência. Privado que estou de ti, vendi o mundo bem como minha vida, e costurei minha bolsa.[110] Tenho derramado lágrimas como a chuva, porque distante de ti meus olhos já não servem para ver. À tua visão meu coração caiu em luto; meu olho viu teu rosto e meu coração fundiu-se em pesar. Ninguém viu o que vi com meus olhos, e quem suportaria o que suportou meu coração? De meu coração ficou só o sangue; porém, pode o sangue alimentar-me se não me resta coração? Não batas mais neste desgraçado que te implora! Não me esbofeteies com tanta violência para atirar-me por terra. Minha vida passou-se na espera; se pudesse unir-me a ti, encontraria por fim a vida. A cada noite coloco armadilhas para minha própria alma. Despejo minha vida na esquina de tua rua. A cara na poeira de tua porta, dou-a de graça em troca dessa poeira. Gemo lastimosamente à tua porta; abre-a e admite-me um instante em tua presença. Tu és o sol; como poderia distanciar-me de ti? Eu sou a sombra; como poderia existir sem ti? Mesmo vivendo como uma sombra por causa desse temor, se me abrisses tua janela eu saltaria para dentro como a luz do sol. Se baixares tua cabeça até mim, eu, que sou um homem perdido, terei sob meus pés as sete cúpulas do mundo".

"Ó velho babão!", respondeu a jovem. "Não tens vergonha depreparar a cânfora para tua mortalha? Deverias enrubescer por sugerir, com esse teu hálito frio, intimidade comigo. Lembra-te que és *pir*, não queiras jogar com teu coração. Mais vale ocupar-te de teu sudário que de mim; na idade avançada que alcançaste, devias limitar-te à vida animal. Não podes inspirar amor, vai embora! Como queres a realeza se não podes obter o pão para saciar-te?"

O sheik respondeu: "Ainda que dissesses mil outras coisas, somente teu amor ocuparia meus pensamentos. Que importa que eu seja jovem ou velho? O amor produz seu efeito em todos os corações que toca".

A jovem disse: "Se estás firme em tua intenção, deves lavar por completo tuas mãos da fé do Islam, pois o amor daquele que não é idêntico ao do amado não é mais que cor e perfume".

Disse o sheik: "Farei tudo o que disseres e executarei passivamente tudo o que ordenares. Tu cujo corpo é branco como a prata, sou teu es-

110. Isto é, "renunciei às riquezas".

cravo; põe em meu pescoço, para que se conheça minha escravidão, uma mecha de teus cabelos".

A jovem disse: "Se és homem de ação, deves fazer quatro coisas: prosternar-te ante as imagens, queimar o Corão, beber vinho e fechar os olhos à tua religião".

O sheik disse: "Consinto em beber vinho, mas não aceito as outras três condições. Posso beber vinho por tua beleza, porém não posso decidir-me a fazer as outras três coisas".

Ela disse: "Levanta-te então e vem beber vinho; quando tiveres bebido, experimentarás a emoção que tornará possível que aceites as outras condições".

Ela conduziu-o ao templo dos magos, e seus discípulos seguiram-no a toda pressa. O sheik presenciou ali uma reunião completamente nova para ele, banquete cuja anfitriã distinguia-se por sua incomparável beleza. O fogo do amor secou então a *água* (a honra) de suas obras, e seus méritos foram encobertos pelos cabelos da jovem que ele amava. Não conservou nem a razão nem seu bom senso; suspirou silenciosamente. Aceitou a taça de vinho da mão de sua amiga, bebeu-a, e retirou seu coração de seus deveres.

O vinho e o amor daquela mulher atuaram ao mesmo tempo sobre o sheik. O amor que sentia por essa lua cresceu até o infinito. De fato, quando o sheik viu essa jovem de graciosa boca e contemplou seus risonhos lábios, conchas de rubi, o fogo do amor tombu seu coração, e um rio de sangue correu de seus olhos. Pediu mais vinho e bebeu; colocou na orelha, em sinal de servidão, um cacho dos cabelos de sua amada. Recordava as obras, mais de cem, que havia lido e até escrito ele mesmo sobre a religião e o Corão, que tão bem conhecia de memória; mas quando o vinho chegou a seu estômago, sua espiritualidade apagou-se, e restou-lhe somente uma vã pretensão. Seu espírito foi-se como o vento (*bad*): tudo o que sabia foi desaparecendo de sua inteligência à medida que o vinho (*badah*) produzia seu efeito. O vinho lavou completamente de sua consciência a espiritualidade que possuía antes. O amor dessa mulher tornou-o inquieto, e tudo de que se havia ocupado até então desvaneceu-se para ele.

Quando o sheik ficou bêbado seu amor tornou-se violento, e sua alma agitou-se como o oceano. Embriagado, com a taça na mão, olhou aquele ídolo e subitamente perdeu seu livre arbítrio; deixou deslizar seu coração de sua mão e, excitado pelo vinho, quis levar a mão ao pescoço da bela cristã.

A jovem lhe disse: "Tu não és um homem de ação, do amor só tens a pretensão; não conheces o sentido misterioso das coisas. Se tens o pé firme em teu amor, encontrarás um caminho para meus cabelos. Se te entregas à infidelidade representada pelos anéis enredados de meus cabelos, então poderás colocar a mão em meu pescoço; mas se não queres seguir a rota de meus cabelos, levanta-te e vai; recolhe teu bastão e teu manto de faquir".[111]

Ante essas palavras, o apaixonado sheik desanimou por completo, sujeitou-se, sem mais preocupar-se com seu destino. Se mesmo sóbrio o sheik já não tinha o sentimento de sua verdadeira existência, quando a embriaguez apoderou-se dele, seu espírito e sua razão escaparam-lhe por completo e não mais retornaram; entregando-se às ignomínias, fez-se descaradamente cristão. O vinho velho que correu em suas veias produziu nele um efeito extraordinário: fez com que perdesse a cabeça e tornou-o inseguro como uma bússola. Seu vinho era velho, seu amor jovem. Diante de sua amada, como seria possível a paciência? Nesse estado extático, como poderia estar de outra forma senão embriagado e amando?

"Ó esplendor da lua!", disse, "estou sem forças; diz o que queres de mim, que perdi meu coração. Rejeitei a idolatria quando sóbrio, mas agora tua beleza é para mim o ídolo pelo qual queimo o Corão de minha fé."

A jovem cristã respondeu-lhe: "Agora tu és meu homem; que um bom sono reponha tuas forças, pois provaste ser digno de mim. Antes estavas cru para o amor, mas agora que adquiriste experiência, estás cozido".

Quando espalhou-se entre os cristãos a notícia de que o sheik havia abraçado sua crença, levaram-no ainda bêbado à igreja e disseram-lhe que cingisse o *zunnar*. Ajustando-o à cintura, o sheik atirou seu manto ao fogo e entregou-se aos atos da religião cristã. Liberou seu coração do Islam e não voltou a recordar-se da Caaba nem de sua qualidade de sheik. Depois de alguns anos de verdadeira devoção, o vinho novo de que se tem falado lavou também seu rosto, para fazer desaparecer tudo o que o ligava à religião positiva. Ele disse então: "A apostasia escolheu-me por meta; o amor que senti pela jovem cristã produziu seu efeito. Farei tudo o que disser e irei ainda mais longe do que fui até agora, pois

---

111. Faquir em árabe significa 'pobre'. Seu correspondente persa é o termo 'dervixe'. Estas são as palavras que designam aquele que está no caminho espiritual. O faquir, ou dervixe, usa um manto de retalhos chamado *hirka*.

não adorei os ídolos num dia de razão, mas somente quando estava afundado na embriaguez". E dirigindo-se a ela, acrescentou: "Ó encantadora jovem! o que mais falta fazer? Tudo o que me ordenaste foi executado. O que há para ser realizado ainda? Bebi vinho e adorei os ídolos com amor; ninguém jamais fez o que o amor me fez fazer. Haverá alguém tão louco de amor quanto eu? Haverá um sheik tão desonrado como eu estou? Naveguei à deriva durante cinqüenta anos, mas por fim o oceano do mistério agitou suas ondas em meu coração. Um átomo de amor lançou-se vivamente ao lugar onde eu estava escondido e atirou-me subitamente às praias da existência. O amor já fez muito, e sem dúvida fará ainda muito mais; fez e fará ainda de um manto um *zunnar*. O amor sabe ler nas paredes da Caaba e conhece o segredo do mistério que faz perder a razão. Renunciei a tudo, agora dize-me como poderei unir-me a ti. Desde que os alicerces do edifício de nossa união foram firmados, tudo o que fiz foi na esperança dessa união. Desejei a união, busquei a amizade, ardi no desgosto de tua ausência".

A jovem cristã disse ainda: "Ó velho escravo do amor! sou pessoa de considerável posição, e tu és somente faquir; sabe, ó ignorante!, que faz falta o dinheiro e o ouro. Se não tens ouro, retira-te. Fica sozinho como o sol e, como ele, sê rápido em tua marcha; tem paciência e sê homem".

O sheik respondeu-lhe: "Ó encantadora mulher com talhe de cipreste e seios de prata, em boa coisa me comprometes! Não tenho ninguém mais que a ti, ó ídolo encantador! Retira, pois, tuas palavras. A cada instante me rejeitas de forma diferente, e me atiras assim no desespero. Por ti suportei tudo, fiz tudo o que se pode fazer. Na via de teu amor tudo desapareceu para mim, a infidelidade e o islamismo, a perda e o benefício. Em que agitação me lanças enquanto me fazes esperar!, não me dás o repouso que acreditava merecer. Todos os meus amigos afastaram-se de mim,[112] tornaram-se inimigos de minha vida. Tu és assim, eles são assim... e eu nada posso fazer. Ó tu que tens a natureza vivificante do Messias!, prefiro estar contigo no Inferno que sem ti no Paraíso".

Finalmente, quando o sheik tornou-se o homem da jovem cristã, o coração dessa mulher acabou por sentir também a chama do amor; mas para prová-lo ainda mais ela disse ao sheik: "Ó homem imperfeito! Agora, como dote para minha viuvez, deves guardar meus porcos duran-

---

112. Cf. *Salmos*, 38 (37), 12: "Meus amigos e companheiros mantêm-se afastados de minha chaga".

te um ano; depois passaremos juntos nossas vidas, na alegria ou na tristeza".

O sheik não se desviou da ordem de sua amada, pois sabia que se o fizesse não encontraria o que buscava. Assim, este sheik da Caaba, este santo e grande personagem, resignou-se a cuidar de porcos durante um ano.

Na natureza de cada um de nós existem cem porcos: é necessário converter-se num porco ou tomar o *zunnar*. Ó tu que não és nada! Pensas que este perigo é terrível apenas para o sheik? Este perigo encontra-se no interior de cada um de nós; ele se mostrará quando entrares na via do espírito. Se não conheces teu próprio porco estás desculpado, pois não és homem do caminho espiritual. Quanto a ti, homem de ação, quando te colocas no caminho, vês ao mesmo tempo cem mil ídolos e cem mil porcos. Expulsa o porco e queima o ídolo na planície deserta do amor; do contrário, sê como este sheik, desonrado pelo amor.

Quando o sheik foi feito cristão, a notícia correu toda a Grécia. Seus companheiros desconcertaram-se e ficaram completamente desolados. Quando souberam de sua decisão, abjuraram sua amizade. Todos fugiram de sua desonra e cobriram a cabeça com terra por causa da dor que sentiram por ele. Somente um de seus amigos apresentou-se ante ele, dizendo: "Ó tu que descuidaste de teus deveres religiosos! Voltemos hoje à Caaba. Dá-nos tuas ordens e dize-nos teu segredo a esse respeito, ou então nos faremos cristãos como tu e nos converteremos no *mihrab* da ignomínia. Não queremos que sejas o único a apostatar; nós também tomaremos o *zunnar* cristão. De outro modo, para não ver-te no estado em que te puseste, iremo-nos desta terra sem ti e passaremos nosso tempo em oração na Caaba para não mais ver o que agora vemos".

O sheik respondeu: "Minha alma está cheia de tristeza. Parti rapidamente para onde leva o vosso desejo. Quanto a mim, a igreja é desde agora o meu lugar, e a jovem cristã a felicidade de minha vida. Sabei que se sois livres é somente porque não vos encontrais nas mesmas circunstâncias que eu. Se estivésseis um só instante na mesma situação, eu teria companheiros para minhas penas amorosas. Regressai pois à Caaba, ó queridos amigos! No que me concerne, ignoro o que poderá ainda ocorrer. Se vos pedirem explicações sobre minha conduta, respondei a verdade. Se disserem, por exemplo, 'Onde está aquele que pisou em falso e cuja cabeça não anda bem?', respondei: 'Seus olhos estão cheios de sangue e sua boca cheia de veneno. Ele caiu nas garras do dragão da violência. Nenhum infiel no mundo jamais consentiria fazer o que esse orgulhoso muçulmano fez por causa do destino. Viu de longe o rosto de uma cristã e, com impaciência, desprezou a razão, a religião e sua condição de sheik. Uma jovem prendeu-o nos laços de seus cabelos; lançou-os como uma forca ao redor de seu pescoço, e entregou-o como presa à língua de todos as criaturas'. Se me reprovarem, dizei que muitos caem neste caminho que não tem princípio nem fim. Acaso conheceis neste mundo alguém que esteja a salvo do engano e do perigo?"

Disse isto e desviou o rosto de seus amigos, retornando para guardar os porcos. Muitos de seus amigos choraram amargamente pela dor que sentiam por ele e, ainda por muito tempo, observaram-no à distância. Por fim, com o espírito devorado pela inquietude e o corpo aniquilado pela fadiga, retornaram à Caaba. Seu sheik ficara sozinho na Grécia; havia atirado ao vento sua religião e fizera-se cristão. Seus discípulos, envergonhados, esconderam-se cada um num canto.

Pois bem, havia na Caaba um amigo do sheik que, em sua devoção, lavara as mãos de tudo. Tinha o dom da clarividência e estava no reto caminho; ninguém conhecia o sheik melhor do que ele. Por acaso, quando o sheik partiu em sua viagem este amigo não estava presente, e quando voltou não o encontrou em seu retiro. Pediu notícias daquele santo homem a seus discípulos, que lhe contaram como, pela vontade do destino, um pesado ramo de árvore lhe havia ferido o peito, e tudo o que lhe havia ocorrido. "Uma jovem infiel", disseram-lhe, "prendeu-o com um só fio de seus cabelos e, com o desespero do amor, bloqueou-lhe por cem lados o caminho do Islam. Atualmente ele brinca com cachos de cabelo e sardas; queimou seu manto de retalhos (*hirka*), e sua posição tornou-se totalmente anormal. Renunciou à obediência dos preceitos da religião e, amarrado por um *zunnar*, a esta hora guarda porcos; porém, mesmo que ele tenha desviado sua alma do Caminho, não se pode tomar por empedernida sua infidelidade".

Quando o discípulo ouviu essas palavras, ficou tão estupefato que seu rosto tornou-se amarelo como o ouro, e, sentindo o coração falhar, pôs-se a lamentar amargamente. No entanto, disse a seus companheiros: "Ó vós que chorais! Nesta hora pareceis mais frágeis que frágeis mulheres em vossa fé. Para socorrer um amigo em desgraça não há às vezes uma só pessoa entre cem mil que possa ser-lhe útil na hora em que se faz necessário. Se sois os verdadeiros amigos do sheik, por que não o ajudastes? Envergonhai-vos de vossa conduta e ajudai-o a sair dessa situação embaraçosa; tratai-o com justiça e fidelidade.

"Uma vez que esse sheik tomou para si o *zunnar*, é necessário que todos nós o ajustemos à cintura; não deveríeis abandoná-lo; ao contrário, devíamos todos tornar-nos cristãos. Agindo como agistes não vos consagrastes ao amor e à caridade, mas sim à hipocrisia. Aquele que quer ajudar um amigo deve seguir sendo seu amigo, mesmo quando ele for infiel. É na desgraça que podemos conhecer quem nos quer, pois na felicidade temos sempre milhares de amigos. Quando o sheik caiu na garganta do crocodilo, todos fugiram para não perder sua reputação e sua honra. O edifício do amor está fundado às vezes na infâmia. Se desconheceis este misterioso fenômeno, será inevitável que ainda encontreis no caminho provação e necessidade".

"Nós éramos companheiros no Caminho", disseram os discípulos, "desejávamos efetivamente passar nossas vidas com ele, na alegria e na dor, e por ele até concordamos em negar a verdadeira religião e abraçar a idolatria. Porém o sheik, em cuja sábia experiência confiávamos, expressou o desejo de ver-nos regressar à Caaba; ele não encontrou utilidade em nossa amizade, e rapidamente despediu-nos."

O fiel discípulo respondeu: "Se queríeis agir corretamente e com zelo, deveríeis bater à porta de Deus, colocando-vos, pela oração, em Sua presença; e, queixando-vos ante Deus da desgraça que se abateu sobre nós, recitaríeis cada um uma oração diferente, de maneira que Deus, vendo esta aflição, vos devolveria o sheik sem demora. Por que vos retirastes da porta de Deus, se queríeis cuidar com atenção de vosso sheik?"

Quando os discípulos ouviram este discurso, nenhum deles ousou levantar a cabeça. Mas ele lhes disse: "De que serve esta vergonha quando podemos agir? Levantemo-nos prontamente, sejamos assíduos na corte de Deus. Por causa de seu crime, nos colocaremos ao nível do pó e nos cobriremos todos com as vestes da súplica até alcançarmos o nosso sheik". Todos se foram, pois, da Arábia à Grécia, e ficaram secretamente em oração, dia e noite. Cada um deles colocou-se à porta de Deus em súplica e lamentação. E assim permaneceram quarenta dias e quarenta noites, sem comer nem dormir, não provando nem pão nem água. Por causa das súplicas destes homens sinceros, fez-se sentir no Céu uma dolorosa agitação; os anjos e os santos, vestidos de verde nas alturas e nos vales do Céu, cobriram-se todos com roupas de luto.[113] E afinal a flecha da oração atingiu seu alvo.

O devotado discípulo que havia exortado seus companheiros à oração encontrava-se em êxtase em sua solitária cela. Pela manhã, um zéfi-

---

113. Para os persas a cor do céu é verde, e no Corão faz-se menção às vestes verdes dos santos. Já a cor usada para o luto é o azul.

ro carregado de almíscar soprou suavemente, e então o mundo desvelou-se à inteligência daquele homem. Ele viu Mohâmmed aproximar-se como uma lua: dois cachos de negros cabelos caíam-lhe sobre o peito. A sombra da Verdade era o sol de sua face; a alma de cem mundos estava atada a cada um de seus cabelos. Andava com graça e sorria; todos os que o viam perdiam-se nele. Quando esse discípulo viu o Profeta, levantou-se dizendo: "Ó mensageiro de Deus, ajuda-me! Tu és o guia das criaturas; mostra o caminho a nosso sheik, que se perdeu, imploro-te em nome de Deus!"

Mohâmmed lhe disse: "Ó tu cujo olhar é verdadeiramente elevado! Rompi as correntes que prendiam o teu sheik. Tua pura intenção foi recompensada, pois não tiveste repouso até obter a conversão do sheik. Entre o sheik e Deus (a Verdade) havia uma crosta de poeira negra. Hoje eu a removi de seu caminho e retirei-o das trevas. Verti o orvalho do oceano da súplica e espargi-o em sua existência. Essa mancha foi retirada do caminho; o arrependimento teve lugar e o pecado foi apagado. Sabe que os pecados de cem mundos desapareceram do caminho pelo vapor de um momento de arrependimento. Quando o oceano da benevolência agita suas ondas, apaga as faltas dos homens e das mulheres".

O discípulo foi invadido por uma imensa alegria e lançou um tal grito que o céu emocionou-se por ele. Comunicou as boas novas a seus companheiros e, depois de havê-los instruído, partiu em sua companhia à procura do sheik no lugar onde este guardava o rebanho de porcos. Encontraram-no agitado como o fogo. Havia expulso de sua boca o sino dos cristãos e despedaçado seu cinturão. Havia tirado o capuz da embriaguez e renunciado ao cristianismo.

Quando o sheik viu seus amigos ao longe, deu-se conta de que estivera nas trevas. De vergonha, arrancou suas roupas, e com sua débil mão lançou terra sobre a cabeça. Derramava lágrimas de sangue como a chuva e, entregando-se ao desespero, quis deixar a doce vida escapar-lhe das mãos. A cortina do firmamento inflamou-se com seus suspiros e, pela sua dor, o sangue queimava em seu corpo. A sabedoria e os segredos divinos, o Corão, as profecias, tudo o que havia sido inteiramente apagado de seu espírito voltou-lhe de uma vez à memória, e ao mesmo tempo ele foi liberado de sua loucura e de sua miséria. Quando lembrava-se do que havia passado, prosternava-se e chorava; seu olho ensangüentado por suas lágrimas era como a rosa; afogava-se no suor da vergonha.

Quando os amigos viram que seu sheik estava preso entre a dor e a alegria, foram até ele e, num estado de indizível turbação, ofereceram-se em sacrifício e agradecimento, dizendo: "Conhece o segredo sem véu; a nuvem foi retirada da frente de teu sol. A infidelidade saiu do caminho e a fé estabeleceu-se nele. A idólatra Grécia converteu-se em adoradora de Deus. O Profeta intercedeu por ti e o Oceano da misericórdia agitou suas ondas. Agora é a hora do agradecimento, expressa a Deus tua gratidão. Por que estar de luto? Sejam dadas graças a Deus que neste oceano de piche Ele tenha traçado um caminho tão visível quanto o sol! Aquele que sabe fazer brilhante o que é negro sabe também dar a contrição de tantas faltas, pois é o fogo do arrependimento que, quando brilha, queima tudo o que há de queimar". Todos decidiram então colocar-se imediatamente a caminho. O sheik fez sua ablução, voltou a vestir seu manto e partiu com seus companheiros para o Hejaz.[114]

Enquanto isso, a jovem cristã viu em sonhos o sol (Mohâmmed) descendo até ela e fazendo-lhe ouvir estas palavras: "Segue teu sheik e adota sua doutrina, sê o pó sob seus pés. Tu o manchaste, agora deves ser pura como ele é atualmente. Assim como ele veio a ti, vai a seu encontro. Tu o arrancaste de seu caminho, agora entra no dele. Ele está no verdadeiro caminho, segue-o. Tu roubaste sua fé como um salteador de caminhos; reconhece a verdade, depois de haver descuidado de tua instrução".

Quando a jovem cristã despertou de seu sonho, uma luz firme como o sol iluminou seu espírito. Em seu coração nasceu uma rara emoção, que a tornou impaciente para dar início a sua busca. O fogo caiu sobre sua alma embriagada; tomou em suas mãos seu coração, e seu coração caiu de suas mãos. Ela ignorava o fruto que sua turbação produzia em seu interior. Sentiu sua alma escapar ao controle de sua mente. Viu que em realidade era uma criatura a quem faltava uma direção para seu caminho. Nessa hora, a jovem cristã não tinha confidente, e percebeu que era uma criatura solitária em meio a essas coisas extraordinárias. Sua língua devia permanecer muda, e a ignorância seria seu quinhão. De fato, o sheik, em meio a sua alegria e prazer, havia deslizado como a chuva para longe dela. A jovem saiu correndo, gritando e despedaçando suas vestes; correu em meio ao sangue, a cabeça coberta de pó. Com o coração cheio de aflição e o corpo impotente, perseguiu o sheik e seus discípulos. Estava embebida em suor como a nuvem de água; havia deixado escapar de sua mão o coração, e ignorava que lado da planície e do deserto deveria escolher; lamentava-se muito, e, débil e agitada

---

114. Região da Arábia, na costa do Mar Vermelho, onde ficam Meca e Medina.

como estava, esfregou várias vezes seu rosto contra a terra. "Ó Deus Criador!", dizia entre gemidos (e dirigindo-se ao sheik), "sou uma mulher enojada de tudo. Adepta, como tu, do caminho sem limite do espírito, golpeei esse caminho com meus pés. Não me golpeies tu, porque o fiz sem conhecimento. Apazigua o oceano de teu furor, pois pequei por ignorância. Esquece o mal que fiz, pois aceitei a verdadeira religião; não me consideres mais uma infiel."

Distante dali, o sheik ouviu uma voz interior: "Aquela jovem", disse-lhe a voz, "deixou a infidelidade. Conheceu a existência de nosso sagrado templo e entrou em nossa via. Assim, volta para ela, pois desde agora podes estar intimamente unido, sem crime, a teu ídolo".

Então o sheik retrocedeu rápido como o vento na direção de sua amada. Seus discípulos perguntaram-lhe: "Tão cedo já está morto teu voto de arrependimento? De que serviu tudo o que te ocorreu se uma vez mais te entregas ao amor, deixas a penitência e recusas a oração?" O sheik contou-lhes então a história da jovem, repetindo-lhes tudo o que ouvira em seu coração. A compaixão moveu o coração daqueles homens, que concordaram em ajudá-lo em sua procura. O sheik e seus discípulos voltaram então sobre seus passos, e depois de algum tempo encontraram a jovem estendida no solo: o rosto amarelo como o ouro, os cabelos manchados pela poeira do caminho, descalça e com as vestes rasgadas; diria-se um cadáver.

Quando aquela encantadora lua viu seu sheik, desmaiou por causa da ferida que sentiu em seu coração, e caiu no sono do desvanecimento. As lágrimas correram pelo rosto do sheik, e quando a formosa cristã pôde olhar para ele, derramou lágrimas como o orvalho da primavera. Ela viu que apesar de tudo o sheik não a havia abandonado, e lançou-se às suas mãos e a seus pés, dizendo-lhe: "Minha alma está consumida pela vergonha. Quanto tempo mais poderia eu permanecer atrás do véu da ignorância? Levanta esse véu e mostra-me os mistérios do Islam para que eu possa estar no verdadeiro caminho".

O sheik revelou então sua fé à jovem cristã, e quando este formoso ídolo encontrou-se entre o número dos fiéis, os discípulos do sheik, gratificados, derramaram abundantes lágrimas de alegria. Enfim, quando essa mulher digna de ser adorada encontrou o verdadeiro caminho, encontrou também em seu coração o gosto da fé. Então seu coração tomou-se de um inexprimível e atormentado fervor; lentamente, ela sentiu a mortalha da dor descer sobre si, fazendo-a saber ainda ausente do Amigo; e em sua impaciência, entregou-se à tristeza sem encontrar consolo.

"Ó sheik!", ela gritou, "minha capacidade atingiu seu limite; eu não saberia suportar esta ausência. Vou-me deste aturdido e poeirento mundo. Adeus, sheik San'an, adeus! Não posso dizer mais nada; confesso minha insuficiência. Perdoa-me, e deixa-me partir."

E então esta lua de beleza sacudiu suas mãos da vida e sacrificou-a toda por seu Amante. Seu sol escondeu-se sob as nuvens, e sua doce alma foi separada de seu corpo. Ela era uma gota de água neste oceano de ilusão e regressou ao verdadeiro oceano.

Todos deixamos o mundo como o vento; ela se foi e nós iremos também. Tais coisas acontecem freqüentemente na via do amor; sabe-o aquele que conhece o amor. Tudo o que se diz sobre o caminho espiritual é possível; há misericórdia e desespero, ilusão e certeza. Embora a alma de desejo não possa compreender estes segredos, a felicidade não será arrebatada pela mão da adversidade. É necessário ouvir com o ouvido do espírito e do coração, e não com o do corpo. O combate entre o coração e a alma concupiscente é terrível a cada instante. Lamentemo-nos, pois há motivo para lamentação.

CAPÍTULO XV

OS PÁSSAROS REÚNEM-SE PARA IR AO SIMORG

Quando os pássaros ouviram esta história decidiram, eles também, renunciar à vida. O pensamento do Simorg tirou o repouso de seus corações; um único amor encheu o coração de cem mil pássaros. Planejaram colocar-se a caminho; projeto louvável, para o qual todos se prepararam. Disseram: "Agora temos de procurar, com nossos próprios recursos, um líder para atar e desatar os nós que encontraremos no caminho. Falta-nos um condutor para nossa via, um guia judicioso para levar nossos conceitos até a verdade, com a esperança de que ele possa nos salvar deste profundo oceano. De coração obedeceremos este guia em tudo o que ele disser, seja bom ou mau, para que, por fim, nossa bola no jogo de pólo caia sob o taco do Cáucaso, longe deste lugar de vaidade. O átomo se unirá, assim, ao majestoso sol, e a sombra do Simorg cairá sobre nós". E continuaram: "Visto que não temos um chefe, tiremo-lo ao acaso, é a melhor maneira. Aquele sobre o qual cair a sorte será nosso chefe; será grande entre os pequenos".

Resolvido isto, o coração impaciente dos pássaros recuperou a tranqüilidade. A agitação acalmou-se e todos ficaram silenciosos.

A sorte caiu sobre a amorosa poupa. Todos aceitaram-na como guia e decidiram obedecê-la, até mesmo expondo suas vidas por qualquer coisa que ela ordenasse. De comum acordo disseram: "Desde agora a poupa é nosso guia neste caminho. Para ser-lhe útil, não pouparemos nossa alma ou nosso corpo".[115]

Quando a poupa chegou, depois de sua nomeação, puseram-lhe uma coroa à cabeça. Cem mil pássaros tomaram o caminho; eram tão numerosos que encobriam a lua e o peixe. Mas quando perceberam a aproximação do primeiro vale, voaram de medo até as nuvens. O terror do caminho apoderou-se de suas almas, e um ardente fogo inflamou seus corações. Todos levantaram obstinadamente suas plumas, suas asas, suas patas, suas cabeças. Todos, com pura intenção, renunciaram à vida. De fato, sua tarefa era pesada e o caminho longo. Era um caminho onde não se podia avançar e onde, coisa admirável!, não havia nem bem nem mal. O silêncio e a tranqüilidade nele reinavam, e ali não havia nem acréscimo nem diminuição.

No entanto, um dos pássaros perguntou à poupa: "Por que este caminho está assim deserto?" A poupa lhe respondeu: "É por causa do respeito que inspira o rei a cuja morada conduz".

HISTÓRIA SOBRE BAYAZID BISTAMI

Certa vez o sheik Bayazid saiu da cidade e encontrou por todos os lugares um profundo silêncio. A lua iluminava o mundo e, por seu resplendor, tornava a noite brilhante como o dia. O céu estava coberto de estrelas simetricamente agrupadas, e cada uma cumpria uma função especial. O sheik andou bastante tempo através dos campos sem encontrar ninguém ou o menor movimento. Emocionado, ele disse: "Senhor, um vivo sentimento de pesar agita meu coração. Por que uma corte sublime como a Tua está sem adoradores?" — "Não te admires", disse-lhe uma voz interior, "o Rei não dá acesso a todo mundo em Sua corte. Sua dig-

---

115. A palavra árabe que designa a poupa é *hudhud*, sendo que *had* significa 'guia', 'condutor', e as palavras formadas pelo étimo *HD* exprimem ações ou feitos praticados (ou provocados) por um guia, tais como 'descobrir', 'presentear', 'arrasar', 'ameaçar', 'pacificar'.

nidade não Lhe permite receber mendigos à Sua porta. Quando o santuário de nosso esplendor irradia seu brilho, afasta os negligentes adormecidos; os que serão admitidos nesta corte esperam pacientemente durante anos inteiros, até que um dentre mil possa entrar".

CAPÍTULO XVI
OS PÁSSAROS PÕEM-SE A CAMINHO

Todos os pássaros, pelo terror e pelo medo que lhes inspirava o caminho, tiveram então suas plumas e suas asas cobertas de sangue, e lançaram gritos de dor. O que viam era uma rota sem fim, e sem remédio era a dor do amor que sentiam. Ali onde estavam, o vento do desapego às coisas terrestres soprava de tal forma que o céu tinha a abóboda fendida. Neste caminho deserto, onde mesmo o sol do meio-dia — o pavão real do firmamento — de nada servia, como poderia um pássaro permanecer um só instante? Somente a poupa tinha o coração elevado acima do sol e das areias do deserto para cuidar dos problemas do caminho. Todos os pássaros, convertidos em discípulos da via espiritual, e fora de si pelo terror que experimentavam, rodearam seu guia e lhe disseram: "Ó tu que conheces o caminho! Não sabemos como nos apresentar ante o rei com a devida reverência. Mas tu estiveste na presença de Salomão, repousaste sobre o tapete real e conheces os costumes e o cerimonial da casa dos reis. Tu sabes onde há perigo e onde há segurança. Conheces também os altos e baixos deste caminho, e voaste muitas vezes ao redor do mundo. Já que hoje és nosso *imam* para unir e separar, queríamos ver-te subir ao *minbar* para instruir-nos, a nós que somos teu exército, sobre o caminho que vamos trilhar. Todos encontramos dificuldades em nosso espírito, e nesta via é necessário um espírito livre de inquietações.

"Primeiro ouve nossas dúvidas. Se há uma coisa da qual não duvidamos é que poderás respondê-las, apagando-as de nosso ânimo. Sabemos que neste longo caminho nenhuma luz virá clarear a incerteza da noite escura; dá-nos, então, as informações necessárias para que, livres de toda ansiedade, nosso corpo se ponha a caminho e, sem espírito nem corpo, possamos finalmente descansar nossas cabeças no umbral sagrado".

A poupa, dispondo-se a falar, sentou-se acima de seus companheiros. Os pássaros viram-na sentar ao trono, e o brilho de sua coroa fascinou-os. Cem mil pássaros reuniram-se em uma só mente, cerrando fileiras de acordo com sua espécie. O rouxinol e a rola adiantaram-se para dizer a mesma coisa, e o mundo inteiro pôde ouvir o canto entoado por suas vozes. Todos os que ouviram essa melodia sentiram-se arrebatados, e em seu êxtase não havia nem repouso nem emoção; um estado extraordinário teve lugar para cada um deles; ninguém sentiu-se nem bem nem mal, ninguém ficou em seu lugar ou fora de si. Então a poupa falou, levantando assim o véu do rosto do mistério.

AS DESCULPAS DOS PÁSSAROS

CAPÍTULO XVII

DISCURSO DE UM PRIMEIRO PÁSSARO

Um pássaro aproximou-se da poupa e disse: "Ó tu que te pões à nossa frente! Dize-nos em que te sobressais dentre nós, pois se em realidade és como nós, e nós como tu, de onde vem a diferença que nos distingue? Que pecado do corpo ou da alma cometemos para que estejas entre os puros e nós entre os impuros?"

A poupa respondeu: "Sabe, ó pássaro! que Salomão encontrou-me por acaso, e a felicidade que agora desfruto não advém do ouro ou da prata, mas deste feliz encontro. Como poderia uma criatura ter tão grande benefício apenas pela obediência? Até mesmo Satanás obedeceu e, no entanto, foi vã sua obediência! Acreditas que apenas a oração te fará alcançar tua meta? Também Satanás inclinou-se em oração! Porém, se alguém disser que deves rejeitar a obediência e a prece, que chovam maldições sobre ele para sempre. Nunca te descuides da obediência e da prece, porém não imponhas nenhum preço a elas. Amaldiçoados os tolos que trapaceiam em seu caminho! A prece em nenhum momento deve cessar. Reza, pois, na alegria e no desespero. Passa tua vida em obediência, e o verdadeiro Salomão olhará para ti. Se ele te aceitar, serás ainda muito mais do que eu poderia dizer".

MAHMUD E O PESCADOR

Contam que um dia o rei Mahmud separou-se acidentalmente de seu exército. Sozinho, lançava adiante seu cavalo rápido como o vento quando viu, sentado à beira de um rio, um menino que lançava sua rede ao fundo das águas. O rei saudou-o e colocou-se diante dele. Mas o menino estava triste, tinha o coração ferido e a alma machucada. "Querido menino", disse-lhe o rei, "o que te faz tão triste? Nunca vi ninguém tão aflito como tu!" O menino respondeu: "Ó ilustre príncipe! sabe que somos sete filhos sem pai. Ainda temos nossa mãe, mas é muito pobre e sem sustento. Jogo minha rede todos os dias para termos algo que comer à noite. E somente quando pego um peixe, depois de muito trabalho, temos do que viver". — "Queres, minha pobre criança, que eu seja teu sócio na pesca?", perguntou o rei. O garoto consentiu, e o rei lançou ao rio a rede do pequeno. A rede participou da felicidade do rei e colheu cem peixes naquele dia. Quando o menino viu todos aqueles peixes diante de si, disse: "Estou admirado de minha boa sorte! Ó filho meu! (falou de si para si), és muito feliz de que tantos peixes tenham caído em tua rede". Porém o rei lhe disse: "Não te enganes, ó pequeno!, sobre a verdade de quem pescou estes peixes para ti". Falou assim e voltou a montar seu cavalo. "Toma tua parte", disse o menino precipitadamente, "é somente o justo." O rei disse que naquele dia nada queria: "Amanhã pescarás para mim, e certamente não darei o produto dessa pesca a ninguém".

No dia seguinte, enquanto andava sob a sombra de seu jardim, o rei lembrou do amigo que tinha feito e mandou chamar o menino, fazendo-o sentar-se com ele no trono na qualidade de seu associado. "Senhor", disseram-lhe, "este menino é um mendigo." — "Não importa", respondeu o rei, "ele é meu sócio; ontem formamos uma sociedade, e hoje não posso rejeitá-lo." De fato, o rei tratou-o como a um igual. Naquele momento alguém perguntou ao menino: "Como adquiriste um tal grau de honra?" Ele respondeu: "Chegou-me a alegria e meu pesar desapareceu, porque um feliz monarca me encontrou".

HISTÓRIA DE UM ASSASSINO

Em sua ira, um rei castigou com a morte um assassino. Porém, na mesma noite da execução, viu-o em sonho passeando no jardim do Éden, satisfeito de sua feliz condição. "És um assassino e viveste na infâmia", disse-lhe o rei. "Como, então, te encontras neste lugar onde os que cometeram os crimes de que és culpado não podem entrar?" O assassino respondeu: "Quando meu sangue corria pela terra, um amigo passou por ali. Era um santo *pir* muito avançado no caminho espiritual. Esse venerável personagem lançou-me furtivamente um olhar. Pela excelência desse único olhar obtive a honra de que me vês possuidor, e mais cem outros favores de que nem tens idéia".

Aquele sobre o qual recai um olhar afortunado adquire, no mesmo instante, a posse de cem segredos. Enquanto o olhar de um homem espiritual não cair sobre ti, como descobrirás tua própria existência? Se permaneces no isolamento, não poderás abrir teu caminho até o trono dos céus. Precisas de um *pir*; não queiras caminhar sozinho, não entres às cegas neste oceano. Nosso *pir* é um guia seguro para este caminho e um refúgio para tudo. Quando ignoras completamente o que deves fazer para sair do poço do mundo, como poderás caminhar nesta via sem alguém que te conduza com um bastão? Não olhaste o suficiente para ver; o caminho não é curto, e o *pir* é teu guia.

Aquele que descansa à sombra de um homem de posse da felicidade não se confundirá jamais. De fato, na mão daquele que está unido à felicidade, os espinhos convertem-se em rosas.

MAHMUD E O LENHADOR

Certa vez em que foi caçar, o rei Mahmud perdeu-se de seu exército e encontrou um velho lenhador que conduzia seu burro carregado de espinheiros. Porém naquele mesmo momento o burro tropeçou, derrubando os arbustos sobre a cabeça do velho. Ao ver os feixes no chão, o burro de cabeça para baixo e o homem esfregando a cabeça, o sultão perguntou: "Ó desafortunado!, gostarias de ter um amigo para ajudar-te nesta circunstância?" — "Sim", disse o lenhador, "é esse o meu desejo, ó generoso cavaleiro! Se me ajudas, trarás benefício sem que tenhas prejuízo, pois vejo que tens o comando de tua parte da graça. Teu feliz semblante é um bom augúrio para mim. Não é de admirar a benevolência da parte de pessoas de feliz fisionomia." O rei desceu de seu cavalo, e com sua mão delicada como uma rosa apanhou os arbustos espinhosos, colocando-os ele mesmo sobre o asno; depois montou em seu cavalo e partiu. Mais tarde, encontrando seu exército, o rei disse aos soldados: "Um velho lenhador aproxima-se daqui com um asno carregado de espinheiros; obstruí seu caminho de forma que ele tenha de encontrar-se frente a frente comigo".

O exército bloqueou, pois, o caminho do velho lenhador, que se viu assim obrigado a passar diante do rei. "Como poderei atravessar este tirânico exército com meu fraco animal?", disse o velho para si mesmo. Nesse momento percebeu a tenda real tremulando sob o sol, e viu que o caminho que tomara conduzia-o justamente para lá. O lenhador fez então seu asno avançar para perto do rei; porém, quando reconheceu Mahmud, disse perplexo: "Ó Deus, em que situação me encontro! Hoje fiz um rei carregar lenha para mim!"

Quando o rei viu o embaraço do lenhador, disse-lhe com benevolência: "Meu pobre amigo, dize-me, qual é tua ocupação?" — "Não brinques comigo, tu já o sabes. Sou apenas um pobre velho, lenhador de profissão; dia e noite recolho espinheiros no deserto para vendê-los, e no entanto meu asno morre de fome. Podes, se quiseres, dar-me um pouco de pão". — "Velho homem", respondeu Mahmud, "o que queres pelo teu feixe de lenha?" O lenhador respondeu: "Já que não o queres de graça e eu não quero vendê-lo, dá-me uma bolsa de ouro". Ao escutar essas palavras, os soldados disseram: "Cala-te, insensato! Isto não vale nem dois grãos de cevada, deverias dá-lo por nada". O velho disse: "De fato isto não vale nem dois grãos de cevada, porém, devido ao excelente comprador, seu valor mudou. Quando um homem afortunado como o rei põe as mãos em meus espinhos, eles se tornam cem vezes preferíveis às rosas. Se ele quer, pois, comprar estes espinheiros, deverá pagar ao menos um dinar, e mesmo este preço estará aquém de seu valor. O rei involuntariamente deu, pelo contato de suas mãos, preço a meus espinheiros. Eles não tinham valor algum, porém, agora que ganharam dignidade valem mais que cem vidas".

CAPÍTULO XVIII

DISCURSO DE UM SEGUNDO PÁSSARO

Outro pássaro disse à poupa: "Ó guardiã do exército de Salomão! sou impotente para empreender esta viagem, e muito fraco para tomar tal caminho. É necessário percorrer um grande vale, e o caminho é difícil; morreria antes do primeiro descanso. Sei que há muitos vulcões nessa rota; não convém a todos comprometer-se nessa jornada. Milhares de cabeças têm rolado ali como bolas no jogo de pólo, pois muitos dos que foram em busca do Simorg sucumbiram, e seu sangue ainda umedece aqueles vales. Num tal caminho, onde os homens sinceros escondem por temor a cabeça sob a mortalha, o que será de mim, um desgraçado que não é mais que pó?"

"Ó tu que estás tão desanimado!", respondeu a poupa, "por que teu coração está tão oprimido? Já que te atribuis tão pouco valor e tens tão pouco tempo neste mundo, que diferença faz que sejas jovem e valente ou velho e fraco? O que poderias temer? O mundo verdadeiramente não é mais que excremento; as criaturas perecem nele a cada porta; os homens entram nele sem abrigo, e assim devem deixá-lo, sem abrigo. Milhares de pessoas perecem, como a seda amarelece, em lágrimas e aflição. Vale mais perder miseravelmente a vida nessa busca que definhar na infâmia. Se não triunfarmos nessa busca e morrermos de dor, está bem!, foi má sorte; porém, mesmo que sejam inúmeros os erros deste mundo, para que engendrar mais um? O amor pode ser considerado por alguns como loucura; no entanto é melhor entregar-se a ele que a uma vida de vergonha. Milhares de criaturas estão astuciosamente ocupadas em perseguir o cadáver do mundo. Mesmo supondo que podes fazer isto ingenuamente, não tomes parte nisso. Como farás de teu coração um oceano de amor se te entregas a esse comércio, sobretudo com astúcia? Há quem diga que o desejo das coisas espirituais é mera presunção, e que não saberíamos chegar onde ninguém jamais chegou. Contudo, não é melhor sacrificar a vida no orgulho deste desejo que deixar o coração afeiçoar-se a uma feira? Vi e ouvi tudo, e nada me fez vacilar em minha resolução; vivi muito tempo entre os homens e vi quão poucos há verdadeiramente desapegados das riquezas.[116] Enquanto não morrermos para nós mesmos e não formos indiferentes às criaturas, nossa alma não será livre. Mais vale um morto que aquele que não está morto para as criaturas, pois este último não pode ser admitido detrás do véu. O *mahram* desse véu deve ter uma alma inteligente. Quando se está envolvido na vida exterior, não se é homem da vida espiritual. Se és um homem de ação, põe o pé no caminho e retira tuas mãos das artimanhas femininas. Sabe que mesmo que essa busca se prove ímpia ao final, ainda assim seria necessário empreendê-la, e isso não é fácil. Nossa busca não é mera falação, mas um teste de exatidão. O fruto da grande árvore do amor é a pobreza, e quem quer que o experimente conhece a humildade. Não tomes por fruto o que são folhas. Diz ao que tem folhas que renuncie a elas.

"Quando o amor se apodera de uma pessoa, rouba-lhe o coração. O amor afoga o homem em sangue e atira-o de cabeça para baixo fora do mundo; não o deixa tranqüilo consigo mesmo nem um instante, mata-o e ainda cobra o preço do sangue. A água que o amor dá para beber são lágrimas, o pão que dá para comer tem sangue como fermento. Porém, se em sua enfermidade o amante está mais fraco que a formiga, o amor empresta-lhe forças a cada instante. De que forma o homem que se debate no oceano do perigo poderá alcançar o pão que lhe salvaria a vida se lhe falta coragem para tanto?"

HISTÓRIA DO SHEIK HIRCANI

O sheik Hircani partiu para Nischapur. O caminho era maior do que podia agüentar, e sentindo-se fatigado, ele parou num lugar por uma semana. Protegido apenas por seu manto, estava faminto e não tinha sequer um pedaço de pão para comer. "Ó Deus!", gritou, "dá-me pão e mostra-me o caminho que devo seguir."

Uma voz interior lhe disse: "Vai e limpa a sujeira da praça principal de Nischapur. Quando a tiveres varrido por completo, encontrarás meio

---

116. Garcin de Tassy remete-nos aos versos de um poeta indiano: "Eu vi os iogues de unhas longas, de longos cabelos/ eu os vi com as orelhas cortadas e o corpo coberto de cinzas/ eu os vi privarem-se de falar/ eu vi as *seoras* (faquires jovens) de cabeça raspada/ eu vi os anacoretas entregarem-se a extravagâncias nas florestas/ eu vi os bravos, eu vi os heróis/ eu vi os loucos, eu vi os sábios/ eu vi as cidades da ilusão, lá onde fica-se perdido em meio às riquezas/ eu vi pessoas felizes do princípio ao fim, e outras infelizes toda sua vida/ porém eu jamais vi alguém que não tivesse o espírito manchado pela ambição".

grão de ouro e poderás comprar o pão que necessitas". O sheik respondeu: "Se tivesse instrumentos para isso não me seria difícil obter pão. Mas estou debilitado; dá-me pois pão para aliviar minha fraqueza sem exigir um trabalho acima de minhas forças".

A voz lhe disse: "Calma, não precisas chorar. Já que necessitas pão, varre a terra; isto te será fácil". O sheik se foi, e tanto pediu que acabou por conseguir peneira e vassoura emprestadas. Varreu a terra como lhe fora dito, e, peneirando-a, encontrou por fim a porção de ouro que lhe havia sido anunciada. Quando viu o ouro, sua alma alegrou-se; correu ao padeiro e comprou pão, sem mais pensar na vassoura e na peneira. Quando lembrou-se destas, correu a procurá-las; porém não as encontrou. Desconsolado, lamentava-se dizendo: "Não pode haver ninguém mais atormentado que eu neste momento, pois não tenho com que indenizar os proprietários dos objetos que tomei emprestados". Vagando como um louco, acabou por entrar em uma casa em ruínas e lá deixou-se ficar, triste e abatido, até que avistou, encostadas a um canto, a vassoura e a peneira que perdera. O *pir* encheu-se de alegria. Não obstante, disse: "Ó meu Deus! Por que preciso trabalhar tão duramente por minha recompensa? Ordenaste que eu esgotasse minhas forças em troca de pão, e, quando o consigo, tu o transformas em veneno, para depois torná-lo novamente em pão. Por que multiplicas meu sofrimento antes que eu possa, finalmente, comer meu pão?"

"Ó ingrato!", disse-lhe então a voz, "o pão necessita do tempero do trabalho. Desde que somente pão não é suficiente, Eu o reforçarei com o tempero que o faz saboroso. Concedo-te a graça para o que te falta; trabalha em paz!"

HISTÓRIA DE UM HOMEM CONTEMPLATIVO

Um louco, idiota de Deus, andava nu entre a multidão. Olhando as finas roupas dos homens à sua volta, ele disse aos céus: "Ó Deus! dá-me belas roupas e faze-me feliz como os outros homens". Uma voz do mundo invisível fez-se ouvir: "Para isso te dei um cálido sol; senta-te e regala-te com ele". O *majnun* disse: "Meu Senhor, por que castigar-me? O sol veste a Ti, não a mim. Não podes dar-me algo mais adequado?" A voz lhe disse: "Espera pacientemente por dez dias e dar-te-ei outra vestimenta".

O sol queimou o homem durante oito dias até que ele obtivesse uma roupa; porém, como o indivíduo que a havia dado era pobre, a veste que lhe coube era um manto com cem mil remendos. O louco disse então a Deus: "Ó Tu que conheces os segredos! Passaste oito dias costurando estes remendos? Por acaso queimaram-se as roupas de Teu tesouro? Costuraste juntos cem mil vestidos. De quem aprendeste essa arte? não contaste a Teu servidor onde aprendeste a cerzir tão bem".

Não é fácil relacionar-se com a corte de Deus. Para isto há que se converter no pó do caminho que conduz a Ele. Muitos dos que chegaram a essa corte vieram de longe, e foram queimados pelo fogo ao mesmo tempo que eram iluminados pela luz. Após uma longa batalha pensa-se ter atingido o objetivo, somente para descobrir-se que este ainda está para ser alcançado.

OUTRA HISTÓRIA SOBRE RABI'AH

Rabi'ah, ainda que mulher, era a coroa que cingia a cabeça dos homens de seu tempo. Ela demorou oito anos em peregrinação à Caaba, medindo o caminho com o comprimento de seu corpo. Quando chegou à porta do templo sagrado, disse: "Afinal cumpri o rito da peregrinação". No dia consagrado, quando ia entrar na Caaba, Rabi'ah viu-se sozinha e sucumbiu às reclamações de suas companheiras que desertavam: ela estava impura. Voltando então sobre seus passos, disse: "Ó Deus! Tu que possuis a glória! arrastei meu corpo no caminho durante oito anos e, quando o ansiado dia chegou em resposta a minhas preces, colocas espinhos em meu caminho. Permite-me repousar em Tua casa (a Caaba) e não me deixes na agitação de minha própria morada".

Para compreender a importância deste incidente, terias de encontrar um amante de Deus como Rabi'ah. Enquanto flutuares no oceano do mundo, as ondas te repelirão e te aceitarão, alternadamente. Haverá vezes em que serás admitido na Caaba e outras em que suspirarás ante um ídolo. Se desvias a cabeça deste abismo, gozarás de uma felicidade constante, e a tranquilidade tomará o lugar do terror. Mas, se continuas neste abismo, tua cabeça girará como a roda do moinho, e não encontrarás em nenhum instante o perfume da paz; uma só mosca bastará para turbar-te.

O LOUCO DE AMOR A DEUS

Era costume de um homem *louco de amor a Deus* parar em determinada esquina. Certo dia, passando por ali, o célebre rei do Egito lhe disse: "Vejo em ti uma espécie de habilidade: é a de gozar o repouso e a tranqüilidade". O louco replicou: "Tranqüilidade? Como poderia eu encontrar repouso ou tranqüilidade se não posso livrar-me das moscas e das pulgas? Durante todo o dia as moscas me atormentam, e à noite as pulgas impedem o meu descanso. Um pequeno mosquito entrou no ouvido de Nemrod, e seu zumbido deixou-o louco. Quem sabe seja eu o Nemrod deste tempo, pois tenho por herança, da parte de meu amigo, moscas, mosquitos e pulgas".

CAPÍTULO XIX

DISCURSO DE UM TERCEIRO PÁSSARO

Um terceiro pássaro disse à poupa: "Estou coberto de pecados; assim, como posso pôr-me a caminho? Uma mosca impura seria digna do Simorg do Cáucaso? Aquele que, arrastado pelo pecado, desvia a cabeça da via espiritual, como poderia aproximar-se do rei?"

A poupa respondeu: "Ó pássaro desesperado! Não te desanimes; pede o perdão e a graça eterna! Joga fora o teu escudo e não busques abrigo em tuas faltas, do contrário tua tarefa será ainda mais difícil. Arrepende-te, pois mesmo que teu arrependimento não seja aceito, ele seria mais útil que a culpa que tomaria seu lugar. A porta permanece aberta para o caminho do arrependimento. Não importa que pecado cometeste, adentra essa porta enquanto podes, pois ela não está fechada para ti. Se entrares com sinceridade nesse caminho, a vitória te será fácil".

HISTÓRIA DE UM CRIMINOSO

Um homem culpado de muitos pecados arrependeu-se amargamente e voltou ao reto caminho. Porém, uma vez mais sua alma concupiscente recuperou as forças; anulou sua penitência e entregou-se a suas más inclinações. Abandonou novamente o bom caminho e caiu em todo tipo de ações criminosas. Mais tarde a dor apertou-lhe o coração e a vergonha reduziu-o — uma segunda vez — ao estado mais penoso. Desde que o pecado não lhe trouxe mais que desespero, quis arrepender-se de novo; porém não teve forças. Dia e noite, como um grão de trigo na panela quente, tinha o coração cheio de fogo, e com suas lágrimas de sangue lavava o pó que havia manchado seu caminho.

Uma manhã uma voz misteriosa lhe falou: "Eis aqui o que diz o Senhor do mundo: 'Quando te arrependeste da primeira vez, perdoei-te e aceitei a penitência; poderia castigar-te, mas não o fiz. Outra vez, quando novamente caíste em pecado, te concedi trégua e, apesar de Minha ira, não te deixei morrer. Pois bem, hoje que reconheces, ó insensato!, tua deslealdade, queres voltar a Mim pela terceira vez. Volta, pois, de boa vontade; abro-te Minha porta e te espero. Quando pagares tuas ofensas com teu arrependimento, teus pecados serão perdoados'".

O ANJO GABRIEL E A RETA INTENÇÃO

Uma noite, quando estava na Sidra, o bom Gabriel ouviu o Senhor pronunciar estas palavras de assentimento: "Aqui estou". À Sua voz seguiu-se outra, que lastimava e orava. "De quem será esta voz?", perguntou Gabriel. "Sem dúvida é um servidor de Deus que invoca o Eterno neste momento. Tudo o que posso compreender é que este servidor, pelo menos disso estou certo, tem um grande mérito; sua alma concupiscente está morta, e seu espírito vivo."

Gabriel quis conhecer aquele feliz mortal, mas ninguém nos céus conhecia tal homem. Percorreu, então, toda a terra e as ilhas do mar; porém não encontrou quem buscava nem na montanha nem na planície. Voltando para perto de Deus, ouviu outra vez uma resposta favorável às mesmas orações. Novamente percorreu o mundo, terras e mares, e tampouco desta vez encontrou quem buscava. Por fim pediu a Deus que guiasse seus passos. "Procura-o no país de Rum",[117] disse-lhe o Senhor. "Vai a certo monastério cristão e lá o encontrareis." Gabriel foi até o monastério cristão e encontrou o objeto dos favores celestiais curvado perante

---

117. Antiga denominação da região mediterrânea sob influência cristã, onde localizam-se hoje Itália, Grécia e Turquia.

uma imagem. Espantado, Gabriel voltou e disse: "Ó Senhor! Retira o véu deste mistério. Como podes atender com bondade aquele que invoca um ídolo num monastério?" Deus respondeu: "Seu coração está obscurecido; ele ignora que assim afasta-se de seu caminho. Já que ele se perdeu por ignorância, e Eu o sei, Minha bondade desculpa-o e lhe dá acesso à mais elevada posição em Meu santuário".

Assim disse o Altíssimo, e abriu o caminho do espírito a esse homem; soltou sua língua para que ele pudesse pronunciar o nome de Deus, e para que tu saibas qual é a verdadeira religião. Já que por ti mesmo não tens nada que te possa levar à corte celestial, não deves negligenciar nada a esse respeito nem procurar pretexto para não entrar neste caminho. Toda renúncia às coisas do mundo não se compra facilmente; melhor, nada se compra com respeito a essa corte.

HISTÓRIA DE UM SUFI

Um sufi dirigia-se a Bagdá, quando no meio do caminho ouviu alguém dizer: "Meu mel é doce, o melhor que se pode ter, e o preço é bom. Quem quer comprá-lo?" O sufi lhe disse: "Queres vendê-lo por nada?" O homem riu-se: "Quem entrega seus bens por nada? Afasta-te! Além de ganancioso, estás louco; em troca de nada só terás nada".

Então uma voz interior disse ao sufi: "Avante! dá um passo além do lugar onde estás e serás satisfeito; por nada Eu te darei tudo; se quiseres mais, então mais Eu te trarei. Sabe que Minha misericórdia é como um sol resplandescente; nenhuma partícula escapa à sua luz. Sabe também que se uma vez repreendi um profeta, foi por clemência a um infiel".

DEUS REPREENDE MOISÉS

Deus disse um dia a Moisés: "Ensangüentado, Coré[118] chamou-te setenta vezes pedindo perdão pelos crimes que cometeu, e não respondeste nenhuma vez. Se ele Me houvesse chamado uma só vez da mesma maneira, Eu teria arrancado de seu coração os parasitas do politeísmo

---

118. Coré, incitando os homens de sua tribo, levantou-se contra Moisés, contestando sua santidade e liderança.

e coberto seu peito com o manto da fé. Ó Moisés! Tu o fizeste perecer em cem angústias e o derrubaste aviltado na terra. Fosses tu seu criador, terias sido menos severo para com ele".

Aquele que é misericordioso, mesmo para com aqueles sem misericórdia, terá a misericórdia dos homens compassivos. O oceano da graça de Deus é infinito. Nossos pecados são uma lágrima dissolvida nele. Como pode uma gota manchar o oceano? Da mesma forma, aquele que foi perdoado não pode ser ofendido por uma mancha. Aquele que acusa os pecadores toma parte na tirania e carrega um coração de tirano.

UM CRIMINOSO CHEGA AO PARAÍSO

Um indigente morreu em pecado e, quando iam enterrá-lo, um devoto que passava afastou-se, dizendo que não haveria de rezar por tal homem. Porém, na noite seguinte, viu em sonhos aquele desgraçado no Céu, seu rosto brilhante como o sol. Em seu espanto, disse-lhe: "Como obtiveste um lugar tão elevado, tu que viveste sempre no crime e que estás manchado da cabeça aos pés?" O criminoso respondeu: "Deus concedeu-me misericórdia por causa de tua falta de compaixão por mim; Ele viu o teu orgulho desdenhoso e, apesar de meus pecados, apiedou-Se de minha pobre alma".

Vê quão generoso é o amor de Deus. Sua parte é misericórdia, a nossa eterno louvor. Em Sua sabedoria, Ele nega ou concede misericórdia. Na noite negra como a asa do corvo, Ele envia um menino com uma lâmpada, e também o vento que apaga a lâmpada. Depois, no escuro, encontra esse menino no caminho e pergunta-lhe por que deixou que se apagasse a lâmpada. A criança sofrerá palavras de dura reprovação, mas se Ele assim a repreende, é para que ela encontre, na escuridão de seu caminho, as mil maneiras pelas quais o seu Senhor é doce, e para não dirigir-lhe, no Dia do Juízo, mais que o benefício de Seus conselhos.

Se todos fossem puros de toda iniqüidade, Deus não teria necessidade de mostrar Sua generosidade; se todos fossem assíduos na oração, Ele não empregaria o jogo do amor. Somente dessa maneira Sua sabedoria manifesta-se por completo, e assim é desde sempre. Uma só gota de Sua sabedoria é, para nós, um oceano de misericórdia sem limites. Dia e noite as sete esferas do céu trabalham para ti, e é em teu benefício que os espíritos celestes obedecem a Deus. Sabe que teu amor e teu ódio refletidos são as portas do Céu e do Inferno. Todos os anjos, inclinando-se ante o homem, adoram a ti. A parte e o todo perderam-se em tua essência. Assim, não desprezes a ti mesmo, pois não há nada acima de ti. Teu corpo é parte do todo e tua alma o todo inteiro; não te rebaixes pois a teus próprios olhos. Conhecendo teu todo, poderás encontrá-lo em cada parte que se manifesta a ti. O todo se clarificará e, na sua luz, cada partícula mostrará distintamente seu brilho. O corpo não é distinto da alma, é uma parte sua, e a alma não é distinta do todo, é uma parte sua. Mas *parte* e *todo* têm de desaparecer afinal. Este caminho é *Um*; não há número. Não se deve falar, pois, de *parte* ou *todo*. Milhares de nuvens derramam a água da misericórdia sobre ti para alimentar tua aspiração. É para ti que chega o tempo em que a rosa manifesta a beleza de seu vestido. Qualquer coisa que tenham feito os anjos, fizeram por ti, como está dito no Corão.[119] O Criador te prodigará todos os Seus serviços, como um eterno *niçar*.

HISTÓRIA SOBRE ABBAÇAH

Abbaçah disse que no Dia da Ressurreição, quando o pânico impelir as criaturas a fugir e ao mesmo tempo paralisá-las; quando o rosto dos rebeldes e dos covardes enegrecer por causa de seus pecados; quando os homens desprovidos de boas obras caírem pasmos e agitados a um só tempo e o terror for a medida da raça humana, então Deus, a quem toda a terra e os céus adoram, derramará irrestritamente Suas bênçãos sobre o homem — esse punhado de terra sem valor. Os anjos, a quem Deus pediu, por pura benevolência, cem mil anos de obediência, submetendo-os, depois, ao pó da humanidade, dirão: "Senhor, por que puseste, como obstáculo, essas criaturas em nosso caminho? É justo que o homem tenha tal precedência sobre nós?" E Deus responderá: "Ó seres celestiais! Desde que de vós não obtenho nem vantagens nem inconvenientes, Meu desejo será cumprido ao menos pelos seres terrenos. Para vós não há ganho ou prejuízo; os homens, porém, chegaram ao limite de sua extensão na terra. É necessário dar pão aos famintos".

---

119. *Corão*, XXI, 23; *Salmos*, 90, 11.

CAPÍTULO XX

PERGUNTA DE UM QUARTO PÁSSARO

Outro pássaro declarou: "Sou afeminado de caráter, e sei somente saltar de um galho a outro; a cada momento prefiro uma árvore diferente. Sou tanto libertino tanto abstinente; tanto existo como não. Há vezes que minha alma concupiscente arrasta-me às tabernas, em outras meu espírito leva-me à oração. Ora sou desviado do caminho pelo diabo, ora os anjos guiam-me de volta a ele. Assim, entre dois extremos, estou no poço e na prisão. O que fazer senão, como José, lamentar minha condição?"

A poupa respondeu: "Isto acontece a todo mundo, pois na verdade nenhum homem possui uma única natureza. Se todos fossem originariamente puros, Deus não teria enviado Seus profetas ao mundo. Se queres a felicidade, procura-a na unidade; quando estiveres atado firmemente à obediência poderás, então, encontrá-la. Enquanto tua vida não se eleve como uma montanha, não terás repouso nem felicidade. Ó tu que estás cheio de desejos e no entanto permaneces estirado na estufa da preguiça, morno e indolente! As lágrimas de sangue desvelam os segredos de teu coração, enquanto a ferrugem, que pouco a pouco te reduz a pó, mostra que te comprazes com tua miséria. Quando alimentas o cão da alma, tua natureza revela-se pior que a do impotente hermafrodita".

HISTÓRIA SOBRE SCHABLI

Schabli desapareceu de Bagdá e ninguém conhecia seu paradeiro. Procuraram-no por muitos lugares, até que alguém o encontrou numa casa de eunucos.[120] Com os olhos úmidos e os lábios secos, deixava-se ficar entre aquela grosseira gente. "Ó tu que estudas os segredos divinos!", disseram-lhe, "é este o teu lugar?" Ele respondeu: "Aos olhos do

---

120. As casas de eunucos, ou casas de banhos públicos, eram locais de permissividade, e seus freqüentadores tidos como promíscuos.

mundo, estes que tu vês não são nem homens nem mulheres. Eu sou como eles, pois no caminho da fé não há homem ou mulher. Perdi-me em minha inércia, e também a virilidade é para mim motivo de vergonha. Aquele cuja alma tornou-se inteligente faz de sua ferida um mantel para a mesa do Caminho. Aquele que, como os homens da via espiritual, preferiu a desonra, redimiu e honrou os desgraçados que fraquejaram. Se queres expor-te o menos possível aos olhos do mundo, não és melhor que um ídolo. Se te importas com louvores ou censuras, não passas de um fabricante de ídolos. Se és um homem de Deus, não sejas outro Azur.[121] Não há, nem nas classes altas nem nas classes baixas, lugar mais elevado que o do serviço a Deus. Aplica-te a este dever e não tenhas outra pretensão; sê um homem de Deus e não busques glória noutro lugar. Quando escondes cem ídolos sob teu manto, para que te mostrar sufi ante aos homens? Tu que és eunuco, não te vistas como os homens da via espiritual enquanto não abandonares para sempre toda a leviandade".

A DISPUTA DE DOIS SUFIS

Dois homens, vestidos com a *hirka* dos sufis, discutiam e insultavam-se perante o tribunal. O juiz afastou-os, dizendo: "Não é conveniente que dois sufis discutam dessa maneira. Desde que levam no peito o manto da resignação, por que então se colocam em litígio? Se sois homens de combate e vingança, atirai longe esse manto. Se, ao contrário, sois dignos dele, renunciai a esta louca discussão. Eu, que sou juiz e não um homem da via espiritual, sinto vergonha por causa do hábito que vestis. Seria melhor concordar em divergir que discutir usando este manto. Da forma como agis, usar o véu das mulheres seria menos desonesto que a vossa atual roupagem".

Uma vez que, no amor, não és homem ou mulher, como poderias desvendar seus segredos? Se estás submetido a provas na via do amor, garante-te com a armadura conveniente. No entanto, se em seu caminho o amor te força à rendição, então faze-o com alegria, lança fora teu escudo; resiste e morrerás. Se tens a pretensão de dirigir-te a esse lugar, deves entregar tua cabeça ao vento e abandonar tua vida. De agora em diante não levantes a cabeça por pretensão, para que não sejas obrigado a submeter-te novamente à infâmia.

---

121. Outro nome de Taré, pai de Abraão. V. nota *100*.

O REI E O MENDIGO

Havia no Egito um célebre rei, do qual se enamorou perdidamente um infeliz. Quando esta notícia chegou ao rei, ele fez vir prontamente a sua presença esse homem perdido e lhe disse: "Uma vez que estás enamorado de mim, deves decidir-te por uma das opções que te vou propor: ou deixar esta cidade e este país ou, por amor a mim, ter a cabeça cortada. Em uma palavra, eis tua situação: morte ou exílio". O infeliz não era um homem de ação; fora de si pelo medo, preferiu deixar a cidade e dispôs-se a partir, quando ouviu, surpreso, o rei ordenar que lhe cortassem a cabeça. Um servo disse então: "Ele é inocente; por que ordenaste sua morte?" — "Porque este homem não é um verdadeiro amante", respondeu o rei, "e não estava de fato na via do amor. Se ele fosse realmente um homem de ação, preferiria ter a cabeça cortada que se ver longe do objeto de seu amor. Seria um crime amar aquele que prefere a própria vida ao amado. Se alguém conserva sua cabeça em detrimento do amor, então deve pagar ao amor a pena do traidor. Ele pediu a minha cabeça, e por sua vontade não haveria mais rei para governar este país. Se, depois de professar o seu amor, ele houvesse renunciado à vida, eu teria apertado meu cinturão para servi-lo e me converteria em seu dervixe. Mas como ele tinha somente pretensão no amor, o melhor era cortar-lhe a cabeça. Aquele que, em meu amor, conserva o amor por sua cabeça não tem o verdadeiro nem o puro amor; é um impostor. Dei esta ordem para que ninguém sem firme resolução venha vangloriar-se falsamente de padecer de amor por mim."

CAPÍTULO XXI

DESCULPAS DE UM QUINTO PÁSSARO

Outro pássaro disse à poupa: "Sou meu próprio inimigo. Como aventurar-me neste caminho se levo comigo o assaltante que deverá deter-me? Como posso viajar com um tal perseguidor? Minha alma concupiscente, minha alma de cão, não quer submeter-se; sequer sei como salvar minha alma espiritual. Reconheço bem o lobo no campo, porém este cão da alma, belo na aparência, ainda não me é bem conhecido. Estou na estupefação por causa desta alma infiel, e gostaria de saber se ela poderia ser-me conhecida afinal".

A poupa respondeu: "Ó tu que és como um cão vadio, sempre errante! Tu que és pisoteado como a terra! Tua alma é ao mesmo tempo vesga e caolha: como poderia servir-te de guia? Ela é vil como um cão, pesarosa e infiel. Se alguém se aproxima de ti, é somente porque está deslumbrado pelo falso brilho de tua alma. Quando escutas elogios, tua alma incha-se de orgulho, mesmo sabendo o quanto são injustificados. Não é bom para este cão que seja mimado e engordado artificialmente. O que foi tua infância senão um tempo de necessidades e ignorância, debilidade e despreocupação? Na metade da vida, tudo é individualismo e excentricidade, lutas e perigos, e o conhecimento de que neste mundo tu és um estranho. Então, quando a velhice se aproxima de nós, a alma torna-se lânguida e o corpo débil. Com uma vida assim desarrazoada, disposta dessa maneira pela loucura, como poderá a alma adquirir as qualidades espirituais? Vivemos na despreocupação do princípio ao fim, e é nada o resultado que obtemos. O homem acaba por obedecer à alma concupiscente que submete a tanta gente. Freqüentemente um homem chega ao fim vazio, com nada em si senão um desejo pelas coisas exteriores. Milhares de corações sucumbiram nesta aflição, e o infiel cão da alma nunca morre".

O VELHO COVEIRO

Um coveiro praticou seu ofício até idade avançada. Um dia alguém lhe perguntou: "Tu que passaste a vida cavando buracos na terra, o que viste de mais notável durante esse tempo?" O coveiro respondeu: "O que mais me admira de tudo o que vi é que meu cão da alma viu-me cavar túmulos durante setenta anos, mas ele próprio não morreu uma única vez nem obedeceu um só momento à lei de Deus, e isto é um prodígio!"

OUTRA HISTÓRIA SOBRE ABBAÇAH

Certa noite Abbaçah disse: "Ó vós que estais aqui presentes! Suponhamos que os infiéis que enchem o mundo, até mesmo os loquazes turcomanos, aceitem sinceramente a fé — coisa que poderia acontecer. Porém, cento e vinte mil profetas foram enviados para a alma infiel converter-se de uma vez ou perecer. E isto, embora justo, não pôde ser feito. De onde vem a diferença entre esse esforço e o resultado?"

Todos nós estamos sob o domínio dessa alma infiel e desobediente, e nós mesmos a alimentamos; será fácil então destruí-la? Amparada como está pelos dois lados, seria admirável que ela perecesse. O espírito, como um cavaleiro, percorre com constância o reino espiritual; porém, dia e noite, esta alma vil é sua comensal. Por mais que o cavaleiro faça galopar seu cavalo, esta alma, como um cão, segue-o sempre, sem descanso. Tudo o que o coração recebe do objeto de seu amor, outro tanto é tomado, pela alma, do coração. No entanto, aquele que prende vigorosamente este cão colherá em sua rede o leão dos dois mundos. Aquele que subjuga este cão ultrapassa seus rivais até que eles não alcancem sequer a poeira de seu sapato; e se puder aprisioná-lo, o pó de seus sapatos terá mais valor que o sangue dos outros.

PERGUNTA DE UM REI A UM DERVIXE

Um homem comprometido na via do espírito e coberto de farrapos ia por seu caminho quando encontrou um rei, que ao vê-lo lhe disse: "Ó tu que estás coberto de farrapos! Qual de nós é o melhor, tu ou eu?" O dervixe respondeu: "Ó ignorante! golpeia teu peito e guarda silêncio, tuas palavras são vazias como tua cabeça. Embora não me caiba fazer meu próprio elogio, pois aquele que louva a si mesmo não sabe o que diz, devo dizer que não há dúvida de que um homem como eu é mil vezes melhor que um homem como tu. De fato, não conheces o gosto da fé, e tua alma concupiscente reduziu-te ao estado de um asno. Essa alma te domina, senhor, e estás curvado por seu peso, pois ela fez de ti sua montaria. Dia e noite tua cabeça está envolvida por um cabresto e só ages sob suas ordens. Tudo o que ela te ordena, a ti que não és próprio para nada, ação ou não-ação, deves fazê-lo sem réplica; mas eu, que conheço o segredo do coração, fiz do cão da alma o meu asno. Quando esta alma converteu-se em meu asno, eu a montei. Teu cão da alma te governa, mas se fizeres dele tua montaria, serás então como eu, e cem mil vezes melhor que teus semelhantes".

Ó tu que te contentas com o cão da alma! Tu a quem devora o fogo da concupiscência! Sabe que este fogo seca a água de tua honra, apaga a luz de teu coração e tira a força de teu corpo. A escuridão dos olhos e a surdez dos ouvidos, a velhice, o enfraquecimento de teu espírito, o apagar de tua inteligência, tudo isto constitui um exército e seus soldados; e estes são, na realidade, servidores do príncipe da morte. Dia e noite, sem descanso, ele envia seu exército, envia-o pela frente e por trás, e quando este exército chega por todos os lados, tombas com tua alma longe do caminho. Tu te divertes na companhia dos cães e te entregas ao prazer, porém foste convertido em escravo; o cão da alma é o teu senhor, e estás submetido ao seu poder. Quando o rei da morte e seu cortejo se aproximarem, este cão da alma se separará de ti, e tu dele; mas se decidires separá-los agora um do outro, estarás ainda submetido a essa separação? Não te entristeças por não estarem juntos neste mundo, pois certamente ele estará contigo no Inferno.

AS DUAS RAPOSAS

Duas raposas encontraram-se e passaram a compartir a mesma comida. Juntas experimentavam tal deleite que um forte apego surgiu entre elas. Um rei que caçava na planície com suas panteras e falcões separou essas duas raposas. A fêmea perguntou então ao macho: "Ó caçador de tocas! quando nos encontraremos de novo?" Ele respondeu, enquanto abandonavam seu esconderijo: "Minha cara, se nos encontrarmos novamente será no peleteiro da cidade, pendurados numa estola".

CAPÍTULO XXII

DESCULPAS DE UM SEXTO PÁSSARO

Outro pásssaro disse à poupa: "Toda vez que decido entrar no caminho, o diabo instiga meu orgulho para impedir-me de tomar um guia. Como não posso superá-lo pela força, a confusão tem lugar em meu coração por causa de suas artimanhas. Como posso salvar-me de Íblis[122] e ser vivificado pelo vinho do espírito?"

A poupa respondeu: "Enquanto o cão do desejo continuar à tua frente, o demônio não te abandonará e utilizará as seduções do cão para desencaminhar-te. Cada um de teus vãos desejos torna-se um demônio para ti; e mais ainda, se te entregas a um só deles, cem demônios surgirão em ti".

O mundo é como a sala de vapor da casa de banhos, ou como uma prisão; na realidade ele é o domínio do diabo. Retira tua mão dele, não queiras negociar nem com ele nem com seu dono.

UM NOVIÇO RECLAMA A SEU SHEIK DAS TENTAÇÕES DO DEMÔNIO

Um homem negligente foi queixar-se das tentações do demônio a um sheik que jejuava: "O diabo, esse ladrão de estradas, obstruiu para mim o caminho, roubou-me a fé e aniquilou em mim a religião". O jejuador lhe disse: "Meu jovem, pouco antes de ti o demônio fez o mesmo caminho até aqui para reclamar. Estava aflito e contrariado, lançando pó sobre a cabeça por causa de tua injustiça para com ele. 'Meu domínio é o mundo', eu o ouvi dizer, 'e aquele que é inimigo do mundo não está sob minha dependência. Diz a esse novo peregrino do caminho de Deus que retire suas mãos do que é meu. Se eu o ataco é porque a todo momento seus dedos esbarram em meus negócios. Se ele me deixar em paz poderá seguir livre o seu caminho'".

O diabo colocou suas mãos sobre minha vida temporal, porém deixou livre a via do espírito; assim, tomei a firme resolução de ser fiel à religião.

---

122. Íblis é o nome pessoal de Satanás; designa propriamente o demônio do orgulho.

O POSSUIDOR DE UMA PEÇA DE OURO

Um santo personagem disse um dia ao possuidor de uma peça de ouro: "Não te compreendo; qual é tua situação?" Este lhe respondeu: "Eu como o pão à mesa de Deus e, no entanto, obedeço as ordens do diabo".[123]

"De fato o diabo desviou-te da rota e não disseste *La haul*.[124] Tu és muçulmano somente no nome; estás preso aos pesares do mundo e tua pretensa fé não é mais que insolência. A terra cobre tua cabeça, pois te tornaste um cadáver. Se antes te disse para atirar o mundo ao vento, esperas agora ouvir de mim que deves apegar-te a ele? Serves a Deus somente em intenção, porém entregas ao mundo tudo o que possuis; como esperas então renunciar a ele facilmente?"

Ó tu que por negligência caíste no oceano da cobiça! Ignoras por que ficaste para trás? Os dois mundos, vestidos de luto, choram, e tu permaneces na desobediência. O amor ao mundo tirou de teu coração o gosto da fé, e teus vãos desejos absorveram tua alma. O que é o mundo senão um ninho de paixões ávidas, que não podem satisfazer nem ao Faraó nem a Nemrod? Tanto Coré passou e deixou-o, tanto Schaddad[125] penosamente o possuiu. Deus proclamou o nada do mundo, e no entanto tu te deixas colher em suas redes? Até quando te ocuparás deste mundo que não deve ser para ti mais que o cadáver do nada? Aquele que se perde num átomo de nada pode ser um homem de valor? Permanecerás ébrio e boquiaberto, dia e noite, até que deixes de uma vez este cadáver. Aquele que respira um só instante neste nada será menos que cem montões de nada. O que é o mundo, senão uma absoluta nulidade? E o que é esta nulidade, senão escravidão?

O mundo é um fogo brilhante no qual se queima a cada instante uma nova criatura. Se podes escapar à violência deste fogo, és um homem e um leão. Ah! como o leão, afasta os olhos deste fogo se não queres queimar nele como a mariposa. Aquele que adora este fogo deverá, como a mariposa, queimar-se em sua enganosa embriaguez. Este fogo está adiante e atrás de ti; portanto é impossível que não te queimes nele

---

123. O 'possuidor de uma peça de ouro' é Malek ibn Dinar (morto *circa* 748), discípulo de Hassam Basri, que adquiriu fama como calígrafo. "Comer o pão à mesa de Deus" é talvez uma outra forma de dizer que ele era um copista do Corão. (V. índice biográfico.)

124. Primeiras palavras de uma conhecida oração, tirada do Corão: "Não há poder nem glória a não ser em Deus, o Altíssimo, o Infinito".

125. *Schaddad* é um dos *sahaba*, ou seja, um dos primeiros Companheiros do Profeta.

a cada momento; olha com cuidado onde poderás esconder-te para que este fogo não devore tua alma.

A PERGUNTA DE UM HODJA E A RESPOSTA DE UM SUFI

Um *hodja*[126] dizia em sua oração: "Ó Deus, tem misericórdia de mim e favorece minhas empresas". Um sufi, louco de amor a Deus, ouviu estas palavras e disse: "Não esperes a misericórdia divina quando não tomas a *hirka* do sufi e caminhas constantemente com orgulho, como se a terra não fosse capaz de te sustentar. Tens o rosto levantado contra o céu e contra as quatro muralhas douradas.[127] Dez escravos e outras tantas jovens mulheres esperam por teus caprichos. Como poderia a misericórdia ter lugar justamente contigo no segredo? Olha para ti mesmo e vê se com tudo isso podes obter misericórdia: não há lugar para ela enquanto estiveres nessa confusão. Se, como eu, não tivesses mais que pão para comer, estarias então em condição de obter a misericórdia divina; mas enquanto não afastares teu rosto das honras e das riquezas, a misericórdia não mostrará sua face nem um só instante. De agora em diante afasta teu olhar de tudo isso, para ser inteiramente livre como os homens da via espiritual".

ARREPENDIMENTO NO LEITO DE MORTE

Um homem sincero na fé e na piedade disse um dia a alguns vadios que voltavam o rosto de um moribundo em direção à Caaba: "Há uma turba que, chegada a hora da morte, gritará e voltar-se-á para Deus; porém são tolos, pois deveriam ter gasto suas vidas à procura do que é bom. Quando as folhas caem é muito tarde para semear. Melhor teria sido que o rosto desse homem que ignora o que fazeis se houvesse voltado antes. Que utilidade há em plantar galhos secos e sem folhas? E de que vale obrigar o rosto desse homem a voltar-se agora, quando o tempo do arrependimento passou? Estai certos de que aquele que espera até esse momento morrerá impuro".

126. *Hodja* é o título dado, em sinal de respeito, a um cidadão proeminente. Em turco significa propriamente 'mestre'.
127. As quatro direções, ou pontos cardeais.

CAPÍTULO XXIII

DESCULPAS DE UM SÉTIMO PÁSSARO

Outro pássaro disse à poupa: "Amo o ouro, e esse amor é para mim como a amêndoa para sua casca. Enquanto o ouro não viceje como a rosa em minha mão, não poderei abrir-me deliciosamente como essa flor. O amor ao ouro e ao mundo encheu-me de desejos vãos e cegou-me para as coisas espirituais".

A poupa respondeu: "Ó tu que estás no deslumbramento da forma exterior, e cujo coração jamais pôde ver a verdade sob a luz da aurora! Sabe que se não enxergas de dia, também a penumbra não favorece tua visão; como a formiga, não distingues as formas e te perdes na vã aparência. É preciso que te atenhas ao sentido das coisas e não te inquietes pela forma; o sentido é o essencial, a forma um mero obstáculo. Sem a cor, o ouro não é mais que metal ordinário; no entanto és seduzido por sua cor como uma criança. O que te afasta de Deus é para ti um ídolo. Ah! atira-o para longe de ti, segue meu conselho. Se teu ouro não é útil para ninguém, tampouco tu te beneficiarás dele. Se, ao contrário, dás um óbolo de teu ouro a um necessitado, ambos serão beneficiados. Tu não és um Omar ou um Zaíd;[128] porém, se compartilhas teus bens serás um Junaid. Por meio do ouro tens amigos entre os homens; mas, assim como tu, eles têm nas costas, marcado a fogo, o estigma dessa amizade. A cada novo mês tens de pagar o aluguel de tua loja, e este preço é tua própria alma. Mas, enquanto rastejas em busca de lucros, tua preciosa alma e tua querida vida deixam-te antes que possas ganhar um só óbolo nessa loja. Deste tudo em troca de nada, entregaste teu coração inteiro à astúcia do mercador. Pois bem, espero que a fortuna te renda uma escada para a forca. Não é necessário que a religião faça perecer absolutamente as coisas do mundo para ti, mesmo porque o mundo e a religião apenas concordam. Não penses com isso que não deves fazer uso das coisas do mundo; gasta por todos os lados o que possuis, pois só adquirirás felicidade em proporção a tua generosidade. Tu buscas o descanso pelo trabalho e te queixas quando não o encontras. É necessário deixar tudo o que existe, é necessário renunciar até mesmo à vida.

---

128. Omar é o segundo califa e Zaíd, descendente de Hussain e de Ali, é um dos grandes mártires do xiísmo, tomado como símbolo de sacrifício.

Se não podes renunciar à vida, muito menos poderás renunciar à riqueza e às honras, a isto e àquilo. Tivesses somente uma manta grosseira para cobrir-te, isto ainda seria um obstáculo que dificultaria teu acesso à via espiritual. Ó tu que conheces a verdade!, queima essa manta. Até quando agirás com duplicidade para com Deus? Se hoje não ousas queimar essa manta, como poderás livrar-te amanhã da vasta mortalha da morte?"

É por isso que a letra *uau*, que serve para escrever a palavra "Ele", (*Hu*) foi absorvida pelo *uau* que está na palavra *Khud*, "Ele mesmo", não lhe restando assim coisa alguma de *uau* (portanto, de existência). O nome da letra *uau* compõe-se de duas letras, o *álif* e o *uau*. Eu vejo ambas nas palavras *khak* (a terra) e *khun* (o sangue). Vêde pois o *uau* fundar-se em meio ao sangue e o *álif* aviltado em meio à poeira (*khak*).

O PIR E SEU COMPANHEIRO DE VIAGEM

Um jovem adepto da via espiritual juntara, escondido de seu sheik, um punhado de peças de ouro. Mesmo sabendo disso, o sheik não lhe dizia nada, e o discípulo, por sua vez, conservava bem escondido o seu ouro. Certo dia o jovem discípulo e seu mestre tiveram de empreender uma viagem. Partiram juntos, e, quando a noite caía, chegaram à entrada de um vale que apresentava dois caminhos. O discípulo começou a temer por seu tesouro escondido, pois o ouro corrompe aquele que o possui. Tremendo, ele perguntou ao sheik: "Que estrada devemos tomar?" O sheik respondeu: "Livra-te da causa de teu temor, pois esta coisa te faz culpável, e então qualquer caminho que queiras tomar será bom. O diabo teme aquele que é indiferente à posse do dinheiro, e foge rapidamente para longe dele. Pelo apreço a um grão de ouro, que te está proibido, chegarias a partir ao meio um fio de cabelo. Quando o ouro é avaliado, que argumentos não enseja: um grão é sempre muito, um grão é sempre pouco. Na via da religião, o ouro é como um asno manco; não tem nenhum valor, somente peso; é um rei para iludir os tolos, e um tolo quando a fé é mencionada. Quando a riqueza chega inesperadamente a um homem, primeiro o desnorteia, depois o governa. Aquele que seguiu a rota do ouro perdeu-se e, com os pés e mãos atados, foi atirado num poço. Como José, evita esse poço se puderes; do contrário toma fôlego, pois o ar que se respira nesse poço é deveras singular".

O SHEIK DE BASRA E RABI'AH

Hassam, sheik de Basra, foi um dia a Rabi'ah e lhe disse: "Ó tu que conheces tudo o que concerne ao amor divino! Ensina-me algo que não tenhas escutado de ninguém, que não disseste a ninguém e que ninguém, além de ti, tenha verificado. Fala, desde a origem de tua profunda capacidade, sobre a íntima luz que não pode ser lida, aprendida ou copiada". Rabi'ah lhe disse: "Ó grande sheik deste tempo! Simplesmente trancei alguns pedaços de corda, levei-os ao mercado e os vendi. Fiquei contente com a venda porque ganhei duas moedas de prata. Porém não coloquei as peças de metal juntas, guardei-as separadas, uma em cada mão, pois do contrário não poderia dormir, temendo o efeito do tilintar das moedas no ouvido dos ladrões. O homem do mundo guarda seu espírito e seu coração no sangue; coloca milhares de armadilhas de diversos tipos até que, injustamente, seja possuidor de um grão de ouro; assim que o obtém ele morre, e boa-noite! Antes mesmo que seu corpo esfrie o ávido herdeiro já reclamou suas posses, seu direito legal ao tormento e à miséria".

Ó tu que vendes o Simorg por ouro e cujo coração consome-se como uma vela pelo amor a esse metal! Se não entrares por inteiro na via que te indico, não poderás adquirir a menor parcela do tesouro que ali se encontra nem ver a face de seu ouro. Se puseres o pé timidamente neste caminho, como uma formiga serás colhido à força pela cintura fina como um cabelo, e facilmente serás desviado da nossa estreita via. Sê pois resoluto! Quando não se tem o menor amor por essa busca, não se ousa abordar essa rota.

REPREENSÃO DE DEUS A UM SUFI

Um santo homem que encontrava sua felicidade em Deus, e que entregara-se durante quarenta anos a Sua adoração, havia fugido do mundo e sustentava-se dos segredos de Deus detrás do véu. Deus estava intimamente unido a ele, e isto lhe era suficiente; houvesse ele deixado de existir ter-lhe-ia sido indiferente, pois Deus não deixaria jamais de existir. O sufi possuía um jardim; no meio deste jardim havia uma árvore, e nessa árvore um pássaro fez o seu ninho. O canto desse pássaro era doce e seu timbre agradável; cada uma de suas notas escondia cem segredos. O servidor de Deus encontrou grande encanto na música e na companhia desse pássaro. Porém Deus chamou o profeta daquele tempo e disse: "Diz a esse sufi que é assombroso que depois de haver feito dia e noite todas as suas práticas de piedade, depois de haver ardido tantos anos de amor por Mim, ele tenha acabado por vender-Me por um pássaro: 'Esse pássaro é verdadeiramente admirável em sua perfeição; no entanto é apenas o canto de um pássaro, e isso foi o bastante para aprisionar-te. Eu, ao contrário, comprei-te, paguei o preço por ti e te ensinei, e tu Me vendeste indignamente. Acaso sabes Meu valor para vender-Me? Acaso aprendi de ti a fidelidade? Sou o único companheiro que devias guardar, e não o objeto de uma rápida barganha. Não te vendas gratuitamente por tão pouca coisa; Eu sou teu Amigo, não deixes de ser o Meu'".

CAPÍTULO XXIV

DESCULPAS DE UM OITAVO PÁSSARO

Outro pássaro declarou: "Meu coração está abrasado pelo prazer, pois minha morada é um lugar encantador. Vivo num palácio dourado que todos admiram, e lá encontro um mundo de contentamento. Como poderia retirar daí meu coração? Nesse palácio sou tratado como o rei dos pássaros; por que deveria expor-me à fadiga nos vales de que falas? Devo renunciar à realeza e deixar o trono de meu palácio? Nenhum homem razoável abandonaria o jardim de Irem[129] para empreender viagem tão penosa e difícil".

A poupa respondeu: "Ó tu a quem falta ambição e energia! Tu não és um cão; para que precisas de um canil? Este mundo é, na melhor das hipóteses, um canil imundo e fedorento, e teu castelo é parte dele. Ainda que teu castelo fosse para ti a eternidade e o Paraíso, com a morte ele te traria sem dúvida a prisão da dor. Se a morte não exercesse seu império sobre as criaturas, então te seria conveniente permanecer em tua morada".

129. O jardim de Irem, ou jardim do Paraíso. Acreditava-se estar localizado na Pérsia (*Irã*).

SENTENÇA DE UM SÁBIO SOBRE UM PALÁCIO

Um rei fez construir um esplêndido palácio, pelo qual despendeu a quantia de cem mil dinares. Seu exterior era adornado com torres e cúpulas douradas; a mobília e os tapetes faziam seu interior semelhante ao Paraíso. Quando este castelo ficou pronto, o povo, admirado ante tal beleza, aglomerou-se à sua volta, e um criado lançava punhados de moedas à multidão rastejante. Emissários de todos os países vieram apresentar ao rei suas homenagens, oferecendo-lhe bandejas cheias de presentes. O rei chamou então os mais notáveis homens de seu reino para que se juntassem a seus hóspedes. Em sua presença, e fazendo-os sentar sobre macias almofadas, disse-lhes: "O que achais deste palácio? Fica algo a desejar à beleza e à perfeição? Todos disseram então: "Ninguém jamais viu ou verá palácio como este sobre a face da terra". Todavia, um homem entregue à devoção levantou-se e disse: "Senhor, há uma rachadura nestas paredes, e isto é um sério defeito. Se neste palácio não houvesse tal defeito, até mesmo o Paraíso traria um presente do mundo invisível em reconhecimento a sua perfeição". — "Não vejo a fenda de que falas", replicou o rei; "tu és um ignorante e queres criar confusão para fazer-te importante". O sufi disse: "Ó tu que és arrogante de tua realeza! não exponhas assim tua ignorância, sabe que a fenda em questão é por onde deverá passar Azrael, o anjo da morte. Queira Deus possas tapar esse buraco!, pois de outra forma, o que é este palácio, o que são esta coroa e este trono? Mesmo que este palácio seja agradável como o Paraíso, a morte o fará desagradável a teus olhos. Nada é permanente, e isto é o que torna feio o lugar em que vivemos. Nenhuma arte pode tornar estável o que não o é. Ah! não te regozijes tanto com teu palácio; não faças empinar tão alto o corcel de teu orgulho! Se, por causa de tua posição e dignidade, ninguém te mostra teus erros, ai de ti!, isto é um grande infortúnio".

OUTRA HISTÓRIA SOBRE UM PALÁCIO

Um mercador extravagante mandou construir um maravilhoso palácio todo dourado. Assim que o edifício foi terminado, ele convidou todos para vê-lo e organizou uma grande festa. Fez seu convite em meio a cem delicadezas e atenções, a fim de que todos fossem banquetear-se e obedientemente deslumbrar-se com sua nova morada. Porém, quando corria sua auto-importância pela vizinhança, o mercador encontrou um louco mendicante que, colocando-se à sua frente, lhe disse: "Meu senhor, ante tal solicitude estou desolado! Gostaria muito de poder atender teu pedido, mas estou muito ocupado e não tenho tempo de ir a tua casa. Desculpa-me, e por favor não insistas".

A ARANHA

Não viste a impaciente aranha, e como ela passa caprichosamente o seu tempo? Tecendo com avidez uma rede maravilhosa, veste um canto com sua armadilha e espera que caia nela uma mosca. Precavidamente constrói sua hábil casa, que abastece com provisões para seu uso. Quando a mosca precipita-se de cabeça para baixo em sua teia, a aranha sai de seu esconderijo e suga o magro sangue do pobre bicho. Depois, no mesmo lugar, deixa secar o cadáver, tomando-o como alimento ainda por algum tempo. Um dia o dono da casa levanta-se, escova à mão, e num instante acaba com essa trama, varrendo mosca, teia e aranha para fora de sua sala.

Assim é o mundo, e o que o alimenta é a mosca apanhada pelas sutilezas da aranha. A teia é o mundo, e a mosca a substância que Deus colocou aí para o homem. Ainda que o mundo inteiro te estivesse destinado, tu o perderias num instante. Por mais que te vanglories da realeza do mundo, não és mais que uma criança na via espiritual, pois encontras tua diversão fora do véu. Não busques a realeza antes de teres comido os miolos de um asno; e sabe, ó insensato!, que o reinado do mundo está entregue aos touros. Aquele a quem o tambor e a bandeira assinalam alta dignidade não saberia ser um dervixe. Quanto a ti, toma distância destas coisas, pois não são mais que ruído e vento. De fato é o vento que infla a bandeira e enche o tambor; estas duas coisas valem menos que a menor moeda de cobre. Nao deixes saltar tão alto o corcel de tua ignorância, e não te deleites tanto na ilusão de tua posição. Eles matam a pantera pelo valor de sua pele; da mesma forma, te esfolarão antes que sintas o cheiro do perigo.

Já que é impossível ser distinguido individualmente, mais vale perder-se voluntariamente, e, com a cabeça baixa, entrar no Todo. Não te é possível ser orgulhoso; humilha-te pois. Até quando jogarás? Ou inclinas a cabeça e não procuras a dominação ou abandonas o jogo e o tiras da cabeça. Teu palácio e teu jardim não são mais que uma prisão. Tua alma é a desgraça de tua alma. Deixa essa habitação terrestre cheia de ilusões; até quando a percorrerás? Olha com o olho da verdadeira ambição e vê a via espiritual; põe o pé nesta via e descobre a corte celestial. Se tua alma chegar a esta corte, a glória do mundo não te será mais atraente que o pó.

O DERVIXE MISANTROPO

Um tolo que andava por andar atravessava o deserto quando deparou-se com um homem que vestia o manto esfarrapado dos dervixes e lhe perguntou: "Como vão as coisas contigo?" O dervixe respondeu: "Não te envergonhas de fazer-me tal pergunta? Enrubesce! Fui deixado neste mundo que é bem estreito para mim neste momento, e vivo apertado em sua pequenez". Seu interlocutor respondeu: "Não dizes a verdade! Como podes sentir-te apertado neste vasto deserto?" — "Se este mundo não fosse tão pequeno", respondeu o dervixe, "tu não poderias jamais ter-me encontrado."

Mesmo que te façam mil promessas, não te será dado por esse lado mais que o fogo por destino; e o que é este fogo senão o mundo? Deixa-o pois, e, como os leões, guarda distância dele. Quando estiveres mais além, teu coração retornará para ti e chegarás ao palácio da satisfação. Há fogo à tua frente, e o caminho é muito longo: o corpo é fraco, o coração cativo, e a alma está apreensiva. Quanto a ti, desembaraça-te de tudo e sê livre em tudo; deves ocupar-te de uma única coisa. Quanto mais vês o mundo, mais deves retirar dele tua alma, pois não estás de posse nem do nome do mundo nem de seu rastro. O que quer que tenhas visto, ainda não viste nada; qualquer coisa que eu ainda diga, não te emociones por isso.

HISTÓRIA SOBRE A PERDA DE UMA CRIANÇA

Um homem alheio às coisas espirituais perdeu uma criança, o fruto de seu coração, e isto privou-o da paciência, do repouso e da tranqüilidade. Ele seguia tristemente o funeral e, chorando, dizia em sua agitação: "Ó querido menino que não conheceste o mundo enquanto existias! Abandonaste o mundo sem nada ter visto".

Um louco de amor a Deus que ouviu estas palavras e viu o que sucedia pôs-se a dizer: "Não te enganes, ele viu perfeitamente, e cem vezes, o mundo".

Se queres levar contigo o mundo, morrerás sem tê-lo visto. Tua vida passou-se na ânsia de ver o mundo; acaso pudeste encontrar um remédio para tua dor? Se te apegares a tua alma vil, teu precioso espírito se perderá na lama.

OUTRA HISTÓRIA ALEGÓRICA

Um homem queimava despreocupadamente um pedaço de madeira de áloes, e o perfume que exalava do fogo fez alguém suspirar de satisfação. Um homem experiente aproximou-se e disse: "Queima-se a madeira para fazer-te suspirar.[130] Teu suspiro quer dizer êxtase; porém pensa na madeira, cujo suspiro expressa dor".

CAPÍTULO XXV

DESCULPAS DE UM NONO PÁSSARO

Um outro pássaro disse à poupa: "Ó eminente pássaro! O amor a um objeto encantador fez de mim um escravo; este afeto apoderou-se de mim, roubou-me a razão e dominou-me completamente. A imagem do rosto querido é como um salteador de caminhos; ateou fogo à colheita de minha vida e deixou-me a dor. Longe desse ídolo, não tenho um instante de repouso. Porém eu me acreditaria infiel se me decidisse viver sem ele. Como poderia pôr-me a caminho com o coração inflamado pela paixão, delirando e blasfemando como um infiel? Antes de tudo é preciso abrir caminho através de um vale onde nos esperam cem provações. Como posso privar-me da face dessa lua para enfrentar os perigos do caminho que me indicas? Minha dor não saberia acalmar-se pela mão do remédio. Meu amor está acima da fé e da infidelidade. Minha pieda-

---

[130]. "Tudo tem uma causa espiritual", conforme o prefácio de Mucaddeci a um dos manuscritos (G. de T.).

de ou minha impiedade dependem de meu amor, e dele provém o fogo que arde em meu coração. À falta de confidente para meu amor, tenho na dor a companhia que me basta. Este amor lançou-me no pó e no sangue; os cabelos de meu amado fizeram-me sair de meu repouso. Minha fraqueza é tanta que não posso ficar um instante sem vê-lo. Eu sou a poeira de seu caminho, e estou manchado de sangue. Eis o estado de meu coração neste momento. Dize-me, o que devo fazer?"

"Ó tu que te apegas às aparências!", respondeu a poupa, "és um amante superficial, e, em conseqüência, permaneces na confusão. Sabe que o amor às coisas exteriores não se compara ao amor contemplativo ao Criador invisível. Teu amor carnal é um jogo, necessidade do instinto que te faz semelhante aos animais. O amor por uma beleza passageira só pode ser passageiro. Este amor aprisionado pelo tempo é mais que tolice, é um crime, luta blasfema para fugir à perfeita beleza que jamais perecerá. Dás o nome de lua sem minguante a um corpo exterior, composto de humores e de sangue. No entanto, há uma beleza que não decresce, e é uma impiedade que a desconheças. Há algo mais feio no mundo que um corpo que não é mais que bílis e sangue? Durante muito tempo erraste por entre as formas exteriores, em busca da imperfeição. A verdadeira beleza está oculta; busca-a no mundo invisível e ela se mostrará. Se caísse o véu que esconde aos nossos olhos este mistério, não ficaria no mundo nem habitante nem habitação; todas as formas visíveis seriam aniquiladas, e tudo o que parece excelente se tornaria vil. Este amor pelas coisas aparentes, ao qual te entregas por tua visão estreita, faz uns inimigos de outros. Porém o amor às coisas espirituais é o amor sem mácula. Se não é este amor puro o que ocupa teu espírito, o arrependimento chegar-te-á bem depressa."

OUTRA HISTÓRIA SOBRE SCHABLI

Um indivíduo chorava diante de Schabli e parecia mergulhado na aflição. O sufi perguntou-lhe por que chorava. "Ó sheik!", ele respondeu, "eu tinha um amigo cuja beleza fazia verdejar a minha alma. Ele morreu ontem, e eu morrerei de pesar, pois a tristeza que me domina tornou negro o mundo para mim."

Schabli lhe respondeu: "Por que teu coração está assim fora de si por causa desse amigo? Se dessa amizade tiveste antes tua compensação, por que então essa dor? Isto é tudo de que sentes falta? Não te condoas por essa perda, mereces muito mais do que tinhas. Escolhe agora um outro amigo que não morra, e assim não estarás sujeito a morrer de aflição. De fato, a amizade de um ser exposto à morte não pode dar mais que dor a seu amigo. Aquele que foi seduzido pelo amor à forma exterior cairá, por isso mesmo, em cem aflições. Esta forma escorregará rapidamente de sua mão e, em sua estupefação, ele se afundará em sangue".

HISTÓRIA SOBRE UM RICO MERCADOR

Um comerciante rico em mercadorias e capitais tinha uma escrava doce como o açúcar. Decidiu-se um dia a vendê-la, porém bem depressa ficou desconsolado; arrependeu-se de seu ato e ficou confuso e agitado. Em seu desespero, foi procurar o novo senhor daquela escrava, oferecendo-lhe mil peças de ouro para tê-la de volta. Seu coração ardia de desejo, porém o novo dono não quis vendê-la. Em conseqüência disso, o mercador andava sem descanso pelas ruas, atirando pó sobre a cabeça. Gemia e falava a si mesmo: "Mereço a dolorosa pena que experimento; é, de fato, a justa retribuição de minha falta, pois, por loucura, depois de haver costurado meu olho e minha razão, vendi minha senhora por uma peça de ouro. Pensar que eu mesmo causei-me este prejuízo num dia de bazar, depois de tê-la adornado para vendê-la com bom lucro".

Cada uma das respirações que medem tua existência é uma pérola, e cada um de teus átomos é um guia para levar-te a Deus. Os favores deste amigo cobrem-te da cabeça aos pés; manifestam-se visivelmente em ti. Se conhecesses o ser do qual estás afastado, como poderias suportar essa separação? Deus cuidou de ti com cem olhares e atenções, e tu, por ignorância, negligenciaste Sua companhia.

O REI E SEU CÃO

Um rei, saindo para caçar no deserto, ordenou ao encarregado dos cães que lhe trouxesse o seu galgo. Era o seu cão predileto, e estava coberto por uma capa do mais fino cetim. Um colar de ouro ornado de pedrarias dava brilho a seu pescoço; em suas patas tinha anéis de ouro, e fios de seda trançada serviam-lhe de correia. O rei, para quem este cão era dotado de um inteligente instinto, tomando-o por sua correia, marchava atrás do animal, quando encontraram um osso no caminho. À vista desse osso, o cão parou para farejá-lo. O rei, apercebendo-se disso, foi tomado pela ira, e, golpeando o pobre animal, expressou sua indignação pelo fato de que, na companhia de um rei como ele, o cão pudesse ter dado atenção a um osso imundo. Então ele cortou as correias e disse: "Deixai em liberdade este cão negligente. De agora em diante ele não me pertence; seria melhor para ele engolir mil agulhas que tomar tal liberdade". O treinador dos cães disse então ao rei: "Senhor, a natureza do cão despertou, apesar de estar bem vestida. Seu destino é merecido; no entanto, para habitar a planície e o deserto, seria melhor que não estivesse vestido, como nós, de seda, ouro e pérolas". O rei disse: "Não! faz como digo; deixa-o ir exatamente como está para que algum dia, quando voltar a si, vendo as riquezas que carrega, possa lembrar que pertenceu a um rei, e de como foi separado de um monarca como eu".

Ó tu que um dia tiveste a amizade de Deus e que a perdeste por negligência! Coloca resolutamente o pé na via deste amor, que é o verdadeiro; bebe corajosamente da mesma taça que o dragão. Aquele que tem o pé firme nessa via é um dragão. Para os amantes, ter a cabeça cortada é apenas o preço do sangue. Agora é o tempo do dragão: o amante deve submeter-se e ver o sangue da própria garganta manchar o pó. À vista desse dragão, o que aterroriza a alma humana é tão pequeno quanto uma formiga; e no entanto o que dá celebridade ao homem é não dar mais atenção aos dragões que às formigas. Os amantes, haja não mais que um ou milhares deles, não chegam a seu objetivo senão ensopados de seu próprio sangue.

HISTÓRIA SOBRE HALLAJ

No momento em que iam empalar Hallaj, ele só pronunciava estas palavras: "Eu sou Deus (a Verdade)". Como não apreciaram o que ele queria dizer, cortaram-lhe as mãos e os pés; e à medida que o sangue saía em abundância de seu corpo, seu rosto empalidecia. Como poderia alguém permanecer corado em tal situação? Então este homem, cuja conduta era bela como o sol, apressou-se a esfregar o rosto com os cotos de seus braços decepados, e tingindo com sangue brilhante sua face comparável à lua, dizia: "Desde que é o sangue que dá cor à tez do homem, hoje quero servir-me dele para tornar meu rosto vermelho. Não quero parecer pálido aos olhos de ninguém; ao contrário, quero estar corado, pois temo que aquele que me veja pálido neste momento possa pensar que tenho algo a temer. Pois bem, uma vez que não experimento o menor temor, devo ter o rosto vermelho. Quando o homem sanguinário que executou a sentença pronunciada contra mim retornar ao patíbulo, verá que aqui está um homem valente. Uma vez que não considero o mundo mais que um laço de *mim*,[131] por que ele me inspiraria temor (*bim*)?"

Aquele que conhece o covil do dragão de sete cabeças, e come e dorme em sua companhia durante o mês de julho, viu muitos jogos como este; e embora encontre-se em má situação em semelhante jogo, o patíbulo lhe parecerá o menor de seus transitórios sonhos.[132]

---

131. Conforme Fabre d'Olivet, a letra *mim*, ᛝ, além de graficamente assemelhar-se a um laço, como imagem simbólica representa a mulher, a mãe, a fecundidade, e assinala, entre outras, as idéias de manifestação, plasticidade e passividade (ante a ação divina). Cf. *La Langue hébraique restituée*, Paris, Première partie, pág. 75.

132. As últimas quatro linhas desta história são uma paráfrase de Attar a um poema de Hallaj. Nesta e na história seguinte Attar justapõe a atitude frente à morte do místico extático ou 'embriagado' (Hallaj) e a do místico sóbrio (Junaid). Al-Gazzali, em seu *Michkat-al-Anwar (El Tabernáculo de las Luces*, ed. del Peregrino, Argentina, 1982) explica que a aniquilação em Deus, *fana* — palavra que designa propriamente, no sufismo, a extinção dos limites individuais no estado de união com Deus —, momento em que existe somente o Único, o Real (*Al-Haq*), é, para os sóbrios, um estado de consciência apreendida (*hal*), enquanto para os embriagados é um estado pessoal interior (*dhawqi*). Para estes últimos não há outra coisa senão Deus; eles encontram-se num constante estado de embriaguez (*sukr*, intoxicação) que reduz sua razão à impotência: aqui pode-se dizer que não há razão — isto é, proporção — entre o divino e o humano, uma vez que não existe proporcionalidade, e sim identidade. É justamente por este estado de embriaguez que se deve entender a 'loucura' dos *majnun*. Porém Gazzali adverte que, nesse estado, os embriagados deveriam guardar suas palavras (tais como "Eu sou a Verdade" — *Ana-l-Haq* — e outras) secretamente e não repeti-las, pois quando passa a embriaguez e lhes é devolvido o poder da razão — a balança estabelecida por Deus na terra —, descobrem que sua experiência não é ainda a verdadeira identidade, ou a verdadeira identificação, mas uma primeira manifestação desta.

Em seu *Fihi-ma-fihi*, Jallal-ud-Din Rumi, discípulo de Attar, comenta as palavras de Hallaj ("Eu sou a Verdade, fui aniquilado, ficou somente Deus") dizendo que elas representam "uma extrema modéstia e humildade, pois significam, na realidade, 'Só Ele é'. Se Hallaj tivesse dito 'Tu és Deus, e eu sou Teu servidor', teria afirmado de forma orgulhosa e pretensiosamente sua própria existência, instaurando desse modo a dualidade. Se tivesse dito ainda 'Ele é Deus', teria estabelecido a mesma dualidade. Assim, na realidade era o próprio Altíssimo quem estava a dizer 'Eu sou Deus'. Já que nenhum outro existia ao estar Hallaj aniquilado, essas eram as palavras de Deus mesmo" (Rumi, *Fihi-ma-fihi*, 'En eso

HISTÓRIA SOBRE JUNAID

Uma noite em Bagdá, o *imam* da religião, Junaid, esse profundo oceano de sabedoria, proferia discursos tão excelentes que mesmo os céus escutavam com diligência. Pois bem, Junaid, esse guia espiritual, tinha um filho belo como o sol, e, enquanto discursava, seus inimigos raptaram o menino: coisa deplorável!, cortaram-lhe a cabeça, jogando-a com desprezo no meio da reunião presidida por Junaid. Quando o virtuoso personagem viu essa cabeça, não se queixou; ao contrário, acalmou a consternação da assembléia. Depois disse: "Esta noite eu havia colocado no fogo o grande caldeirão de minha alma: ele necessita do favor divino para que os antigos segredos se manifestem em sua superfície; porém não o será nem mais nem menos pelo que acaba de ocorrer. O que esta noite parece tão estranho e cruel estava traçado desde a eternidade; o que acontece, acontece pela necessidade".

CAPÍTULO XXVI
DESCULPAS DE UM DÉCIMO PÁSSARO

Outro pássaro disse à poupa: "Eu temo a morte; o vale de que falas está distante, e estou desprovido de quaisquer recursos para a viagem. Tenho tanto medo da morte que, estou certo, perderei a vida ainda na primeira etapa. Mesmo que eu fosse um poderoso emir, quando chegasse a hora da minha morte não deixaria o mundo menos tristemente. Aquele que quisesse combater a morte com a espada teria sua mão cortada como um cálamo, pois da força que se produz pela mão e pela espada não resulta mais que dor".

---

eso lo que está en eso', ed. del Peregrino, 1981, Argentina). É ainda de Rumi esta ilustração a respeito da embriaguez: "Este mundo apóia-se na indiferença. Se a indiferença não existisse, este mundo também não existiria. O desejo por Deus, o fato de recordar o Dia do Juízo, a embriaguez espiritual (*sukr*) e o êxtase são os arquitetos do outro mundo. Se todos os homens voltassem seu rosto para o outro mundo, iriam todos para ele, e assim não residiriam mais aqui. Deus quer que permaneçamos aqui a fim de que os dois mundos subsistam" (*idem, ib.*). Não se deve, portanto, tomar estas duas escolas como antagônicas. Se muitos as consideram opostas, Attar (bem como Rumi) afirma antes a sua complementariedade.

A poupa respondeu: "Ó tu que és fraco e impotente! Queres permanecer uma simples armação de ossos cobertos por um pouco de carne? Não sabes que a vida, longa ou curta, compõe-se somente de algumas respirações? Não compreendes que tudo o que nasce morre, torna à terra, e que o vento dispersa os elementos que constituíam o corpo? Foste alimentado para morrer, trazido a este mundo para ser levado dele. O céu é como uma enorme taça de cabeça para baixo que toda tarde enche-se do sangue do crepúsculo; diria-se que o sol, armado de uma cimitarra, é o carrasco que corta as cabeças dos que estão sob essa taça. Quer sejas puro ou impuro, não és mais que uma gota d'água amassada com terra. Como pode resistir ao Oceano essa gota que não é absolutamente mais que dor? Mesmo que durante toda tua vida tenhas exercido domínio sobre o mundo, acabarás por entregar tua alma à aflição e aos gemidos".

A FÊNIX[133]

Na Índia vive um pássaro que é único: a encantadora fênix tem um bico extraordinariamente longo e muito duro, perfurado com uma centena de orifícios, como uma flauta. Não tem fêmea, vive isolada e seu reinado é absoluto. Cada abertura em seu bico produz um som diferente, e cada um desses sons revela um segredo particular, sutil e profundo. Quando ela faz ouvir essas notas plangentes, os pássaros e os peixes agitam-se, as bestas mais ferozes entram em êxtase; depois todos silenciam. Foi desse canto que um sábio aprendeu a ciência da música. A fênix vive cerca de mil anos e conhece de antemão a hora de sua morte. Quando ela sente aproximar-se o momento de retirar seu coração do mundo, e todos os indícios lhe confirmam que deve partir, constrói uma pira reunindo ao redor de si lenho e folhas de palmeira. Em meio a essas folhas entoa tristes melodias, e cada nota lamentosa que emite é uma evidência de sua alma imaculada. Enquanto canta, a amarga dor da morte penetra seu íntimo e ela treme como uma folha. Todos os pássaros e animais são atraídos por seu canto, que soa agora como as trombetas do último dia; todos aproximam-se para assistir o espetáculo de sua morte,

---

133. A fênix aqui mencionada não é outro senão o pássaro fabuloso da tradição grega. Garcin de Tassy assinala que o nome árabe desta ave é uma derivação do mesmo nome grego, e a descrição que dão da morte deste pássaro os escritores orientais é bastante parecida à dos gregos.

e, por seu exemplo, cada um deles determina-se a deixar o mundo para trás e resigna-se a morrer. De fato, nesse dia um grande número de animais morre com o coração ensangüentado diante da fênix, por causa da tristeza de que a vêem presa. É um dia extraordinário: alguns soluçam em simpatia, outros perdem os sentidos, outros ainda morrem ao ouvir seu lamento apaixonado. Quando lhe resta apenas um sopro de vida, a fênix bate suas asas e agita suas plumas, e deste movimento produz-se um fogo que transforma seu estado. Este fogo espalha-se rapidamente para folhagens e madeira, que ardem agradavelmente. Breve, madeira e pássaro tornam-se brasas vivas, e então, cinzas. Porém, quando a pira foi consumida e a última centelha se extingue, uma pequena fênix desperta do leito de cinzas.

Aconteceu alguma vez a alguém deste mundo renascer depois da morte? Mesmo que te fosse concedida uma vida tão longa quanto a da fênix, terias de morrer quando a medida de tua vida fosse preenchida. A fênix permaneceu por mil anos completamente só, no lamento e na dor, sem companheira nem progenitura. Não contraiu laços com ninguém neste mundo, nenhuma criança alegrou sua idade e, ao final de sua vida, quando teve de deixar de existir, lançou suas cinzas ao vento, a fim de que tu saibas que ninguém pode escapar à morte, não importa que astúcia empregue. Em todo o mundo não há ninguém que não morra. Sabe, pelo milagre da fênix, que ninguém tem abrigo contra a morte. Ainda que a morte seja dura e tirânica, é preciso conviver com ela, e embora muitas provações caiam sobre nós, a morte permanece a mais dura prova que o Caminho nos exigirá.

PALAVRAS DE UM SUFI A UM FILHO AFLITO PELA MORTE DE SEU PAI

Um filho chorava sobre o caixão de seu pai: "Ó meu pai!", dizia ele, "jamais em minha vida experimentei dor semelhante à que experimento hoje". Um sufi, ouvindo-o, observou-lhe que seu pai havia experimentado, ele também, pela primeira vez, dor bem mais cruciante.

De fato, o que aconteceu a este filho não é nada se comparado ao que sucedeu a seu pai, coisa muito mais penosa. Ó tu que chegaste ao mundo desprovido de tudo, a cabeça coberta de poeira e a mão cheia de vento! Ainda que sentasses no lugar de honra do império, não deixarias este mundo com mais que vento nas mãos.

CONSELHOS DO MORIBUNDO TAI

No momento em que a morte estava bem próxima de Tai, alguém lhe perguntou: "Ó tu que estás na essência do segredo! o que sentes neste penoso momento?" Ele respondeu: "Nada posso dizer acerca de meu estado; medi o vento o tempo todo de minha vida e afinal vou à terra, portanto boa-noite!"

Não há outro remédio para a morte senão acostumar-se a ver de frente o seu rosto. No entanto teus gemidos são o véu que obstrui a visão desse rosto. Todos nascemos para morrer. A vida não permanecerá conosco; devemos submeter-nos. Até mesmo aquele que manteve o mundo sob o selo de seu anel (Salomão), agora sob a terra é somente um mineral. O guerreiro que toca com sua lança o orbe do céu não tardará a ser coberto pela poeira da tumba. Todos os mortos dormem sob a terra; porém, mesmo adormecidos, estão confusos. Vê quão difícil é o caminho da morte; neste caminho a tumba é apenas a primeira estação. Se tivesses conhecimento do amargor da morte, tua doce alma estaria completamente em desordem.

O CRISTO E O CÂNTARO DE ÁGUA

Certa vez Jesus aproximou-se de um riacho límpido e, com as mãos em concha, bebeu da clara água da corrente. Como era doce essa água!, o gosto mais agradável que o orvalho da rosa. Um de seus companheiros encheu um cântaro nesse córrego, e então puseram-se a caminho. Mais tarde Jesus quis beber um gole da água desse cântaro; porém desta vez a água estava amarga. Ele parou, surpreso. "Meu Deus", disse, "a água do riacho é a mesma deste cântaro. Dize-me por que uma é doce como o mel e a outra tão amarga." O cântaro deixou então ouvir estas palavras a Jesus: "Sou um velho. Fui trabalhado mais de mil vezes sob o firmamento de nove cúpulas; por vezes como vaso, outras como cântaro, outras ainda como jarro. Fosse eu moldado mais mil vezes, traria ainda comigo o amargor da morte; ele existe em mim de tal modo que a água que contenho não saberá ser doce".

Ó homem negligente!, penetra enfim o mistério deste cântaro; tenta compreender seu significado, para que não te tornes ingenuamente um cântaro. Perdes a ti mesmo, ó buscador do mistério! Esforça-te para descobri-lo antes que a vida te seja arrebatada, pois se em vida não encontrares a ti mesmo, como poderás, na morte, conhecer o segredo de tua existência? Se durante tua vida não podes conhecer a ti mesmo, na morte não restará traço de tua existência. Se em vida ficas para trás, quando morto estarás perdido. Tu participaste da vida dos homens e, no entanto, não chegaste a ser verdadeiramente homem. Milhares de véus cobrem os olhos desse dervixe: como encontrará ele a si mesmo?

CONSELHO DE SÓCRATES A SEUS DISCÍPULOS[134]

Quando Sócrates agonizava, um de seus discípulos lhe disse: "Mestre, depois de lavar e amortalhar teu corpo, onde devemos enterrar-te?" — "Se me encontrares", respondeu ele, "enterra-me onde quiseres, e até logo. Já que durante os longos anos que vivi não encontrei a mim mesmo, como poderá alguém encontrar-me quando eu estiver morto? Vivi de tal maneira que no momento de minha dissolução não conheço a mais mínima partícula de mim mesmo."

CAPÍTULO XXVII

DESCULPAS DE UM DÉCIMO PRIMEIRO PÁSSARO

Outro pássaro disse à poupa: "Ó tu cuja fé é sincera! As coisas nunca acontecem como espero que aconteçam. Perdi a esperança e não tenho nem um sopro de boa vontade. Passei toda minha vida na dor, desejoso da bola de pólo do mundo. Há tal tristeza em meu coração cheio de sangue que ele não abandona jamais o luto. Estou sempre na estupefação e na impotência e, quando fico contente, ainda estou incrédulo. Em conseqüência de todo esse pesar, tornei-me dervixe; mas estou em dúvida e hesito em entrar no caminho espiritual. Se não estivesse tão triste, meu coração se encantaria com essa viagem; porém meu coração está imerso no sangue. Agora que expus meu caso, dize-me: o que devo fazer?"

---

134. Garcin de Tassy faz saber que alguns manuscritos trazem o nome Hipócrates em vez de Sócrates.

"Ó tu cujo orgulho tornou-te insensato!", respondeu a poupa. "Quão arrogante tu és por pensar que teu destino é tão singular! Estás imerso em autopiedade, e é melhor que te apresses, pois a negligência das coisas espirituais e o amor do mundo passam em um momento. Já que o mundo deve passar, passa tu adiante; abandona-o e não te voltes para olhá-lo, pois o coração que se apega ao que é passageiro não participa da via espiritual."

O SHEIK QUE SE RECUSAVA BEBER

Havia um homem de idéias elevadas e adiantado na via espiritual que, para espanto de seus amigos, recusava-se a beber o que quer que lhe fosse oferecido. Alguém lhe perguntou: "Ó tu que estás na amizade de Deus! por que jamais aceitas a bebida que te oferecem?" — "Diante de mim", respondeu ele, "vejo um homem que, em pé, com os olhos fixos, observa-nos atentamente; vejo a morte pronta a apoderar-se o mais rápido possível da bebida que eu vier a tomar. Com semelhante perspectiva, qualquer coisa que eu bebesse seria veneno para mim. Que bebida poderia ser agradável nestas circunstâncias? Mesmo que fosse um remédio, o conteúdo da taça tornar-se-ia fogo líquido para queimar minha alma."

O que quer que tenha somente um instante de estabilidade, ainda que seja o universo, não vale sequer meio dinheiro. Como ter confiança em uma coisa que dura tão pouco e não é mais que puro nada? Se estás animado por uma nobre ambição, renuncia ao desejo de um momento de prazer, mesmo porque, se obtivesses a satisfação de todos os teus desejos, não poderias desfrutar senão da glória insubstancial de um fantasma; e quando teu estado for obscurecido pelo desapontamento, não te queixes, pois nada deste mundo permanece. Tua pretensa indigência não é a causa de tuas lágrimas, e sim tua paixão pela magnificência. O que é tua aflição comparada à dor que os mártires de Deus sofreram na planície de Karbala?[135] Tua dor e tua aflição são gloriosas, e não aviltantes; o que te parece exteriormente uma pena é, aos olhos d'Ele, um tesouro. A cada uma de tuas respirações Sua bondade se acerca de ti,

---

135. Foi em Karbala que Hussain, filho de Ali e neto do Profeta, foi morto pelas tropas do califa Yazid I, por recusar-se a reconhecê-lo. Conta-se que antes dessa batalha, Hussain e seus seguidores, emboscados e sem água, sofreram grande sede por muitos dias. No aniversário da morte de Hussain muitos muçulmanos recusam beber em comemoração dessa data.

e um amor indizível envolve tudo o que fazes; o mundo inteiro está cheio de bençãos celestiais para te favorecer. Todavia não te lembras desses favores; esqueces a Sua graça, e a negligência faz a amizade parecer afetação sem sentido. Onde está o sinal de teu amor? Da cabeça aos pés, não és mais que a carcaça que envolve um cérebro obscurecido.

UM ESCRAVO AGRADECIDO

Um rei benévolo por natureza deu um dia uma fruta a seu escravo favorito. Este comia a fruta com tal deleite que o rei, sentindo o desejo de prová-la, pediu-lhe um pedaço. O escravo deu-lhe a metade; porém, quando o rei mordeu essa fruta sentiu-a verde e amarga, e franzindo as sobrancelhas expressou seu espanto: "Como pode a fruta que em tua boca parecia tão doce ter agora gosto tão amargo?" O escravo respondeu: "Senhor, tenho recebido tantos presentes de tuas mãos que não encontro motivo em meu coração agradecido para queixar-me porque uma fruta está azeda. Se de tuas mãos me chega a cada instante um tesouro, por que me afligiria somente por este amargor? Tantas são as provas de tua generosidade que, bem sei, devo aceitar tudo o que conferes; nenhum dano pode vir, para mim, de ti".

Ó servidor de Deus! se experimentas dor na via espiritual, recorda-te que isto é um tesouro para ti; a opulência virá, estejas certo, de tudo o que deves suportar. Isto te parece sem sentido? Acaso sabes de alguém experimentado na via espiritual que, marchando com o pé firme nessa via, tenha provado um bocado das coisas celestiais sem que estivesse tingido pelo sangue do coração? Os caminhos de Deus são intricados e estranhos. O que podemos fazer? Aceita o que não pode ser mudado! Enquanto não estiveres pronto para comer juntos o pão e o sal, não poderás partir somente o pão sem despender uma grande energia.

A RESPOSTA DE UM SUFI

Um homem distinto perguntou a um sufi: "Ó meu irmão! dize-me, como passas teu tempo?" — "Vivo numa estufa", respondeu o dervixe, "tenho os lábios secos e a roupa molhada; estou sedento, imundo e manchado de fuligem, e queimo nesta caldeira que os homens chamam mundo. Aqui não tenho sequer o prazer de cortar o pão para comer, pois temo ver cortada minha cabeça. Porém devo conservar minha coragem até a hora de partir."

Se procuras o bem-estar neste mundo, é melhor que adormeças, ou então que repitas o que viste em sonhos. No entanto, se buscas a felicidade, põe-te alerta, a fim de atravessar bravamente a ponte Sirat. A satisfação não está visível no caminho do mundo, pois ela não se encontra aí. A alegria aparente do mundo não pode ser comparada à que procuramos; ela não vale mais que um cabelo. Aqui a alma concupiscente arde como um fogo inextinguível, e nada satisfaz o desejo do coração. Se percorreres o mundo inteiro, ainda assim não encontrarás ninguém que possa testemunhar a própria satisfação.

O SHEIK E A VELHA MULHER

Uma velha mulher disse certa vez ao sheik Mahnah: "Ensina-me uma oração para que eu possa encontrar a felicidade. Tenho sofrido muito, e não posso mais suportar ser presa do desgosto. Dá-me uma prece e eu a farei todos os dias". O sheik respondeu: "Quantos anos eu vaguei à procura do que desejas, até que finalmente encontrei! A fortaleza que procuras é teu joelho: curva-o, aceita, sê humilde. Não encontrarás outra maneira: esse remédio, e somente ele, irá curar-te de tua miséria. Enquanto não aceitares tudo no caminho do amor, como poderás obter o contentamento?"

PERGUNTA FEITA A JUNAID

Alguém sentou-se diante de Junaid e lhe disse: "Ó tu que, sendo escravo de Deus, és livre de todas as maneiras! Dize-me quando poderei obter o contentamento de meu coração". — "Quando perderes teu coração no caminho do amor e aprenderes a aceitar", respondeu ele.

Enquanto não participares da união com o Rei da natureza, o cavalo que arrendaste não te será útil no caminho do contentamento. Deve-se considerar conveniente o extravio do átomo por este não ter a força de suportar a visão do sol? E, estando esse átomo cem vezes submerso em sangue, poderia ele encontrar seu caminho? Enquanto o átomo for átomo, não será mais que átomo; ele não é o que parece ser, seu brilho é tão-somente aparência. Não importa o ângulo de que o olhemos, não deixará de ser átomo, e não a fonte brilhante do sol. O que tem a natureza do átomo, não importa o quanto cresça, permanece teimosamente átomo; porém, se o átomo se perde, deixando-se absorver inteiramente no sol da imensidão, participará, ainda que simples átomo, de sua qualidade eterna. Seja bom ou mau, o átomo, mesmo que se agite durante muito tempo, permanecerá sendo o que é. Ó átomo! tu erras como um homem ébrio e infeliz na esperança de, à força do movimento, alcançar a união com o sol. Ó tu que estás, como o átomo, sem repouso, espero que descubras claramente tua própria impotência!

O MORCEGO EM BUSCA DO SOL

Um morcego dizia certa noite: "Como é possível que eu não possa olhar o sol sequer por um instante? Estive durante toda minha vida mergulhado em cem desesperações, na esperança de um dia perder-me nele. Viajo com os olhos fechados, mas sei que cedo ou tarde alcançarei o meu intento". Um contemplativo de visão penetrante lhe disse: "Ó tu que estás embriagado de orgulho, tens ainda milhares de anos de caminho para chegar ao sol! De que maneira, tu que estás perdido, poderias percorrer esse caminho? Poderia a formiga que permanece no poço chegar à lua?" — "Eu nada temo", respondeu o morcego, "quero voar até descobrir algum rastro do objeto de meu interesse". De fato, o morcego voou durante anos, ébrio e ignorante de notícias do caminho, até que não lhe restaram nem forças nem asas. Por fim, a alma consumida e o corpo exausto, entregou-se à impotência; e como não tinha notícias do sol, disse a si mesmo: "Quem sabe já o ultrapassei?"

Um pássaro inteligente, ouvindo-o, lhe disse: "Sem dúvida estás sonhando, pois nem ao menos vislumbraste o caminho. Mal deste um pequeno passo e pensas já ter deixado o sol atrás de ti, e que é por isso que te encontras privado de tuas asas e de tuas plumas!"

Este discurso desconcertou o morcego, deixando-o completamente aniquilado. Em sua impotência, ele voltou-se para o sol e disse, com a língua de sua alma: "Tu encontraste um pássaro clarividente; de agora em diante não te distancies mais".

CAPÍTULO XXVIII

PERGUNTA DE UM DÉCIMO SEGUNDO PÁSSARO

Outro pássaro disse à poupa: "Ó tu que és nosso guia! O que acontecerá se eu me render a tuas ordens? Não posso, por mim mesmo, aceitar as fadigas que este assunto traz consigo, porém espero que expresses tua vontade. Concordo em obedecer tuas ordens, e se eventualmente eu desviar minha cabeça deverei pagar o preço".

A poupa respondeu: "Tens razão de falar assim; não se pode esperar melhor coisa que isto. Como podes ser teu próprio mestre se te comportas apaixonadamente em relação a um objeto e estás preso a teus gostos e desgostos? Ao contrário, poderás tornar-te teu próprio mestre quando souberes obedecer voluntariamente. Aquele que se submete à obediência está livre das decepções e escapa facilmente de todas as dificuldades. Uma hora de serviço a Deus de acordo com a lei positiva é preferível a uma vida inteira passada de forma independente a serviço do mundo. Por outro lado, aquele que se submete à dor sem haver recebido ordem para isso é como o cão abjeto da rua que se dá ao sofrimento sem tirar nenhum benefício senão maus-tratos, preferindo-os a um dono. Aqueles que não se submetem são acuados pela miséria e perdem-se de seu caminho. Quanto um cão precisa suportar... porém tudo em vão! Mas aquele que na obediência suporta um instante de dor será completamente recompensado. É obedecer esquivar-se da obediência? Se és servidor (de Deus), não te afastes da obediência".

RETORNO DE UM REI A SUA CAPITAL

Um rei devia voltar a sua capital, e os habitantes adornaram a cidade para recebê-lo; cada um de seus súditos, para mostrar sua homenagem à coroa, ajudou a decorar as ruas por onde passaria a comitiva. Quanto aos prisioneiros, que não possuíam absolutamente nenhuma riqueza, empregaram o que tinham: cordas e ferros, cabeças cortadas, membros mutilados, vidas arruinadas. Com tais ornamentos, compuseram um quadro para saudar a passagem de seu monarca. Quando o rei fez sua entrada na capital, viu que a cidade era como uma pintura, porém nada o deteve em sua cavalgada, até que, ao aproximar-se da prisão, ele puxou as rédeas. Desceu prontamente de seu cavalo e permitiu que os prisioneiros se aproximassem; prometeu-lhes sua graça e lhes deu muito ouro e prata. Um cortesão quis conhecer o significado de tal gesto e disse ao rei: "Senhor, revela-me o segredo disto. Pensar que toda a pompa que tu viste — brocados e cetim brilhando em toda parte, almíscar e doce âmbar-gris perfumando o ar, ouro e pedrarias espalhadas sobre o solo — não foi capaz de chamar tua atenção. Tudo viste e tudo desprezaste; sequer voltaste os olhos para todas essas coisas. Por que, ao contrário, paraste diante da prisão para olhar cabeças cortadas? Não há atrativo em ver estas cabeças, pés e mãos decepados. Estes membros são de assassinos; por que deter-se por essa gente?" O rei respondeu: "Os adornos ostentados pelos outros cidadãos fazem parte de um jogo, barulho de crianças jogando com seus novos brinquedos. Cada um exibiu-se como num festival, cuidadoso de agradar mais a si mesmo que a mim. Todos ofereceram o que lhes pertence, cumpriram seu dever e estão contentes de suas habilidades. Por sua vez, estes prisioneiros renderam-me um tributo muito mais meritório. Aqui minha palavra é lei, e estes homens demonstraram-no claramente neste espetáculo feito só para mim. Aqui vejo obediência; teriam eles separado suas cabeças de seus corpos e seus corpos de suas cabeças senão por minha ordem? Aqui encontrei minhas ordens executadas, e é por isso que me detive. Os demais cidadãos entregaram-se apaixonadamente a um faustoso dispêndio de ornamentos e repousaram em sua vaidade; os prisioneiros, porém, foram lançados na agitação e na estupefação, tanto por minhas ordens como pelo respeito que lhes inspirei. Puseram em jogo suas mãos e suas cabeças, o seco e o úmido. Estavam retidos na inação até o momento de ir da prisão ou do poço para o patíbulo. Necessariamente esta prisão é para mim um jardim; sou para os prisioneiros como eles são para mim. Os curiosos podiam deslocar-se para obedecer às ordens; porém, era dever do rei vir visitar a prisão".

RESPOSTA DOS CONTEMPLATIVOS BAYAZID E TARMAZI

Um excelente sábio, o centro e a alma do mundo, dotado das mais excelentes qualidades, contava: "Certa noite vi em sonho Bayazid e Tarmazi que, num caminho, davam-me passagem e tomavam-me por guia. Procurei explicar este sonho de forma satisfatória: por que estes dois sheiks, homens preeminentes, me haviam tratado com semelhante deferência? Recordei-me então de uma distante manhã, quando involuntariamente um suspiro brotou de meu coração. Este suspiro elevou-se e abriu-me o caminho espiritual; moveu a aldrava da porta do Santuário, de forma que ela se abriu. Quando entrei, encontrei-me diante de todos os mestres espirituais e dervixes, que, falando sem se servir da língua, perguntaram-me alguma coisa, exceto Bayazid Bistami. Este levantou-se, sobressaindo-se dos demais: queria ver-me, mas não para inquirir-me. Ele me disse: 'Quando ouvi o suspiro que rasgou teu coração, pensei: Nem isto nem aquilo é justo segundo meu juízo: quando desejo ver-te não me satisfazes, e se te procuro não és homem de te deixar encontrar. O que desejo é seguir tuas ordens, o que tenho no coração é conduzir-me segundo tua vontade. Em mim não há retidão nem desvio, e já que não sou nada, como poderia formular algum desejo? Ao servidor basta cumprir com humildade as ordens que recebe. O que ordenares será suficiente para mim'.

"Por esse discurso entendi então por que os dois sheiks me haviam tratado com tanto respeito, dando-me precedência".

Quando o homem caminha com constância na obediência, atua conforme a palavra de Deus. Não é servidor de Deus aquele que se vangloria de sê-lo; o verdadeiro servidor mostra-se no momento da provação. Submete-te a esta prova, a fim de te fazer conhecer.

OUTRA HISTÓRIA SOBRE ABU SAID HIRCANI

O sheik Hircani falou assim no último momento de sua vida, quando sua alma encontrava-se sobre seus lábios, prestes a escapar: "Quisera Deus abrissem meu corpo e arrancassem dele meu coração queimado, que o mostrassem aos homens e lhes explicassem em que consistem minhas dificuldades. Então eles saberiam que a adoração dos ídolos não convém àquele que conhece os segredos espirituais! Não ajas tortuosamente; renuncia à idolatria. Assim procedendo tornar-te-ás Seu escravo; tudo mais é orgulho. O serviço de Deus consiste na abnegação, sabe-o bem, ó servidor inútil! Porém, longe de servi-Lo, te colocas no lugar de Deus; como poderias então dedicar-te a Ele? Se não és Seu escravo, também não és Sua essência; aniquila-te, e serás um verdadeiro servidor; aceita o sacrifício e vive. Se queres ser o escravo de Deus, sê humilde em teu serviço. Mas quando inclinares a cabeça em sinal de escravidão, sê resoluto e ambicioso na via da honra, inclina-te com dignidade; o rei que vê o escravo encolhido, ignorante de como se comportar, expulsa-o de sua corte para bem longe do tapete real. O Santuário está interdito aos homens tímidos e sem honra. Porém, se combinares verdadeira servidão e dignidade, obterás certamente o favor de ser admitido em Sua corte".

O MANTO DE HONRA DADO A UM ESCRAVO

A um escravo foi dado, das mãos de seu soberano, um esplêndido manto em sinal de honra. Sentindo-se muito importante, o escravo pôs-se a caminhar pelas ruas da cidade ostentando seu magnífico presente. Por acaso a poeira do caminho sujou sua face, e ele, com a manga do manto, apressou-se a limpá-la. Esse gesto foi prontamente percebido por um de seus inimigos, e este invejoso delatou-o. O rei foi informado, e indignado pela negligência de seu servo, fez empalar o insensato.

Sabe portanto que aquele que desonra a si mesmo por uma conduta imprópria não tem valor sobre o tapete do rei.

CAPÍTULO XXIX

PERGUNTA DE UM DÉCIMO TERCEIRO PÁSSARO

Outro pássaro disse à poupa: "Ó tu cujas intenções são puras!, dize-me o que se deve fazer para agir sinceramente na via de Deus. Já que não me é permitido abandonar-me ao ardor de meu coração, consumirei tudo o que tenho para alcançar o meu intento. O que adquiro, perco imediatamente: é espalhado ao vento ou transforma-se num escorpião em minhas mãos. Não estou atado por nenhum laço; esmaguei todas as correntes e entraves do mundo, e nada tenho a temer. Ajo com franqueza na via espiritual, na esperança de ver face a face o objeto de minha adoração".

A poupa respondeu: "Este caminho não está aberto a todo mundo;

somente os justos podem trilhá-lo, e para esta viagem há que se ter a retidão como única bagagem. Aquele que se esforça para comprometer-se neste caminho deve fazê-lo com tranqüilidade e franqueza. Não permitas que teu coração rasgado se apegue a um coração roto; o que está rasgado não deve ser remendado. Melhor, queima inteiramente tudo o que possuis. Todas as tuas posses não valem mais que um cabelo; consigna-as pois ao fogo. Quando tudo for queimado por teus suspiros inflamados, junta as cinzas e senta-te sobre elas; conhecerás então o seu valor. Se assim fizeres, estarás livre de tudo; se não és livre, deverás beber sangue até que o sejas. Enquanto não estejas morto para todas as coisas, não poderás pôr o pé neste pórtico. Uma vez que não ficarás mais que um curto espaço de tempo na prisão do mundo, retira-te de todas as coisas. Quando a morte vier, poderão as coisas que te escravizam deter a terrível mão que te alcançará? Começa retirando primeiro tua mão de ti mesmo; depois procura entrar na via espiritual. Para empreender esta viagem é preciso que, desde o princípio, tenhas sinceridade — e ser sincero consigo mesmo é mais difícil do que pensas".

PALAVRAS ALEGÓRICAS DE TARMAZI

O santo do Turquestão disse um dia: "Amo dois objetos: meu filho e meu cavalo malhado. Se viesse a receber a notícia da morte de minha criança, sacrificaria meu cavalo em ação de graças, pois para minha alma esses dois objetos são como dois ídolos".

Enquanto não te consumires completamente como a vela, não te vanglories ante a assembléia da sinceridade de teu amor. Sabe reconhecer teus erros, teus ressentimentos e tua vaidade; queima-os todos. Aquele que prega esta sinceridade deve renunciar a seus interesses temporais. O homem sincero que come seu pão com avidez recebe por isso mesmo sua retribuição. Não te vanglories de ser mais sincero que os outros; aquele que se orgulha de sua sinceridade deveria lutar para ver a si mesmo como realmente é.

O SHEIK HIRCANI E A BERINJELA

O sheik Hircani, que repousava no trono do próprio Deus, atormentava-se pelo desejo de comer berinjelas, até que um dia expressou esse desejo com tamanha veemência que sua mãe, por afeição a ele, acabou por conseguir a metade de uma berinjela. No momento em que ele mordia a carne desse fruto, seus inimigos raptaram seu filho e cortaram-lhe a cabeça. Naquela noite um dos bandidos, por maldade, colocou a cabeça desse inocente sobre o degrau da porta do sheik, que, ante a horrenda visão, disse: "Por mil vezes foi-me anunciado em presságios que se chegasse a comer mesmo um pouco de berinjela algo desastroso e funesto ocorreria! Este desejo queimava constantemente minha alma e eu não sabia como vencê-lo. Aquele que se deixa subjugar por seus desejos sufoca a própria alma. É algo terrível o que me aconteceu. O homem que foi escolhido pelo Guia deve segui-Lo e jamais desviar-se. Seu serviço é mais terrível que a guerra ou a submissão desonrosa. O sábio nada sabe, seu saber não tem certeza, e toda espécie de ciência não é suficiente. A cada instante chega um hóspede; chega uma caravana e uma nova prova se apresenta. Mesmo que minha alma tenha sido alcançada por cem pesares, ela será sempre sensível ao que ainda lhe resta experimentar. Quem quer que se tenha manifestado para além do abismo do nada deve derramar seu sangue completamente. Milhares de amantes cheios de ardor sacrificam com diligência suas vidas por uma gota do sangue vertido pelo objeto de seu amor. Todas as almas estão ocupadas em derramar o próprio sangue".

HISTÓRIA DO HOMEM DO PEIXE

O homem do peixe (Jonas) disse um dia: "Eu estava no deserto e, confiando-me a Deus, não levava nem bastão nem provisões. No caminho vi quarenta homens cobertos pelo manto dos dervixes que haviam entregado a alma naquele mesmo lugar. Meu espírito turbou-se, e um fogo devorou minha alma em emoção. Gritei: 'Ó Deus! o que vejo? Tantos santos personagens derrubados sobre o pó!' Uma voz celeste disse-me então: 'Nós conhecemos a vida e a morte. Primeiro fazemos perecer esses peregrinos, depois os recompensamos, pagamos o preço de seu sangue'. Eu disse ainda: 'Até quando fareis perecer os homens dessa maneira?' A voz respondeu: 'Quando Meu tesouro não tiver mais amor para dar.[136] Enquanto Eu puder pagar pela morte, ou até que possam pagar-

---

136. Era tradição no Oriente que um assassinato pudesse ser compensado, caso os parentes da vítima aceitassem uma quantia em dinheiro — o preço do sangue. Deus destrói os dervixes e paga esse *crime* com Seu amor.

Me o preço do próprio sangue, eles não viverão! Faço perecer uma pessoa e arrasto-a no sangue; arrasto-a de cabeça para baixo por todo o mundo. Assim que o corpo tenha sido apagado, quando estiver destruído e não mais se puder encontrar sua cabeça, seus pés e mãos, suas paixões e sua mente, então Eu lhe mostrarei o sol de Minha face e o cobrirei com o manto de Minha beleza. Com seu sangue, tinjo-lhe o rosto com a cor da rosa e faço-o permanecer em contemplação sobre a poeira deste caminho. Embora ele esteja com o rosto orvalhado de sangue, caído e sujo de lama, mesmo sendo um asceta faminto, quando, banhado em luz, Eu Me erguer diante dele e mostrar o sol de Minha face, nenhuma sombra permanecerá em Meu caminho. Como a sombra é nada perante o sol, ela se perde nele; porém só Deus conhece a verdade. Aquele que se perdeu salvou-se de si mesmo, não mais poderá ocupar-se de si: foi apagado. De agora em diante não fales ou penses em perder-se; perde-te!, entrega tua alma e não busques benefícios. Eu não conheço maior felicidade para o homem que perder a si mesmo'".

HISTÓRIA ALEGÓRICA

Não conheço ninguém no mundo que tenha participado de felicidade semelhante à que gozaram os magos do Faraó. A felicidade que eles obtiveram compara-se à fé encontrada pelas pessoas de que acabo de falar. Os dervixes estendidos sobre a areia do deserto separaram naquele instante, como os magos, sua alma de si mesmos; e o tesouro que encontraram era a verdadeira fé do Caminho. Ninguém jamais teve tal felicidade como herança. Ao mesmo tempo que colocaram o pé na religião, retiraram-no do mundo; jamais se viu negócio melhor que este, pois sabedoria nenhuma no mundo poderia fornecer direção mais segura ou melhor guia.

CAPÍTULO XXX

PERGUNTA DE UM DÉCIMO QUARTO PÁSSARO

Outro pássaro disse à poupa: "Ó tu que és clarividente!, o que propões é digno de despertar a ambição. Mesmo que eu pareça fraco e desanimado, queimo na chama da nobre aspiração. Ainda que seja pouca a minha força, tenho uma alta ambição".

A poupa respondeu: "O ímã que atrai os afeiçoados à profissão de fé que começa com a palavra *alast* é a elevada ambição que desvela tudo o que existe. Aquele que é animado por esta sublime ambição conhece prontamente tudo o que existe. Quando se possui mesmo um pouco dessa ambição, tudo o que existe está a ela submetido. Diante de um só átomo dessa aspiração até o sol parece obscuro. O ponto capital do reinado do mundo é a ambição; ela é a asa e as plumas do pássaro da alma".

A ANCIÃ QUE QUERIA COMPRAR JOSÉ

Contam que quando José foi posto à venda, os egípcios, ansiosos por ver sua bela face, aglomeraram-se na praça do mercado. Tantos se apresentaram para comprá-lo que seu preço elevou-se a dez vezes o seu peso em almíscar. Entre os compradores encontrava-se uma anciã que havia fiado para aquela ocasião alguns novelos de linha. Toda emocionada, com o coração ensangüentado, ela dirigiu-se ao centro da reunião e disse ao leiloeiro: "Vende-me o cananeu, estou louca pelo desejo que experimento de ter esse jovem a meu lado. Para pagar o seu preço, fiei dez novelos de linha; toma-os e dá-me José; apertemos as mãos e selemos o negócio sem dizer mais palavra". O mercador pôs-se a rir e disse:

"Ó velha criança! te perdes em tua simplicidade. Esta pérola única não é para ti; seu valor é calculado em ouro e pedrarias, e oferecem-me mais de cem tesouros para pagar o seu preço; como podes querer comprá-lo com tuas bolas de linha?" — "Eu bem sei que ninguém venderia este jovem por tão pouco", respondeu a velha, "porém é suficiente para mim que meus amigos e meus inimigos possam dizer: 'Aquela anciã esteve entre os compradores do cananeu, ela fez uma oferta por José naquele esplêndido dia'".

Aquele que não luta não vencerá; o coração que não é animado por uma nobre ambição não alcançará jamais o reino infinito. Foi por essa ambição que o grande príncipe do qual se falará adiante lançou ao fogo o seu reino.[137] Quando viu todos os inconvenientes da realeza temporal, ele considerou a realeza espiritual cem vezes mais preciosa que cem mil realezas terrenas. Queimou tudo o que possuía, e quando todos os seus bens desapareceram, mil reinos brotaram em seu lugar. Sua ambição desenvolveu-se em completa pureza de intenção e ele desgostou-se de todo reinado impuro. De fato, quando o olho da ambição vê o sol, como poderia apegar-se a um átomo?

HISTÓRIA SOBRE IBRAHIM ADHAM

Ibrahim Adham disse um dia a um indivíduo que se queixava sem cessar de sua pobreza: "Meu filho, acaso não esqueceste de pagar alguma coisa por tua pobreza?" — "Teu discurso não tem sentido", respondeu o homem, "deves estar confuso. Pode alguém comprar pobreza? E, caso pudesse, quereria fazê-lo?" Adham respondeu: "Eu a escolhi voluntariamente, comprei-a ao preço do reino do mundo. Compraria ainda um único instante dessa pobreza pelo preço de cem mundos, pois a cada dia ela me é mais conveniente. Quando encontrei esta preciosa mercadoria, disse adeus à realeza. Conheço o valor da pobreza, enquanto tu o ignoras; a ela sou reconhecido, ao passo que tu a desconheces. As pessoas de ambição espiritual renunciam a sua alma e seu corpo, lançam-se ao fogo e contentam-se em arder durante anos inteiros. O pássaro da ambição chega a Deus elevando-se acima das coisas temporais, bem como das coisas espirituais. Se não és homem de semelhante ambição retira-te, pois não és digno de ter parte na Graça".

137. Menção a Ibrahim Adham, que abdicou de seu reinado para tornar-se faquir (conforme a história seguinte. V. também o índice biográfico).

O SHEIK GAURI E O REI SANJAR

O sheik Gauri, que estava inteiramente identificado com Deus, abrigou-se um dia sob uma ponte com um grupo de loucos (de amor a Deus). O rei Sanjar, que passava fortuitamente por ali em grande pompa, perguntou: "Quem é a gente sob esta ponte?" O sheik respondeu: "São pessoas que não têm pé nem cabeça; estão perdidos na contemplação de Deus, e o estado de todos nós não deveria ser diferente. Se queres ser nosso amigo, te arrebataremos rápida e totalmente do mundo. Se, ao contrário, és nosso inimigo, te excomungaremos e te tiraremos do caminho da religião. Considera pois nossa amizade e nossa inimizade. Põe o pé adiante e estarás, como nós, desonrado perante o mundo. Junta-te a nós sob esta ponte e encontrar-te-ás liberto, num instante, do vão resplendor que te rodeia e de toda concupiscência".

Sanjar lhe respondeu: "Não sou o vosso homem; não mereço nem vossa amizade nem vosso ódio. Não sou vosso amigo nem vosso inimigo; de vós não tiro honra nem desonra; diante de vós não tenho orgulho nem vergonha, e não me concerne o que podeis fazer de bem ou de mal. Meu coração está dirigido a outro fim; afasto-me de vós para que minha colheita não seja queimada".

A ambição vem como um pássaro de asas ligeiras, cada vez mais rápido em seu curso. Porém se este pássaro deixa-se levar por seu vôo, como poderá responder à atração divina? Como chegará ao segredo de sua criação? Sua marcha deve ir além dos horizontes da existência, pois este segredo está ao mesmo tempo acima da razão e da embriaguez.[138]

O MUNDO SEGUNDO UM SUFI

Um louco de Deus chorava abundantemente no meio da noite e dizia: "Eis aqui o que é o mundo conforme eu o vejo: é um cofre fechado onde estamos encerrados, entregues sem medida à loucura, perdidos na escuridão de nosso pecado e de nosso orgulho. Quando a morte levanta a tampa deste cofre, aquele que tem asas voa até o dia eterno. Porém,

---

138. Esta história é na verdade um diálogo entre duas correntes sufis, isto é, entre a corrente dos sóbrios e a dos embriagados (v. a nota *132*).

aquele que está desprovido de asas permanece no cofre, presa de mil angústias".

Dá pois ao pássaro da ambição espiritual a asa do sentido místico; dá coração à razão e êxtase à alma. Antes que tirem a tampa dessa caixa, faze-te pássaro do caminho espiritual e estende tuas asas e tuas plumas, ou então faz melhor ainda, queima tuas asas e tuas plumas e, para chegar antes de todos, destrói a ti mesmo pelo fogo.

CAPÍTULO XXXI
PERGUNTA DE UM DÉCIMO QUINTO PÁSSARO

Outro pássaro disse à poupa: "Se o rei de que falamos tem como herança a justiça e a fidelidade, Deus também me deu retidão e integridade, e não me faltou jamais eqüidade para com quem quer que seja. Quando todas essas qualidades encontram-se reunidas em um indivíduo, que posição ele deverá ocupar no conhecimento das coisas espirituais?"

"A justiça é o rei da salvação", respondeu a poupa. "Aquele que é eqüitativo está a salvo da futilidade. De fato, mais vale observar a eqüidade que passar uma vida inteira nas prosternações e genuflexões do culto exterior; e histórias de pródiga generosidade são menos que um único ato justo praticado secretamente. Mesmo a liberalidade não é preferível, nos dois mundos, à justiça que se exerce em segredo, e aquele que a pratica abertamente dificilmente estará isento de hipocrisia. Quanto aos homens da via espiritual, não pedem a ninguém que se lhes faça justiça; recebem-na, porém, generosamente de Deus."

HISTÓRIA SOBRE O IMAM HAMBAL

Ahmad Hambal era o *imam* de seu século, homem célebre e sábio, cujo mérito estava além de todo elogio. Quando ele queria descansar de sua ciência e de sua dignidade, procurava a companhia de um mendigo descalço. Alguém, vendo-o com este homem, pôs-se a censurá-lo por isso: "Tu és o *imam* do mundo; nenhum homem é mais sábio que tu, a ponto de não te submeteres à opinião de ninguém; todavia, estás aqui a ouvir este homem de pés descalços e cabeça descoberta".

"É verdade", respondeu Ahmad Hambal, "que arrebatei a bola de pólo nos *hadiths* e na Sunna e tenho muito mais ciência que este homem de pés nus; porém ele conhece Deus melhor que eu."

Ó tu cuja injustiça te faz ignorante! Admira um instante ao menos a integridade daqueles que têm os olhos fixos na via espiritual. Considera bem essa ação antes de reivindicares uma justiça que não merece este nome.

O REI HINDU PRISIONEIRO DE MAHMUD

Os indianos tinham um velho rei que foi feito prisioneiro pelo exército de Mahmud. Quando o conduziram à presença deste último, o velho homem acabou por converter-se à fé do Islam. Conheceu então o amor de Deus e renunciou aos dois mundos. Sozinho, sentou-se numa tenda; e, enquanto assentava-se no amor, seu coração se elevou. Esteve noite e dia nas lágrimas e no ardor, o dia mais que a noite e a noite mais que o dia. Como seus gemidos eram profundos, Mahmud acabou por ouvi-los. Chamou-o para perto de si e lhe disse: "Eu te darei cem reinos preferíveis àquele que perdeste. Tu és rei, não te desconsoles dessa forma; deixa, doravante, de chorar e de te lamentar". — "Ó padixá!", respondeu o rei hindu, "não é meu reino conquistado por tua espada nem minha dignidade o que me faz chorar; choro porque amanhã, no Dia da Ressurreição, Deus, o verdadeiro detentor da glória, me interrogará e dirá: 'Ó homem sem lealdade nem fidelidade! Semeaste contra Mim o grão da injúria, e até que Mahmud te atacasse valentemente com um mundo de cavaleiros não te recordaste de Mim. Como pôde isto ser possível? Como pudeste abandonar dessa maneira a linha da fidelidade? Não foi assim que agiste quando tiveste de reunir um exército para ti mesmo contra um outro. Foi necessária a força de um exército para fazer mudar teu coração. Devo então chamar-te amigo ou inimigo? Até quando haverá fidelidade de Minha parte e ingratidão da tua? Tal conduta não é permitida em toda a justiça'. Pois bem, se chego a ouvir tal discurso da parte de Deus, o que poderei responder em minha defesa? Qual o preço que deverei pagar por minha infidelidade? Ó jovem rei!, é esta a vergonha que experimento e a turbação que sinto. Se não podes entender meus temores, não conhecerás a razão das lágrimas de um velho".

Escuta as palavras da justiça e da fidelidade, ouve a leitura do *diwan* das boas obras. Se tu és fiel, aceita o convite para esta viagem; se não, fica onde estás e retira tua mão desta empresa. Aquele que não se encontra no índice da fidelidade não poderá ser lido no capítulo da generosidade; o homem sem fé não tem lugar em nenhuma página do livro de nossa peregrinação.

O GUERREIRO MUÇULMANO E O CRISTÃO

Um guerreiro muçulmano pediu, durante o combate contra um infiel, algum tempo para fazer suas orações. O inimigo concedeu, e então o guerreiro fez a sua prece. Depois recomeçaram a luta, e esta continuou vivamente até que o infiel, que também tinha uma prece a fazer, pediu por sua vez uma trégua. Retirando-se um pouco, escolheu um local apropriado e inclinou a cabeça ante uma imagem. Quando o guerreiro muçulmano viu a cabeça de seu adversário sobre o pó da estrada, disse para si mesmo: "Eis minha chance de obter a vitória". Quis então, à traição, golpeá-lo com sua espada; porém uma voz celestial lhe fez ouvir estas palavras: "Ó homem desleal que desconhece seus compromissos! É assim que pretendes exercer a fidelidade e cumprir tua palavra? Esse infiel manteve embainhada a espada quando, na primeira vez, concedeu-te uma trégua; se o golpeares agora, será verdadeiramente um crime e uma loucura. Não lestes as palavras do Corão, 'Executa fielmente tuas promessas'?[139] Queres amaldiçoar a palavra que deste e faltar a teu compromisso? Já que esse infiel agiu com generosidade para contigo, que esta não te falte para com ele; queres oferecer o mal em troca do bem? Faz por ele o que ele fez por ti. A lealdade desse infiel te tranqüilizou; tem fidelidade para com ele, uma vez que és um verdadeiro crente. Tu és muçulmano e não és digno de confiança! tu és, quanto à fidelidade, inferior a um infiel".

A estas palavras o guerreiro muçulmano deteve-se e inundou-se de lágrimas da cabeça aos pés. Quando o infiel percebeu que seu adversário, imobilizado com a espada à mão, chorava sem cessar, perguntou-lhe

---

139. Sura XVII, versículo 34.

a razão daquele estado. O muçulmano, envergonhado, confessou-lhe a verdade: "Uma voz celestial acaba de interpelar-me, chamando-me infiel em relação a ti. Se me vês assim estupefato, é porque fui vencido por tua generosidade".

Assim que o infiel ouviu essas palavras, lançou um grito e desfez-se em lágrimas, dizendo: "Se Deus faz, a favor de Seu inimigo culpável, semelhante reprimenda a Seu amigo a respeito da fidelidade às promessas, poderei continuar agindo com deslealdade para com Ele? Expõe-me os princípios da religião do Islam, para que eu possa abraçar a verdadeira fé e, queimando o politeísmo, adotar os ritos da Lei. Oh! como lamento a cegueira que impediu-me até agora de pensar em tal Mestre!"

Ó tu que negligenciaste a busca do único objeto digno de teus desejos e que faltaste grosseiramente à fidelidade que Lhe é devida! Penso que chegará o momento em que o Céu confrontará tuas ações, enumerando-as uma a uma em tua presença.

JOSÉ E SEUS IRMÃOS

Os dez irmãos de José, para fugir da fome que assolava seu país, viajaram muito e acabaram por chegar à presença de seu irmão. Desolados, contaram sua situação e pediram auxílio contra a dureza daquele ano. O rosto de José estava coberto por um véu, e diante dele havia uma taça. José golpeou então fortemente a taça com sua mão, e esta deixou ouvir um som semelhante ao gemido de uma alma em aflição. "Vós sabeis", perguntou José, "qual o significado deste som?" Os dez irmãos, consternados, soltaram então suas línguas ante José e lhe disseram: "Ó Aziz! (poderoso), tu que conheces a verdade! quem no mundo poderia dar significado ao ruído que sai da taça?" Então José disse: "Eu conheço o significado; este som fala de vós; porém não poderíeis suportar sua mensagem, pois fala de um vosso irmão notável por sua beleza, e que por sua excelência era certamente quem levava a bola de pólo. Este som fala de José, cuja bondade, para vossa vergonha, obscureceu vossas presenças".

Então José golpeou novamente a taça, dizendo: "Esta taça revela que todos vós lançastes José num poço; depois culpastes um lobo inocente e o matastes para embeber de seu sangue a túnica de vosso irmão, fazendo crer a vosso pai que o pobre animal o havia devorado".

José golpeou uma vez mais a taça, fazendo-a produzir um outro som.

"Esta taça", disse então, "faz saber que os irmãos de José atiraram seu pai no fogo do pesar e venderam o amado José.

"Se agiram dessa forma, o que não fariam hoje a seu irmão estes infiéis? Temei ao menos a Deus, vós que estais presentes!"

Assombrados com esse discurso, os dez homens que haviam vindo para pedir pão emudeceram e, de medo, banharam-se em suor. Quando deram José ao mercador de ouro era a si mesmos e ao mundo todo que vendiam; e quando decidiram atirá-lo no poço encerraram a todos no poço da aflição.

Quem quer que ouça esta história e, por não saber a quem se aplica, não tira proveito dela está completamente cego! Não tomes este relato com indiferença, pois tudo isto não é senão tua própria história, ó ignorante! Se continuas cometendo faltas por infidelidade é porque não foste iluminado pela luz do conhecimento; quando a taça de tua vida for golpeada, teus atos censuráveis serão então revelados. Espera que o som dessa taça te desperte de teu sono, e que cessem assim as tuas más inclinações. Espera até amanhã, quando tuas injustiças e pecados te serão expostos. Quando distinguires nitidamente com teus ouvidos o som dessa taça, ignoro se conservarás teu espírito e tua razão. Ó tu que tens agido como a formiga aleijada apanhada no fundo de uma taça!, quantas voltas já destes, cabeça baixa, ao redor da taça (do céu)? Deixa de agir assim, o sangue enche tua taça. Se permaneces embriagado pelo conteúdo dessa taça, a cada instante ouvirás um novo som. Estende tuas asas e olha mais longe, ó tu que conheces a verdade!, uma voz te chama além da borda: segue-a, do contrário não terás nada a fazer senão enrubescer de vergonha aos sons da taça.

CAPÍTULO XXXII

PERGUNTA DE UM DÉCIMO SEXTO PÁSSARO

Outro pássaro perguntou à poupa: "Ó tu que és nosso líder! Diante de tal majestade, será permitida a audácia? Parece-me que aquele que tem audácia está livre de muitos temores. Uma vez que tens a audácia necessária, fala, reparte as pérolas da inteligência e dize-nos os segredos".

"Todo homem digno e de valor", respondeu a poupa, "é o *mahram* do segredo da Divindade. Se ele emprega audácia, está em seu direito, pois é amparado pela inteligência dos segredos de Deus. Sem audácia, de que forma poderia o homem que conhece estes segredos e os compreende divulgá-los? Para que servem constrangimento, reserva ou timidez quando se é guiado pelo puro amor? Então, ao menos um pouco de audácia é permitida. Poderia o cameleiro, por sua condição obrigado a manter-se distante da corte, ser o confidente do rei? Mesmo distante é melhor que ele seja audacioso como a gente do segredo, e tampouco ficará para trás quanto à fé e a alma. O ignorante, é verdade, não pode participar dos segredos de nosso rei. Se alguém ousa arremedar as maneiras do iniciado, não faz outra coisa senão estupidamente imitar; é como o soldado barulhento e indisciplinado que corrompe as fileiras. Pode o libertino, no exército, ter a coragem da audácia perante seu rei? Ao contrário, o verdadeiro dervixe, mesmo que desconheça as coisas do Céu, experimentará, no caminho espiritual, uma alegria que lhe proverá de confiante audácia. O homem que está na via do autoconhecimento deve saber a ocasião de ser audacioso, e não deixar-se morrer por falta de esforço. Aquele que é audaz por excesso de amor vê a *Rab* (o Senhor) em todas as coisas; na loucura produzida pela agitação do amor ele caminhará acima da água impelido por seu próprio ardor. Sua audácia será então boa e louvável, porque esse homem, louco de amor, é como o fogo. Porém, pode-se encontrar a salvação no caminho do fogo? E, no entanto, pode-se censurar o insensato? Ninguém pode esperar discrição de uma chama, e os loucos estão além de culpa ou reprovação. Quando a loucura chegar manifestamente a ti, não se compreenderá as coisas que dirás."

UM LOUCO EM DEUS E OS ESCRAVOS DE 'AMID

Houve um tempo em que o Khorassan gozava de grande prosperidade, sob a sábia regência do príncipe 'Amid. Ele era servido por cem escravos turcos de faces brilhantes como a lua cheia e que tinham o talhe do cipreste, pernas de prata e cabelos de almíscar. Todos usavam na orelha pérolas cujo reflexo iluminava a noite fazendo-a parecer dia; seus turbantes eram do mais fino brocado, e ornamentos de ouro ora escondiam ora revelavam a prata de seus corpos. Brilhantes gemas adornavam seus cinturões, e um cavalo branco levava cada escravo como se ele fosse um conquistador. Quem quer que visse o rosto de um só desses jovens guerreiros entregava-lhe prontamente seu coração e sua alma.

Por acaso um louco faminto, descalço e coberto de farrapos, avistando ao longe esse exército de jovens, perguntou: "O que é esta cavalgada de huris?" O chefe dos magistrados da cidade deu-lhe uma resposta exata. "Estes jovens", disse ele, "são os pajens de 'Amid, o príncipe da cidade". Assim que o idiota de Deus ouviu essas palavras, o vapor da loucura subiu-lhe à cabeça, e ele disse: "Ó Deus! Tu que possuis o glorioso dossel, olha para baixo, para Teu nobre globo, e aprende de 'Amid como tratar Teus servidores!"

Se tu és como este louco, está bem!, a audácia te é permitida; abandona a timidez e eleva-te como a árvore delgada. Porém, se ainda não tens nenhuma folha, guarda-te de ser audacioso e não gracejes. A audácia dos loucos de Deus é uma boa coisa; tais homens são como mariposas, ambiciosas pela chama que as queima. Eles vêem somente sua meta e não podem dizer se o caminho é bom ou ruim; eles não conhecem outra maneira de agir.

HISTÓRIA SOBRE OUTRO LOUCO ESPIRITUAL

Um outro louco caminhava, nu e faminto, ao longo de uma estrada deserta. Era inverno, e o pobre louco estava completamente molhado pela chuva e pela neve, pois em seu caminho não havia nenhum abrigo. Afinal, depois de muito caminhar, deparou-se com um palácio em ruínas e para lá correu em busca de refúgio. Porém, assim que esse homem pôs o pé fora do caminho e entrou nas ruínas, uma telha caiu sobre sua cabeça e abriu-lhe o crânio, de modo que o sangue jorrava como um riacho. Então esse homem voltou seu rosto em direção ao céu e disse: "Não seria melhor bater o tambor real que golpear minha cabeça com uma telha?"[140]

A SENTENÇA DO ENGENHEIRO DO CANAL

Um homem desprovido de recursos, que vivia no fosso cavado para um canal, pediu emprestado o asno de seu vizinho para ir até o moinho. Lá chegando, o pobre homem adormeceu sobre a pedra do moinho. Enquanto dormia profundamente o asno fugiu, e durante a noite foi devorado por um lobo. No dia seguinte, o dono do asno reclamou o seu preço, e os dois homens colocaram-se em litígio. Foram ao engenheiro do canal e, contando o caso, perguntaram-lhe quem devia reembolsar o dinheiro referente ao animal. "Sem dúvida", respondeu o engenheiro, "é ao lobo faminto que vagueia na planície deserta que deveis reclamar; é a ele justamente que cabe pagar o preço do asno".

Ó Deus!, é certo que o lobo fará essa retribuição, pois não é retribuição tudo o que ele faz?

Assim como as nobres jovens do Egito desmaiavam ao ver a face radiante do querido José, o êxtase é refletido no coração do louco de Deus. Que há pois de assombroso no êxtase de um louco ante a visão de um palácio? Enquanto ele estiver nesse estado excepcional não olhará nada, quer esteja à sua frente ou às suas costas; imerso na pura identidade, dirá tudo de si e para si, buscará tudo de si mesmo e para si mesmo.

ORAÇÃO DE UM LOUCO ANTE UM FLAGELO

A fome sobreveio de repente no Egito, e os homens pereciam pedindo pão. Jaziam moribundos em todos os caminhos, devorados pela fome, meio vivos, meio mortos. Um louco, vendo aquela desgraçada situação, ou seja, que os mortos sobrepujavam o número dos vivos e o pão

---

140. Alusão ao costume dos soberanos orientais de ter um tambor ou um gongo à porta de seus palácios para anunciar a chegada de pessoas eminentes.

não chegava, disse então (dirigindo-se a Deus): "Ó Tu que possuis os bens do mundo e da religião, se não podes alimentar todos os homens, cria-os em menor número!"

Quem quer que seja audaz nesta corte deverá desculpar-se quando voltar a si. Se diz algo inconveniente e que não seja exato, saberá humildemente pedir perdão.

HISTÓRIA DE OUTRO LOUCO DE DEUS

Um sufi louco no amor a Deus tinha o coração ensangüentado, pois era continuamente atormentado por meninos que lhe atiravam pedras. Por fim, foi refugiar-se numa construção abandonada, recostando-se a um canto. Porém havia ali um desvão de telhado, e o granizo caía justamente sobre sua cabeça. O *majnun*, tomando o granizo por calhaus, soltou loucamente sua língua e injuriou aos que, ele pensava, atiravam-lhe pedregulhos. Como a casa estava escura, ele de fato acreditava que os meninos continuavam a atirar-lhe pedras; porém o vento abriu uma porta e o lugar iluminou-se. Então, quando o homem pôde distinguir o granizo, sentiu o coração apertar-se por causa das injúrias que proferira e pediu perdão por suas palavras insensatas: "Ó Deus!", gritou, "a escuridão desta casa enganou-me. Que caiam sobre minha cabeça todas as tolices e injúrias que disse!"

Se o *majnun* comporta-se dessa maneira, não te ponhas em contradição com Deus. Se esse homem te parece bêbado e sem razão, controla teu escárnio, pois ele vive sem repouso, sem amigo, sem coração. Sua vida passa-se na inação, e no entanto cada instante apresenta-lhe um novo motivo de turbação. Afasta tua língua do elogio do enamorado e do insensato; não obstante, desculpa-os. Não julgues sua conduta, e não reproves aqueles que entregaram suas vidas à loucura do amor. Se conhecesses os motivos secretos dos que são cegos à luz, sem dúvida tu os desculparia.

HISTÓRIA SOBRE O SHEIK WACITI

Waciti caminhava um dia a esmo, curvado pela fadiga e imerso na estupefação, quando seus olhos detiveram-se nas tumbas dos judeus, e seus pensamentos nos melhores dentre eles. "Estas almas", disse em voz alta, "foram perdoadas e libertadas. Sua fé é bem desculpável; porém não se poderia expressar esta opinião publicamente, esta é uma verdade que não pode ser ensinada."

Um *cazí*,[141] ouvindo estas palavras, enfureceu-se e intimou Waciti a comparecer ante o tribunal. Como aquelas palavras não lhe pareciam convenientes, esse juiz exigiu uma retratação; porém Waciti recusou-se terminantemente, dizendo: "Vosso governo acusa os judeus de infidelidade. Se essa desgraçada nação não está dispensada de tua ordem de entrar para a via do islamismo, ela sem dúvida já o foi por ordem do Deus do Céu".

CAPÍTULO XXXIII

PERGUNTA DE UM DÉCIMO SÉTIMO PÁSSARO

Um outro pássaro disse à poupa: "Enquanto eu estiver vivo, o amor do Ser eterno me será querido e agradável. Separado de tudo, permaneço longe de tudo, porém não abandono o pensamento de amar este Ser misterioso. Vi todas as criaturas do mundo e, longe de ligar-me a alguma, desapeguei-me de todas. Somente me ocupa a loucura do amor, e isto me é suficiente. Uma tal loucura não convém a todo mundo. Eu empenho minha alma no amor a este amigo; porém sinto que não conseguirei chegar à minha meta. É chegado o tempo em que devo apagar os traços de minha vida, libertar minha alma a fim de poder compartilhar da taça de vinho de meu bem-amado. Então tornarei luminoso, por sua beleza, o olho de meu coração, e minha mão tocará seu pescoço em penhor de união".

"Não será nem por pretensões nem por vanglórias", respondeu a poupa, "que chegarás a ser comensal do Simorg no Cáucaso. Não exaltes tanto e tão amplamente o amor que crês sentir por ele, pois não é dado a todos possuí-lo. É necessário que o vento da felicidade se eleve para afastar o véu da face desse mistério. Então o Simorg te atrairá à sua via e te dará assento, somente a ti, em seu harém. Se tens a pretensão de ir a esse lugar sagrado, não esqueças que teu principal cuidado deve ser

---

141. *Caziasker*: oficial de justiça, juiz.

alcançar o sentido das coisas espirituais, pois sem reciprocidade teu amor pelo Simorg seria para ti somente tormento. Para tua felicidade é preciso que o Simorg demonstre, ele também, o seu amor."

O SONHO DE UM DISCÍPULO DE BAYAZID

Na mesma noite em que Bayazid deixou o palácio do mundo, um de seus discípulos viu-o em sonhos e perguntou a esse excelente *pir* como havia escapado de Munkir e Nakir.[142] "Quando esses dois anjos me interrogaram", respondeu o sufi, "a mim, desgraçado, a respeito do Criador, eu lhes disse: 'Esta pergunta não tem propósito, e não poderá trazer proveito nem a mim nem a vós, pois se digo 'Ele é meu Deus e eis tudo', esta resposta não exprimirá mais que um desejo de minha parte. Melhor seria se retornásseis a Deus e Lhe perguntassem o que Ele pensa de mim. Se Ele me chama Seu servidor, esta é minha ocupação: sabereis que de fato o sou. Caso contrário, é evidente que Deus me abandona às amarras que me aprisionam. Não é fácil obter a união com Deus. À espera do chamado, o escravo é mudo. De que me serviria chamá-Lo 'meu Senhor'? Se Ele não aceita meu serviço, como poderia pretender tê-Lo por amo? É verdade que inclinei minha cabeça ante Seu poder, mas é necessário ainda que Ele me chame Seu escravo.'"

Se o amor vem de Sua parte, isto é uma prova de que és digno desse amor; porém quando o amor vem de tua parte, é somente porque te convém. Se Deus une-se voluntariamente a ti, tu podes, com justiça, ser como o fogo por causa de teu contentamento. A esse respeito é Deus quem tudo pode, e não o homem: são Suas palavras que importam e não as tuas, sabe-o bem, ó tu que não tens méritos! Como poderá aquele que ignora as coisas espirituais encontrar o sentido de minhas palavras?

O DERVIXE ARDENTE DE AMOR A DEUS

Um dervixe estava atormentado pela violência do amor e agitava-se como a chama por causa de sua paixão. Sua alma era devorada pelo fogo de seu amor, e as chamas de seu coração queimavam a sua língua. O incêndio corria do espírito ao coração, e assaltavam-no as dores mais

---

142. Dois anjos que questionam os mortos em sua fé. Ainda segundo a escatologia muçulmana, o falecido tem um assessor que lhe sopra ao ouvido as respostas corretas.

atrozes. Enquanto prosseguia em seu caminho, chorava, deixando ouvir entre gemidos estas palavras: "O fogo do amor queima minha alma e meu coração; como poderei chorar quando este fogo houver consumido também minhas lágrimas?"

Uma voz do mundo invisível lhe disse: "Deixa, de agora em diante, de ter essas pretensões. Por que proferir tais absurdos com relação a Deus? Como esperas aproximar-te d'Ele dessa maneira?" — "Como poderia eu aproximar-me d'Ele?", falou o dervixe, "é Ele quem se aproxima de mim. Pensas que eu ajo assim por mim mesmo? Foi Deus, Ele mesmo, quem produziu estes sentimentos em mim, e é por isso que choro. Poderia um ser como eu ter a audácia e a temeridade de pretender ter como amigo alguém como Ele? Que fiz eu? Quanto a Ele, fez o que fez, eis tudo. Quando meu coração fica ensangüentado, é Ele quem bebe o sangue."

Quando Ele te acolher e te receber em audiência, tem cuidado de não pôr em tua cabeça nada de ti mesmo. Quem és tu para que, neste assunto, estendas um só instante teu pé fora do humilde tapete dos dervixes? Se Deus joga contigo o jogo do amor, ó filho meu!, Ele joga com Sua obra. Quanto a ti, não és nada e não podes nada; porém a proximidade da criatura com o Criador apagará tua nulidade. Se te colocas adiante de ti mesmo, te libertarás ao mesmo tempo da religião e da vida e, unindo-te a Deus, não terás necessidade da fé exterior ou de tua individualidade.

MAHMUD NA SALA DE BANHOS

Uma noite, tendo o coração apertado, Mahmud procurou a casa de banhos da cidade. Embora já fosse tarde, o homem que alimentava as chamas da fornalha recebeu-o convenientemente, fazendo-o sentar sobre as cinzas e espalhando brasas pela sala para aquecê-la; depois apressou-se em oferecer-lhe um pouco de pão velho e ressequido. O rei estendeu suas mãos e comeu avidamente. Depois, saciado, pôs-se a pensar: "Se esta noite este foguista houvesse recusado receber-me eu mandaria executá-lo. Quando ele souber quem realmente sou, implorará, sem dúvida, por sua cabeça". Finalmente, quando o rei preparava-se para partir, o pobre homem lhe disse: "Não tenho muito a oferecer-te. Viste este lugar e conheceste minha cama, minha comida e meu palácio; foste inesperadamente meu convidado: não me avisaste nem me pediste. Porém, se a mesma coisa te ocorrer outra vez, vem prontamente, coloca rápida e energicamente o pé no caminho. Ainda que não me ames, estou contente; ordena ao atendente dos banhos que estenda bem as brasas. Na realidade, eu não sou nem mais nem menos que tu. No entanto, como poderia, em minha abjeta posição, comparar-me a ti?"

O rei do mundo ficou impressionado com aquela linguagem e sete vezes mais voltou a ser o comensal daquele homem. Na última vez, Mahmud incitou o homem dos banhos a pedir-lhe algo. "Sou um mendigo", respondeu ele, "e se viesse a pedir qualquer coisa ao rei, ele não me concederia." — "Pede o que quiseres", insistiu Mahmud, "mesmo que seja deixar esta estufa para tornar-te rei." — "Desejo somente que o rei seja às vezes meu hóspede", respondeu o outro, "minha realeza consiste em ver o seu rosto; a coroa de minha cabeça é a poeira de seus pés. Senhor, com tuas mãos distribuis muitas graças; porém não podes oferecer nada mais valioso além daquilo que já me concedeste. O que me aconteceu jamais aconteceu a nenhum escaldador de banhos, pois estar nesta sauna sentado próximo a ti vale mais que ser rei num jardim sem ti. Foi nesta estufa que me chegou a felicidade, seria pois uma infidelidade deixá-la; neste lugar reuni-me a ti; como poderia eu trocar este momento de felicidade pelo reino dos dois mundos? Por tua presença esta estufa iluminou-se; o que existe melhor que tu mesmo que eu possa pedir-te? Que pereça a alma daquele cujo coração inquieto possa preferir qualquer coisa a ti! Não desejo nem a realeza nem o império; o que desejo de ti é tu mesmo. Não me dês a realeza, basta-me que tu sejas rei; peço-te somente que venhas ser meu hóspede de vez em quando."

O amor d'Ele é necessário, eis aqui o fato, porém o teu Lhe é pesado e incômodo. Se amas a Deus, busca também ser amado por Ele. Se o amor agita teu coração, apega-te firmemente à barra de Seu manto. Ele é um oceano, e pede de ti não mais que uma gota. Enquanto alguns buscam esse amor sempre antigo e sempre novo, outros desejam dois óbolos de dinheiro sonante do tesouro do mundo: eles desconhecem o que possuem, pedem uma gota de água enquanto o Oceano está à sua disposição.

OS DOIS AGUADEIROS

Um aguadeiro carregado de seu líquido viu diante de si um outro aguadeiro, e prontamente pediu-lhe um pouco de água. Porém este último lhe disse: "Ó tu que desconheces as coisas espirituais! Se tens tua água, por que não a bebes?" O outro respondeu: "Dá-me água, tu que estás de posse da ciência espiritual! pois estou enfastiado de minha própria água".

Adão tinha o coração farto das velhas coisas, e isto incitou-lhe o desejo do trigo, coisa nova para ele.[143] Ele vendeu todo o antigo por um pouco de trigo; queimou tudo o que tinha por causa daquele grão. Tornou-se caolho e não enxergava mais que uma única coisa. A dor do amor elevou-se de seu coração para sua cabeça; o amor veio e golpeou para ele a aldrava da Porta. Quando foi aniquilado no brilho do amor, as coisas velhas e as novas desapareceram de uma só vez, assim como ele próprio. Quando não lhe restou mais nada, agiu sem nada; jogou o que possuía por nada. Porém não é dado nem a mim nem a todo mundo estar enfastiado de si e morrer completamente para si mesmo.

CAPÍTULO XXXIV

PERGUNTA DE UM DÉCIMO OITAVO PÁSSARO

Um outro pássaro disse à poupa: "De minha parte, creio que já adquiri toda a perfeição de que sou capaz; tornei-me abnegado e devoto graças às penosas austeridades que sofri. Uma vez que obtenho aqui o resultado que desejo, me é difícil deixar este lugar. Acaso já viste alguém abandonar um tesouro para errar penosamente na montanha e na planície?"

A poupa respondeu: "Ó caráter diabólico e cheio de orgulho! Tu que estás atolado no egoísmo e tens medo de agir, foste seduzido por tua imaginação, e mais e mais te distancias do campo do conhecimento das coisas divinas. A alma concupiscente triunfou sobre teu espírito; o diabo roubou teu cérebro, e o seu trono é agora tua mente complacente. O orgulho amparou-se em ti e dominou-te completamente. A luz que acreditas guiar-te no caminho espiritual não é mais que fogo, e o gosto que tens pelas coisas do Céu é somente tua imaginação. O amor extático e

---

143. Sabe-se que, em certas lendas rabínico-muçulmanas, o trigo é o fruto proibido do Paraíso terrestre.

a pobreza de espírito que pensas possuir são uma auto-induzida fraude; tudo isso de que te vanglorias não é outra coisa que o reflexo de tua impotência. Não te enganes com o resplendor que vês no caminho, é o fogo de tua alma concupiscente que te ilumina. Fica atento, deves combater o inimigo de espada à mão: como alguém poderia, nessa circunstância, acreditar-se em segurança? Se uma falsa luz se manifesta de tua alma concupiscente, deves considerá-la como a ferroada do escorpião que se cura com a salsa.[144] Não aceites o resplendor dessa luz impura; se não és o sol, não busques ser mais que um átomo. Que a escuridão que encontrares no caminho não te desespere, e que a luz que aí enxergares não te dê a presunção de ser o companheiro do sol. Meu caro, enquanto permaneças prisioneiro do orgulho de tua existência, tuas leituras e teus esforços não valerão nem um óbolo. Somente quando renunciares a pensamentos de 'eu' e 'meu' poderás abandonar sem remorsos a vida, pois se não fores subjugado pelo orgulho da existência, não experimentarás a dor do nada. Porém necessitas ao menos um pouco do alimento da existência, e com ela vêm a infidelidade e a idolatria. Se por um instante vens à existência, as flechas da desgraça te atingirão de todos os lados. Enquanto viveres, deverás efetivamente submeter teu corpo às dores da alma e curvar teu pescoço sob cem adversidades; enquanto existires visivelmente, o mundo te impingirá cem vexações".

HISTÓRIA SOBRE O SHEIK ABU BEKR DE NISCHAPUR

O sheik Abu Bekr de Nischapur saiu de seu monastério à frente de seus discípulos. Ele montava um asno, e seus companheiros seguiam-no no caminho. De repente, o asno soltou um enorme peido. O sheik apercebeu-se disso, e, no mesmo instante, começou a chorar e rasgar suas vestes. Seus discípulos, vendo esse comportamento, não o aprovaram, e um deles acabou por perguntar-lhe por que agia daquela maneira. O sheik respondeu: "Há pouco, lançando um olhar à minha volta, vi o caminho inteiramente tomado por meus companheiros; discípulos cercavam-me

---

144. O *smilax*, ou salsaparrilha, é provavelmente a árvore da ciência do bem e do mal, mencionada especialmente no Gênesis (II, 9) entre as árvores de todas as espécies que adornavam o Paraíso. Também a este arbusto é atribuído o fruto proibido, e Adão, depois de comê-lo, conheceu o bem e o mal. (Conforme texto extraído do *Clarkianus XI* (em *El Jardin simbólico*, textos selecionados e traduzidos por Margareth H. Thompson, ed. de la Tradición Unanime, Espanha).

de todos os lados, e em minha mente introduziu-se sutilmente o pensamento: 'Por Deus, na realidade não sou menos que Bayazid! Assim como estou hoje agradavelmente acompanhado por diligentes discípulos, sem dúvida amanhã entrarei altivamente com a alegria da glória e da honra na planície da Ressurreição'. Quando assim eu presumia meu destino", acrescentou o sheik, "o asno comportou-se da maneira aparentemente inconveniente que testemunhastes, e pela qual quis dizer: 'Eis aqui a resposta de um asno àquele que tem semelhante pretensão e pensamentos tão vãos'. Foi então que o fogo do arrependimento caiu sobre minha alma, mudando minhas idéias e fazendo desmoronar minha imaginária posição".

Quão longe permanece a verdade enquanto te perdes em valorizar tudo o que fazes ou dizes! Afugenta o torpor, queima o orgulho e a as sugestões de tua natureza corrompida. Ó tu que tens um Faraó na raiz de cada um de teus cabelos e mudas a cada instante!, enquanto restar um átomo de ti, estarás impregnado de falsidade e hipocrisia. Põe-te ao abrigo de toda idéia de individualidade, e serás assim inimigo dos dois mundos: não terás mais negócios nem com o mundo presente nem com o mundo futuro. Se puderes destruir em ti o 'eu' por um só dia, serás luminoso mesmo quando permaneceres a noite toda na escuridão. Tu, que por causa do 'eu' caíste em cem desgraças, se não quiseres ser tentado pelo diabo, não pronuncies a palavra 'eu'.

CONVERSA DE MOISÉS COM SATANÁS

Deus disse um dia em segredo a Moisés: "Pede um conselho a Satanás". Quando Moisés encontrou Íblis em seu caminho, pediu-lhe que dissesse algo de engenhoso. "Recorda-te sempre deste único axioma", respondeu o diabo, "não digas 'eu', para não te tornares como eu."

Enquanto te reste mesmo que um pouco de vida exterior, terás como herança a infidelidade e não o serviço (de Deus). A inação é a meta da vida espiritual; a fama do homem de bem é a má fama, e lhe é indiferente a boa ou a má reputação. Se conseguires chegar ao termo deste caminho, cem 'eus' terão suas cabeças quebradas num único instante.

HISTÓRIA ALEGÓRICA

Um devoto dizia: "É um benefício para o noviço estar nas trevas. De fato, enquanto ele não esteja completamente perdido no oceano da bondade, não existirá nenhuma direção a ser seguida; pois se algo lhe parece manifesto, ele será seduzido justamente por isso, e tornar-se-á então infiel".

O que existe em ti de inveja e de cólera é visto pelos olhos dos homens, mas não pelos teus; não possuis a ciência de reconhecer as paixões de teu coração. Tens em teu ser um lugar cheio de dragões que, por negligência, libertaste. Dia e noite tu os mantém, mimando-os e alimentando-os. Pois bem, se percebes a impureza de teu interior, por que permaneces assim despreocupado?

O SHEIK E O CÃO

Um cão imundo repousava sobre o peito de um sheik, que nada fazia para preservar suas vestes do sujo animal. Alguém lhe disse: "Ó tu que és recomendável por tua devoção! por que permites o contato desse cão vadio?" — "Este cão", respondeu o sheik, "é imundo, como bem podes ver; mas na realidade igual impureza existe de modo não evidente em meu interior: o que nele se manifesta exteriormente em mim está escondido. Se meu interior é como o exterior do cão, como poderia sentir aversão pelo que me é tão semelhante? Quando teu caminho está obstruído, o que importa que seja uma montanha (*koh*) ou uma palha (*kah*) o que te detém?"

O DERVIXE QUE AMAVA SUA BARBA[145]

Nos tempos de Moisés havia um dervixe que dia e noite prostrava-se em adoração, e que no entanto não experimentava nenhum gosto ou sentimento pelas coisas espirituais; ele não recebia o calor do sol em seu

---

145. A barba é vista no Islam como sinal de dignidade e honradez, daí a sentença "Pelas barbas do Profeta!".

peito. Este homem tinha uma bela e longa barba, e freqüentemente, enquanto rezava, parava para penteá-la. Um dia, vendo Moisés ao longe, aproximou-se dele e lhe disse: "Ó general do Monte Sinai! suplico-te: pergunta a Deus e faz-me saber por que não experimento nem êxtase nem satisfação espiritual".

Quando Moisés subiu novamente as escarpas do Sinai, expôs o desejo do sufi. Porém Deus disse, em tom de desagrado: "Ainda que este dervixe tenha procurado com amor Minha proximidade, ele está constantemente ocupado de sua barba". Moisés foi contar ao sufi o que acabara de ouvir, e este, chorando amargamente, começou a arrancar sua barba. Gabriel apareceu então a Moisés e disse-lhe: "Ainda agora teu sufi está preocupado com sua barba; estava quando a penteava, e está mais ainda arrancando-a".

Não importa o que estejas fazendo ou o estágio que alcançaste, é um mal permanecer um instante sem ocupar-se de Deus.

Ó tu que acreditas ter deixado de preocupar-te com tua barba! Estás afogado neste oceano de sangue! Quando terminares completamente com tua barba, então por direito poderás navegar sobre este oceano e chegar a terra firme. Porém, se queres conservar essa barba, com ela serás afogado.

HISTÓRIA DE UM HOMEM QUE POSSUÍA UMA LONGA BARBA

Um tolo que tinha uma longa barba caiu acidentalmente no mar. Um passante gritou-lhe: "Livra-te do alforje que tens amarrado ao pescoço". — "Isto não é um alforje", respondeu o que se afogava, "e sim minha barba, e não é a barba que me aflige." O passante respondeu: "Bem, isto é notável, um magnífico crescimento! Porém chegou o tempo da colheita; ceifa-a se não queres afogar-te".

Ó tu que, como o bode, não tens vergonha de tua barba! tampouco deves ter vergonha de tirá-la. Enquanto tenhas uma alma concupiscente e um demônio pisando teus calcanhares, o orgulho do Faraó e de Aman será tua herança. Dá as costas ao mundo, como Moisés, e poderás então colher esse Faraó pela barba. Segura esse Faraó pela barba e mantém-no firmemente preso; sujeitando-o pela barba, combatei juntos bravamente. Põe o pé no caminho espiritual e renuncia a tua barba. Ah!, caminha adiante: se tua barba só te traz tormentos, não deves preocupar-te com ela nem mais um instante. Aquele que marcha com inteligência pela via da religião deixa sua barba para trás. Dá mais atenção a ti mesmo que a tua barba, e faz dela o tapete do caminho espiritual. Em lugar de *água* (honra), não falta ao homem de espírito lágrimas de sangue; o sofrimento faz de seu coração um pedaço de carne queimada. Se ele é como o semeador, não vê o sol; se é regador, não espera a nuvem de água.

UM SUFI LAVA A SUA ROUPA

Toda vez que um sufi ia lavar seu manto as nuvens obscureciam o mundo. Um dia, quando o manto do sufi já estava imundo, ainda que preocupado com o tempo, ele foi ao vendeiro para comprar sabão. Pontualmente as nuvens apareceram. O sufi disse então: "Ó nuvem que se mostra, desaparece!, pois compro passas em segredo.[146] Por que vens? Não estou comprando sabão. Por tua causa, quanto sabão já não perdi! Porém, com esse sabão lavo minhas mãos de ti".

CAPÍTULO XXXV

PERGUNTA DE UM DÉCIMO NONO PÁSSARO

Outro pássaro disse à poupa: "Ó tu que alcançaste a celebridade! Dize-me o que devo fazer para gozar a alegria desta viagem. Se o disseres, minha confusão diminuirá e consentirei em deixar-me conduzir nesta empresa. De fato, o homem necessita de uma direção para tão longa jornada, a fim de que não fique apreensivo pelo caminho que deve percorrer. Não quero aceitar a direção do mundo invisível, e rejeito, com maior razão, a falsa direção das criaturas".

"Enquanto viveres", respondeu a poupa, "fica contente com a recordação de Deus e guarda-te de todo indiscreto palavrório. Se tua alma possui esta alegria, suas preocupações e suas penas desaparecerão. Esta é propriamente, nos dois mundos, a satisfação dos homens. É por Ele que a cúpula do céu está em movimento, e os planetas giram sustentados

---

146. A venda de passas era proibida porque delas podia fazer-se o vinho.

na órbita de Seu amor. Permanece em Deus na satisfação, gira como o céu por amor a Ele. Se conheces algo melhor, dize-o, ó pobre pássaro!, para que possas ser feliz ao menos um instante."

O CONTEMPLATIVO EM ÊXTASE

Um louco de Deus, coisa espantosa!, vivia num lugar montanhoso e deserto, tendo por companhia, dia e noite, somente panteras selvagens. De vez em quando caía em êxtase, e seu estado comunicava-se mesmo às pessoas que por ali passavam. Certa vez ele permaneceu por vinte dias nesse estado extraordinário; durante vinte dias ele saltou e dançou, de manhã à noite, dizendo sempre: "Nós dois não somos mais que um; não somos vários, sabe-o, ó Tu que és todo alegria, e não tristeza!"

Como poderia morrer aquele cujo coração está em Deus? Dá teu coração a Deus, pois Ele ama o amigo de coração. Se teu coração experimenta o alcance de Seu amor, terá a morte algum poder sobre ti?

HISTÓRIA SOBRE UM AMIGO DE DEUS

Um amigo de Deus chorava no momento de sua morte. Perguntaram-lhe o motivo. "Eu choro", disse ele, "como a nuvem primaveril, porque chegou a hora em que devo morrer, e isto me aflige. Portanto, agora devo gemer, pois como morrer se meu coração já está em Deus?" Um de seus íntimos lhe disse então: "Já que teu coração está com Deus, se morreres terás uma boa morte". O sufi respondeu: "Pode a morte ocorrer para aquele cujo coração está unido a Deus? Meu coração está unido a Ele; assim, a morte parece-me impossível".

Se te alegras ao menos uma vez na contemplação deste segredo, não poderás estar contido no mundo. Aquele que está satisfeito de sua existência, fazendo parte do grande todo, perde sua individualidade e torna-se livre. Fica eternamente contente de teu Amigo, para estar n'Ele como a rosa em seu cálice.

HISTÓRIA ALEGÓRICA

Um sufi dizia: "Há setenta anos a felicidade de meu coração conduz minha vida em bem-aventurança; estou constantemente em êxtase, na satisfação e na felicidade, e, neste estado, participo da soberana majestade e estou unido à própria Divindade. Quanto a ti, enquanto te ocupas em procurar as faltas dos demais, como poderás regozijar-te ante a beleza do mundo invisível? Se procuras faltas com olho perscrutador, como poderás reconhecer a felicidade interior? Como encontrarás a secreta majestade de Deus se procuras incessantemente pelo pecado? Primeiro desembaraça-te de tuas faltas, depois, pelo amor às coisas invisíveis, sê verdadeiramente rei. Tu separas um cabelo em dois pelas faltas dos outros, porém estás cego a teus próprios erros. A Graça chega àqueles que, não importa quanto se desviaram, conhecem e temem a força dos próprios pecados. Ocupa-te de teus defeitos; então, mesmo que sejas culpado, serás aceito por Deus".

OS DOIS BÊBADOS

Um homem embriagou-se a ponto de perder a razão e ficou no estado mais deplorável, pois a embriaguez a que se abandonara lhe havia feito perder inteiramente a honra. Como havia bebido do límpido e também do turvo, sua cabeça e seus pés, em conseqüência de sua miserável condição, estavam atolados em pesada borra. Um passante, vendo aquilo com muito desgosto, meteu num saco o bêbado e, içando-o às costas, carregava-o de volta para sua casa, quando, no caminho, passou por um homem igualmente bêbado. Este segundo bêbado não podia caminhar senão sustentado por outras pessoas, pois estava completamente ébrio. Nesse momento, o homem que era carregado no saco acordou, esticou a cabeça para fora e, vendo o outro caído, gritou-lhe: "Ó desgraçado! devias ter bebido dois copos de vinho menos que eu, a fim de poderes caminhar, como eu, livre e sozinho".

Esse homem viu, pois, a posição de seu confrade, e não a sua própria; pois bem, nosso estado não é diferente. Tu vês os defeitos porque não amas e não és capaz de experimentar este sentimento. Se tivesses o menor conhecimento do que é o amor, os defeitos do objeto amado te pareceriam boas qualidades.

O AMANTE E SUA SENHORA

Um homem valente e impetuoso como um leão conheceu certa vez a derrota: por cinco anos esteve enamorado de uma mulher, e a escravidão lhe parecia doce. O sol da beleza dessa jovem somente era obscurecido por uma pequena nuvem que se postava num de seus olhos; porém, apaixonado, esse homem jamais percebeu tal mancha, ainda que freqüentemente contemplasse sua amada. De fato, como poderia esse homem, imerso em amor tão violento, reparar nesse pequeno defeito? Então, imperceptivelmente, o amor deixou de reinar; um bálsamo curou aquela enfermidade. Assim, quando o amor pela jovem mulher decresceu no coração daquele que a amava, ele retomou facilmente seu poder sobre si mesmo. Viu então a deformidade do olho de sua amiga e perguntou-lhe como se produzira aquela mancha. "Desde o instante", respondeu ela, "que teu amor diminuiu meu olho deixou ver seu defeito. Quando teu amor tornou-se defeituoso meu olho também tornou-se assim para ti, e teu coração turbou-se por causa da aversão que agora sentes."

Ó cego de coração! observa teus próprios defeitos. Até quando procurarás defeitos nos outros? Trata de ocupar-te do que escondes tão zelosamente. Quando tuas faltas forem pesadas para ti, não darás atenção à fealdade dos outros.

O CHEFE DE POLÍCIA E O BÊBADO

Certa vez um homem cujo trabalho era manter a ordem derrubou um bêbado com uma pancada. Este último lhe disse: "Não faças tanto barulho, pois tu também comes muitas vezes das coisas proibidas; tu te misturas à embriaguez e depois joga-a no meio da rua. Quem está provocando distúrbios, tu ou eu? Estás muito mais bêbado que eu, porém ninguém se apercebe dessa embriaguez. Assim, de agora em diante não me atormentes mais e pede justiça também contra ti".

CAPÍTULO XXXVI

PERGUNTA DE UM VIGÉSIMO PÁSSARO

Outro pássaro disse à poupa: "Ó guia do caminho! o que pediria eu ao Simorg se chegasse ao lugar onde ele vive? Uma vez que o mundo será por ele iluminado, não sei o que poderia pedir-lhe. Se soubesse qual é a melhor coisa do mundo, eu a pediria ao Simorg quando chegasse ao lugar que ele habita".

A poupa disse: "Ó insensato! Não sabes o que pedir? Pede então o que quiseres. É preciso que o homem saiba o que deve desejar. Pois bem, o Simorg, ele mesmo, vale muito mais que tudo o que possas desejar. Mesmo com toda a diligência, poderias obter no mundo o que queres pedir a ele? Aquele que sentiu o odor da poeira que cobre a soleira de sua porta poderia alguma vez afastar-se, mesmo que quisessem tentá-lo com presentes?"

A MORTE DO SHEIK RUBDAR

No momento de morrer, Bu Ali Rubdar pronunciou estas palavras: "Minha alma impaciente chegou a meus lábios em minha espera pelos bens eternos. Todas as portas do Céu estão abertas para mim no Paraíso, e um trono de glória brilha ante meus olhos. Os santos que vivem no magnífico palácio da imortalidade cantam, enchendo com sua voz de rouxinol a abóbada dos céus: 'Entra, ó verdadeiro amante! Sê reconhecido e caminha com alegria, pois ninguém jamais viu este lugar'.

"Se obtenho Teu favor e Tua graça, minha alma não soltará a mão da certeza. Tenho necessidade de tudo isso que me falam?, e pelo que me fizeste esperar toda minha longa vida? Não é minha intenção inclinar a cabeça ante o menor presente, como as pessoas entretidas com os desejos temporais. Minha alma foi criada em Teu amor; não conheço pois nem o Céu nem o Inferno. Se me queimas e me reduzes a cinzas, não se encontrará em mim outro ser que Tu. Eu Te conheço, mas não conheço nem religião nem infidelidade. Retiro-me do que quer que Te retires; deixo tudo o que deixares. Eu sou por Ti, eu Te desejo, eu Te conheço; Tu és meu e minha alma é Tua. Unicamente Tu me é necessário no mundo; Tu és para mim este mundo e o outro. Ainda que um pouco, satisfaz a necessidade de meu coração ferido, manifesta um instante Teu amor por mim. Se minha alma se afasta ainda que um pouco de Ti, consentirei que me prives da vida, pois só respiro por Ti. Um fio de cabelo interpõe-se entre nós agora; remove esse último impedimento ao perfeito amor".

PALAVRAS DE DEUS A DAVID

Deus Altíssimo disse uma vez ao íntegro David: "Anuncia a Meus servidores as palavras que agora direi: 'Ó punhado de terra! Se Eu não vos oferecesse recompensa ou castigo, Céu ou Inferno, Meu serviço seria agradável para vós? Se não houvesse nem luz nem fogo, vos ocuparíeis de Mim? A Mim é devido o respeito supremo; deveis então adorar-Me sem esperança nem temor; e, no entanto, se não estivésseis entretidos pela esperança e pelo temor, pensaríeis em Mim? Sou vosso Senhor, e convém, de todas as formas, que Me adoreis do fundo de vosso coração!' Diz pois a Meus servidores que retirem a mão de qualquer outro que não Eu, e que Me adorem como mereço".

Rejeita completamente tudo o que não é Ele, queima e depois reúne as cinzas. Espalha então essas cinzas, a fim de que, dispersadas pelo vento da excelência, não fique nem o seu rastro. Quando fizeres isso, o que buscas manifestar-se-á então dessas cinzas. Se Deus permite que te ocupes da eternidade e das huris, sabe com toda a segurança que Ele te afastou d'Ele mesmo.

Se é pelo Paraíso que rezas, está certo que perdeste teu caminho.

HISTÓRIA SOBRE MAHMUD E AYAZ

Mahmud chamou um dia seu favorito Ayaz; colocou-lhe sua coroa e fê-lo sentar-se no trono, dizendo: "Eu te dou meu reino e meu exército. Reina! pois este país é teu: desejo que exerças a realeza; tira o anel de tua orelha e prende-o à lua e ao peixe em sinal de escravidão".

Quando os que integravam o exército de Mahmud, cavaleiros e infantes, ouviram estas palavras, tiveram seus olhos obscurecidos pelo ciúme. "Jamais no mundo", disseram, "um rei conferiu tal honra a um escravo." De sua parte, o inteligente Ayaz, ao inteirar-se da vontade do sultão, pôs-se a chorar. Porém, todos lhe disseram: "Estás louco! Não sabes o que fazes! Já que chegaste à realeza, tu que nunca foste mais que um escravo, por que chorar? Abraça a compensação!" Ayaz respondeu-lhes sem hesitar: "Estais longe do caminho da verdade, pois não compreendeis que o rei da grande assembléia quer enviar-me para longe de sua presença. Deu-me uma ocupação para manter-me separado dele. Ele quer que eu governe seu reino; quanto a mim, não quero afastar-me dele um só instante. Quero obedecê-lo, porém não quero deixá-lo. Que tenho eu que ver com seu reino e com seu governo? A minha felicidade é ver o seu rosto".

Se estudas as coisas espirituais e conheces a verdade, aprende de Ayaz a maneira de servir. Ó tu que permaneceste ocioso dia e noite!, ocupado somente de teus desejos primários e vulgares, enquanto a cada noite, como para dar-te exemplo, ó ambicioso!, Ayaz desce do vértice do poder. Quanto a ti, não experimentas o desejo espiritual nem de dia nem de noite, e, como um ignorante, não te moves de teu lugar. Ayaz desce do alto da excelência, e tu vens pretender o seu lugar. Tu não és homem bastante! A quem poderás enfim contar a tua dor? Enquanto o Paraíso e o Inferno estiverem em teu caminho, como teu espírito conhecerá o segredo que te anuncio? Porém, quando abandonares estas duas coisas, a aurora desse mistério se elevará da noite. O jardim do Paraíso não é para os indiferentes; pois o empíreo está destinado aos homens de coração. Quanto a ti, renuncia, como as pessoas da via espiritual, a um e a outro; vai mais além sem prender teu coração. Quando renunciares e viveres separado disso, ainda que sejas mulher, tornar-te-ás um homem do caminho espiritual.

ORAÇÃO DE RABI'AH

Rabi'ah disse um dia a Deus: "Ó Tu que conheces o segredo de todas as coisas! realiza os desejos mundanos de meus inimigos e dá a meus amigos a eternidade da vida futura. Quanto a mim, estou livre das duas coisas e não anseio por este mundo ou pelo próximo. Se possuísse este mundo ou o futuro, eu teria pouca intimidade Contigo. Porém é de Ti somente, ó meu Deus!, que tenho necessidade, Tu me bastas. Se voltasse meu olhar para os dois mundos, ou se desejasse outro senão Tu, eu me consideraria infiel".

Aquele que tem Deus tem tudo; para ele é lançada uma ponte sobre os sete oceanos. Tudo o que é e tudo o que será é alegórico se não é o Senhor excelente. Encontrarás um equivalente a tudo o que busques, à exceção d'Ele somente; Ele é sem igual, absoluto, e existe necessariamente.

OUTRAS PALAVRAS DE DEUS A DAVID

O Criador do mundo falou a David com estas palavras por detrás do véu do mistério: "Tudo o que existe no mundo, bom ou mau, visível ou invisível, tudo isso não existe senão como substituição de Minha presença, para a qual não encontrarás sucedâneo ou equivalente. Uma vez que nada pode substituir-Me, não deixes de estar Comigo. Eu sou tua alma, não te separes de Mim; Eu te sou necessário, estás sob Minha dependência. Não sejas, nem por um momento, negligente a respeito dessa necessidade. Não busques existir separado de Mim; não desejes o que te é oferecido se não sou Eu".

Ó tu que vives cheio de desejos do mundo! Estás dia e noite mergulhado nas preocupações a que te arrastam esses desejos; porém não esqueças que Aquele que tu reconheces como digno de teu culto deve ser tua única meta nos dois mundos. O mundo visível te vende seu nada; porém, de tua parte, cuida de não vender Deus por nada no mundo. Tudo o que prefiras a Ele é um ídolo que te torna infiel, e tu és igualmente culpável se preferes a ti mesmo que a Ele.

O SULTÃO MAHMUD E O ÍDOLO DE SOMNAT

Quando o exército de Mahmud atacou Somnat, encontrou lá o ídolo que os homens chamavam Lat.[147] Seus adoradores apressaram-se a oferecer, para resgatá-lo, dez vezes o seu peso em ouro; porém Mahmud

---

147. Lat era o nome de uma deusa pré-islâmica da Arábia. Mahmud atacou e conquistou Somnat, no noroeste da Índia, em 1026, e destruiu o templo ali existente. Attar usa pois o nome Lat de forma genérica (para designar toda idolatria).

recusou-se firmemente vendê-lo e fez acender um grande fogo para queimá-lo. Um de seus oficiais permitiu-se então dizer: "Não convém destruir este ídolo. Seria melhor aceitar o que propõem e tomar o ouro que oferecem". — "Eu temo", respondeu Mahmud, "que no dia do supremo julgamento o Criador diga, diante do universo reunido: 'Escutai o que fizeram Azur[148] e Mahmud: o primeiro esculpiu ídolos, e o segundo os vendeu'".

Conta-se que assim que Mahmud lançou às chamas o ídolo desses adoradores do fogo, caíram do interior da estátua cem cestos de pedras preciosas, e Mahmud obteve assim gratuitamente o que era desejado. Mahmud disse então: "Lat teve seu prêmio, e aqui está o meu, ambos providos por Deus".

Ah! Destrói tu mesmo os ídolos aos quais rendes culto, para que não pereças miseravelmente como esse ídolo. Consome tua alma pelo amor de teu divino amigo, como Mahmud consumiu aquele ídolo, a fim de que faças sair as pedras preciosas de sob a face exterior. Quando o grito de *alast* ressoar em teus ouvidos, não te demores a responder 'sim'. Antes mesmo de existires já estavas ligado a este compromisso; não deixes agora de cumpri-lo. Uma vez que assumiste perante Deus esse compromisso, como será possível agora renegá-lo? No princípio aceitaste o compromisso de *alast*; já que o tomaste positivamente àquela época, como o desobedecerias hoje? Não podes desviar-te de cumprir tua promessa; comporta-te então de acordo, executa fielmente o que aceitaste e não ajas por subterfúgios.

OUTRA HISTÓRIA SOBRE MAHMUD

Quando Mahmud, o luminar dos reis, deixou Gazna para fazer a guerra aos hindus e vislumbrou o inumerável exército inimigo, seu coração encheu-se de tristeza por causa dessa multidão; e naquele dia incerto ele fez um voto ao Rei de toda a justiça, dizendo: "Se eu obtiver a vitória sobre esse exército, consagrarei aos dervixes da via espiritual os despojos que caírem em minhas mãos".

Mahmud saiu vitorioso do embate e reuniu um enorme espólio, muito além do que poderiam imaginar cem sábias inteligências. Assim, como os 'caras negras' foram derrotados e Mahmud conquistou seus tesouros, que sobrepujavam toda previsão, o rei disse a um de seus ofi-

---

148. Azur, nome dado pelos muçulmanos a Taré, pai idólatra de Abraão.

ciais: "Envia esta pilhagem aos dervixes, pois desde o princípio fiz este voto a Deus, e devo agir com retidão quanto a meu pacto e meu compromisso". Porém todos protestaram, dizendo: "Como?! Dar tanta prata e ouro a um punhado de gente sem valor? Melhor seria dar este tesouro ao exército, que ficou exposto aos ataques do inimigo, ou bem ordenar que o depositem no tesouro real". O sultão, turbado pela incerteza, ficou indeciso entre sua promessa e essa unânime opinião. Entretanto, Bu Hussain, um *louco de Deus*, homem muito inteligente mas que a maioria tinha na conta de insano, passou em meio ao exército. Quando Mahmud percebeu-o à distância, disse: "O que quer que esse homem diga eu farei, pois ele é livre, e nem reis nem exército influenciam sua opinião". O rei do mundo fez vir então a sua presença esse louco e contou-lhe o que se passava. Este, fora de si, disse: "Ó rei, tudo isso não vale mais que dois grãos de cevada; se teus negócios com o Senhor cessam aqui, esquece o voto que fizeste e não temas mais; porém, se acreditas que virás a precisar d'Ele novamente, guarda tua promessa até o último grão. Se queres agir convenientemente para com Deus, não penses mais, querido amigo, nesses dois óbolos; e se foste levado à vitória por Sua graça, envergonha-te de retirar dois óbolos. O que pode te pertencer, quando foi Deus que te deu a vitória e te fez triunfar?"

Mahmud repartiu esse ouro em esmolas, e prosseguiu seu caminho ao longo da estrada real.

CAPÍTULO XXXVII

PERGUNTA DE UM VIGÉSIMO PRIMEIRO PÁSSARO

Um outro pássaro disse à poupa: "Ó tu que queres conduzir-nos até a majestade desconhecida! Qual é a coisa mais apreciável nesta corte? Se a indicares, nós a levaremos como presente. Os reis merecem presentes preciosos; somente as pessoas vis apresentam-se diante deles com as mãos vazias".

"Ó tu que me interrogas", respondeu a poupa, "se queres seguir meu conselho, levarás ao país do Simorg o que lá não se pode encontrar. Seria conveniente levar a esse lugar o que lá se encontra de mais comum?

Lá está a Ciência; lá encontram-se os segredos; lá encontra-se abundantemente a obediência dos seres espirituais. Leva então o ardor da alma e o anseio do espírito; ninguém pode oferecer outras coisas senão estas. Se um único suspiro elevar-se do íntimo de tua alma e chegar a esse lugar, levará consigo o perfume do coração. Este lugar está consagrado à essência da alma, e não a seu vil invólucro. Se um homem puder lançar aí um suspiro de contrição, estará então de posse da salvação."

HISTÓRIA SOBRE JOSÉ E ZULEIKA

Nos dias em que gozava de alta posição e dignidade, Zuleika usou sua grande autoridade para manter José prisioneiro.[149] Ela chamou um de seus escravos e disse: "Dá a este homem cinqüenta chicotadas. Emprega tal força sobre o corpo de José que eu possa ouvir seus gritos à distância". Esse escravo não se apressou em executar sua missão, pois viu o rosto do prisioneiro e seu coração não lhe permitiu agir. O bom homem tomou então a pele de um animal e sobre ela desferiu os seus golpes. A cada golpe desferido pelo escravo, José chorava abundantemente. Quando Zuleika ouviu ao longe esses lamentos, gritou ao feitor: "Bate mais forte, tu és muito indulgente!", Então o escravo disse a José: "Ó tu que és brilhante como o sol! Se Zuleika te examina e não vê nenhuma ferida, sem dúvida serei punido severamente. Despe pois teus ombros para o chicote; alguma marca precisa desfigurar tua pele se eu quiser conservar a minha". Quando José descobriu seu corpo, um lamento brotou do céu para a terra; o escravo levantou o braço e então ouviu-se um grito que alcançou o firmamento. Zuleika, ouvindo esse grito, disse: "Agora basta, a dor produziu o seu efeito, o orgulhoso José foi dobrado afinal. Seus lamentos anteriores não eram mais que um jogo; porém este suspiro era real e veio do mais fundo de sua alma".

Ainda que houvessem para o luto cem carpideiras, o suspiro de um só homem aflito seria o único efetivo. Se um círculo de cem pessoas aflitas formassem um anel, o homem verdadeiramente aflito seria o engaste. Enquanto não possuas o verdadeiro amor, não serás digno de figurar entre os homens espirituais; porém, como encontrará repouso, dia ou noite, aquele que participa do tormento e do ardor do amor?

---

149. Zuleika é a mulher conhecida na Bíblia como "a mulher de Putifar". Ela desejou José, porém não foi correspondida. (*Gênesis*, XXXIX).

O AMO E SEU ESCRAVO

Um homem tinha um escravo negro muito ativo, que havia purificado suas mãos das coisas do mundo e rezava toda noite até a aurora, animado pelas mais retas intenções. Seu amo disse-lhe um dia: "Diligente escravo, quando te levantares à noite desperta-me também, para que eu faça a ablução e reze contigo". O negro lhe respondeu: "Antes de um bebê nascer, quem diz à mãe que é chegada a hora? Ela sabe, sua dor revela o momento. Aquele que ama buscar a via espiritual não necessita ser despertado. Se tu sentisses esse amor, acordarias por ti mesmo e não permanecerias dia e noite na inação espiritual. Precisar de alguém que te desperte é o mesmo que outro fazer a oração em teu lugar. Aquele que não experimenta este sentimento e este amor merece ser enterrado sob o pó, pois não é homem da via espiritual; porém aquele que habituou seu coração a esse amor não pertence nem ao Céu nem ao Inferno".

HISTÓRIA SOBRE O SHEIK BU ALI TUCI

Bu Ali Tuci, que era um grande *pir* de seu século, caminhava pelo vale da diligência e da atenção. Não conheço ninguém que tenha recebido tantas graças e alcançado tal grau espiritual. Pois bem, ele dizia: "No mundo que virá, os infelizes condenados verão claramente os habitantes do Paraíso, e pedirão testemunho das alegrias do Céu e do gosto da Unidade. Então os bem-aventurados confessarão: 'As alegrias vulgares não existem no Céu, porque nesta perfeita mansão apareceu diante de nós o sol da beleza divina. Quando essa beleza manifestou-se, os oito paraísos foram lançados na confusão das trevas. Ante o esplendor dessa beleza que engrandece a alma não ficou nem nome nem vestígio da bem-aventurada eternidade'.

"Quando os habitantes do Paraíso expressarem assim sua posição, a gente do Inferno responderá: 'Ó vós para quem o Céu e o Paraíso já não são nada! Sentimos que o que dizeis é real. Vivemos neste lugar horrível e estamos imersos no fogo da cabeça aos pés; porém, quando soubemos que havíamos incorrido na ira de Deus, e que assim acabamos afastados de Sua face, o fogo do arrependimento em nosso coração infeliz apagou de nossa lembrança o fogo do Inferno. Tamanho anseio de ver Sua distante face, tamanho arrependimento tomou conta de nossa alma que, em nosso tormento, nos esquecemos da cova do Inferno e de seu fogo devorador'".

Onde quer que o fogo do arrependimento produza o seu efeito, queima a alma e o coração dos amantes. Poderá manifestar seu zelo aquele que é assaltado pela aflição em seu caminho? É necessário que suportes a dor, a aflição e a ferida. É preciso que aí encontres a satisfação e o repouso. Se chegas ferido a esse lugar, serás o *mahram* da morada da alma. Se estás ferido, não digas a ninguém, acrescenta ferida sobre ferida e não te lamentes por isso. Não fujas da dor nem procures aqui a sua cura; antes de ser cauterizada, tua ferida precisa sangrar.

PERGUNTA FEITA A MOHÂMMED

Um homem pediu humildemente permissão ao Profeta para fazer a oração sobre seu tapete. O melhor dos homens não lhe permitiu, dizendo: "A esta hora as areias do deserto estão queimando. Coloca teu rosto sobre a areia ardente e sobre a terra do caminho; tua pele queimada será um emblema da ferida interior, pois os feridos de amor devem ter sua marca no rosto. Quando tiveres a alma ferida, é conveniente que a cicatriz seja visível exteriormente. Enquanto não se veja dessa maneira a cicatriz do coração, como se poderá considerá-lo ferido? Mostra a cicatriz do coração, pois no terreno do amor conhecem-se as pessoas de coração por sua ferida aparente".

A TRAVESSIA DOS VALES

CAPÍTULO XXXVIII

PERGUNTA DE UM VIGÉSIMO SEGUNDO PÁSSARO E DESCRIÇÃO DO PRIMEIRO VALE, O VALE DA BUSCA (*TALAB*)

Um outro pássaro disse à poupa: "Ó tu que conheces o caminho de que falas e aonde queres acompanhar-nos! A vista deve obscurecer-se nesta senda, pois, de fato, ela parece extremamente penosa e longa de muitas parasangas."[150]

"Temos de atravessar sete vales", respondeu a poupa, "e somente depois desses vales poderemos encontrar o palácio do Simorg. Ninguém retorna ao mundo depois de ter percorrido esse caminho; ninguém saberia dizer quantas parasangas mede sua extensão. Como podem os homens falar do que não conhecem? Não há mensageiro para narrar esta história. Assim sendo, como queres que alguém possa instruir-te a esse respeito e acalmar tua impaciência? Se todos os que entraram nesta senda perderam-se nela para sempre, como iriam dar-te notícias? És um insensato!

"O primeiro vale que se apresenta é o da busca (*talab*); o que vem depois é o do amor (*ischc*), o qual não tem limites; o terceiro é o do conhecimento (*ma'rifat*); o quarto é o da independência ou da autosuficiência (*istigna*);[151] o quinto é o da pura unidade (*tauhid*); o sexto é o da terrível estupefação (*hairat*);[152] finalmente, o sétimo é o da pobreza (*fakr*) e do aniquilamento (*fana*), vale além do qual não se pode avançar. Para aí serás atraído e entretanto não poderás continuar teu caminho; uma só gota de água será para ti como um oceano.

---

150. Medida itinerária da Pérsia: uma parasanga equivale a cerca de 5.250 metros.

151. Este nome árabe de ação significa propriamente 'bastar-se a si mesmo'. Outras traduções designam este vale também como 'o do desprendimento'.

152. A mesma palavra serve também para designar 'confusão', 'perplexidade', 'espanto', 'impotência'.

"Logo que entres no primeiro vale, o da busca, cem penosas coisas assaltar-te-ão sem cessar. Nesse lugar terás de experimentar a cada instante cem provações; o papagaio do céu[153] não é aí mais que uma mosca. Terás de passar vários anos neste vale e fazer penosos esforços até mudares de estado. Terás de abandonar tuas riquezas e deixar tudo o que possuis. Renunciando a tudo, terás de entrar num charco de sangue; e quando tiveres a certeza de que já não possuis nada, ainda terás de desligar teu coração de tudo o que existe. Viaja somente no sangue de teu coração. Quando teu coração estiver a salvo da perdição, verás brilhar a pura luz da majestade divina, e, quando esta manifestar-se a teu espírito, teus desejos se multiplicarão ao infinito. Então, ainda que haja fogo no caminho do viajante espiritual e mil novos vales mais penosos uns que os outros para atravessar, movido por seu amor ele se lançará a estes vales como um louco, e se precipitará como a mariposa em meio às chamas. Impelido por seu delírio, ele se entregará à busca simbolizada por este vale. Pedirá a seu escanção que lhe dê um trago, e quando tiver bebido algumas gotas desse vinho ele esquecerá os dois mundos. Submerso no oceano da imensidão, terá ainda os lábios secos, e não poderá pedir senão a seu próprio coração o segredo da eterna beleza. Em seu desejo de conhecer esse segredo, ele não temerá os dragões que querem devorá-lo. Se nesse momento a fé e a infidelidade se apresentassem juntas, ele receberia ambas de bom grado sempre que elas lhe abrissem a porta que deve fazê-lo chegar a seu destino. De fato, quando esta porta está aberta, o que é então a fé ou a infidelidade, se do outro lado dessa porta não há nem uma nem outra? Apesar da blasfêmia que está à porta, o peregrino esperará pacientemente que ela se abra."

PALAVRAS ALEGÓRICAS DE AMRU DE OSMAN

Amru de Osman disse em seu *Ganj-nama* (Livro do tesouro), que ele escreveu em Meca: "Quando Deus soprou a pura vida no corpo de Adão, que não era mais que terra e água, não quis que os anjos tivessem conhecimento desse segredo e sequer o suspeitassem. Ele disse então: 'Prosternai-vos agora ante Adão, ó espíritos celestes!' Todos inclinaram então a cabeça sobre a face da terra, e nenhum deles pôde ver o segredo que Deus desejou esconder. Porém Íblis disse para si mesmo: 'Ninguém

---

153. É sabido que para os persas a cor do céu é verde, e não azul. Daí a metáfora do texto.

me verá dobrar os joelhos neste momento. Ainda que me cortassem a cabeça, isto não seria para mim uma aflição maior que a que resultaria desta ação se eu a fizesse. Já que sei que Adão não é somente terra, não importa que eu baixe ou não a cabeça para não ver esse segredo; não há pois perigo em não inclinar-me'. Assim, como Íblis não baixou a cabeça, pôde ver o segredo que espreitava. Então Deus lhe disse: 'Ó tu que te puseste de emboscada no caminho! aqui mesmo tu roubaste Meu segredo; porém, já que viste o segredo que Eu queria esconder, deves morrer, para que não o divulgues pelo mundo. Sempre que um rei esconde um tesouro de seu exército, faz perecer os que porventura presenciem esse ato e passa uma linha sobre suas vidas. Tu és esse homem do tesouro; como ele, viste um tesouro escondido e é necessário que te resignes a ter a cabeça cortada. De fato, se neste momento Eu não te corto a cabeça, serás livre para revelar esse segredo a todo mundo'.

"'Senhor', disse Íblis, 'dá trégua a Teu servidor, tem piedade e indica um meio de expiação àquele que caiu em Tua desgraça!' Deus respondeu: 'Eu quero dar-te uma trégua; todavia coloco em teu pescoço o colar da maldição e dou-te o nome de mentiroso, a fim de que desconfiem de ti até o Dia da Ressurreição'.

"Íblis disse então: 'Por que devo temer Tua maldição, se esse puro tesouro manifestou-se a mim? Se a maldição vem de Ti, também possuis a misericórdia; a criatura depende de Ti, pois o destino Te pertence. Se a maldição é minha herança, nada tenho a temer; se há o veneno, também há o remédio. Quando vi as criaturas Te pedirem misericórdia, eu, em minha ignorância, tomei Tua maldição. Maldizes algumas de Tuas criaturas e bendizes outras. Eu sou a criatura de Tua maldição, visto que falhei'".

Se queres alcançar o mistério que te anuncio, deves agir assim; mas tu não buscas o verdadeiro sentido das coisas, só tens a pretensão. Se não podes encontrá-lo nem de dia nem de noite não é porque não existe, mas porque tua busca é defeituosa.

OUTRA HISTÓRIA SOBRE O SHEIK SCHABLI

No momento de sua morte, Schabli estava agitado; tinha os olhos turvos e o coração cheio de expectativa. Ele tinha os rins apertados pelo cinturão da estupefação e estava sentado sobre as cinzas. Tanto molhava estas cinzas com seu pranto, tanto cobria sua cabeça com elas. Alguém lhe fez então esta pergunta: "Por que esperar pela morte desta maneira? Já viste alguém, em tal momento, servir-se do *zunnar* que envolve tua cintura?" Ele respondeu: "Eu queimo; o que devo fazer e como agir? O que farei, se deixo a vida por causa do ciúme que experimento? Minha alma desprendeu sua vista dos dois mundos e arde neste momento pelo ciúme que sinto de Íblis. Ele contentou-se com a palavra da maldição, e eu espero que também minha queixa alcance plenamente seu objetivo. Apesar de ter renunciado ao universo, contentar-me-ia com o que Íblis conseguiu: a maldição de Deus. Tendo Schabli o coração agitado e em chamas, poderia transmitir a um outro algo do que sente?"

Se fazes diferença entre o que te chega da parte de Deus, seja pedra ou diamante, não és homem da via espiritual. Se te sentes honrado pelo diamante e aviltado pela pedra, Deus não está contigo. Não é necessário amar mais o diamante que detestar a pedra, presta atenção a isso, pois os dois vêm de Deus. Se tua amada, num momento de desvario, te atira uma pedra, isto vale mais que receber uma jóia de outra mulher. Animado por um ardente desejo e pela esperança, o homem deve expor sem cessar sua vida no caminho espiritual. Não deve deter-se um instante nessa busca; não deve permanecer nem um instante na inércia. Se ele fica um só momento sem ocupar-se de sua procura, será violentamente lançado para fora do caminho.

HISTÓRIA SOBRE MAJNUN

Um homem que amava a Deus viu um dia Majnun esquadrinhando a terra do caminho grão a grão e lhe disse: "Ó Majnun, o que procuras aí?" — "Minha procura por Laila não tem fim", ele respondeu. — "Como esperas encontrar Laila dessa maneira?", perguntou o outro, "acaso uma pérola tão pura poderia estar em meio à poeira?" — "Eu busco Laila por todos os lugares", disse Majnun, "com a esperança de um dia encontrá-la em alguma parte."

HISTÓRIA DE YUSSUF DE HAMDAN

Yussuf de Hamdan, célebre *iman* de seu século, que possuía os segredos do mundo e era um sábio clarividente, dizia: "Tudo o que se vê acima e abaixo na existência, cada átomo, é um outro Jacó que pede notícias de José, a quem perdeu".

É necessário amor e esperança na via espiritual, pois o tempo deve passar-se nestas duas coisas. Se não estás satisfeito por estas duas coisas, não retires no entanto o pensamento deste segredo. O homem deve ser paciente em sua busca; mas aquele que ama não estará impaciente? Sê paciente, quer desejes ou não, na esperança de encontrar alguém que te indique o caminho que deves percorrer. Encolhido como a criança no ventre de sua mãe, recolhe-te assim a ti mesmo; mergulhado no sangue, espera. Não deixes teu interior para produzir-te exteriormente. Se te falta alimento sustenta-te de sangue: o sangue é o único alimento da criança no ventre de sua mãe, e é somente do calor do interior que ele provém. Alimenta-te pois de sangue e permanece pacientemente sentado, comprazendo-te em teu amor, na esperança de ser aceito pelo objeto de tua afeição, graças a tua boa sorte.

HISTÓRIA SOBRE ABÚ SAID MAHNAH

O sheik Mahnah encontrava-se em grande perplexidade: estava na planície, os olhos cheios de sangue e o coração partido em dois, quando viu ao longe um velho aldeão cuja aparência anunciava a piedade; em sua caminhada seu corpo irradiava um resplendor luminoso. O sheik foi em sua direção, saudou-o, e prontamente fez conhecer sua penosa situação. Depois de ouvi-lo, o velho aldeão disse: "Ó Abú Said! Se o espaço que existe do fundo da terra ao trono glorioso de Deus fosse preenchido, não uma, mas cem vezes, e um pássaro colhesse um grão dessa pilha a cada mil anos e depois voasse cem vezes ao redor do mundo, e assim até o último grão, durante todo esse tempo a alma não teria obtido nenhuma notícia da corte celeste, e Abú Said estaria ainda distante dela".

Aos pacientes é necessário muita paciência; porém todo aquele que estuda as coisas espirituais sofre na impaciência. Enquanto não rebuscares o ventre do almiscareiro não poderás extrair do sangue a bolsa do almíscar. Quando a busca sai do interior para o exterior, ainda que o homem tivesse todo o universo a percorrer ele avançaria em meio ao sangue. Aquele que não se entrega a essa nobre busca é um animal, o que digo?!, não existe, é uma figura sem alma, uma pele ambulante. Se tivesses de encontrar um tesouro, serias talvez mais ardente em tua busca; porém, se alguém se apega a semelhante tesouro, torna-se seu escravo.

Assim, quando uma coisa vos detém no caminho espiritual, ela se torna vosso ídolo e deve ser tratada como tal. Se te deixas levar pelo menor orgulho, já não és senhor de teu coração, pois estás como que embriagado pela bebida e perdeste tua inteligência. Não te deixes embriagar por essa taça de vinho e procura sempre, ainda que seja uma busca sem fim.

MAHMUD E O BUSCADOR DE OURO

Uma noite Mahmud, afastando-se de seu exército, avistou um homem que garimpava a terra à procura de ouro; ele havia amontoado aqui e ali pequenos montes de terra, e mantinha a cabeça curvada sobre a poeira do caminho. Vendo essa cena, o rei atirou seu bracelete sobre a terra e cavalgou para longe dali, ligeiro como o vento. Na noite seguinte o rei voltou e, vendo este homem ocupado da mesma maneira, disse-lhe: "O que encontraste ontem te bastaria para pagar dez vezes os tributos do mundo, e contudo continuas a escavar a terra. Exerce a realeza, pois agora és independente". — "Escavando a terra", respondeu o homem, "encontrei o ornamento a que aludes, e é por este trabalho que obtive esse tesouro escondido. Como foi por esta porta que se manifestou minha fortuna, devo continuar ocupando-me dela enquanto viver."

Sê pois, tu também, o homem dessa porta até que ela se abra para ti; não desvies a cabeça desse caminho até que ele te seja mostrado. Teus dois olhos não estarão sempre fechados; busca, pois essa porta não está fechada.

SENTENÇA DE RABI'AH

Um homem fora de si dizia: "Ó Deus! abre-me uma porta para que eu possa chegar a Ti". Rabi'ah por acaso estava sentada ali perto e lhe disse: "Ó negligente! Quando esteve a porta fechada?"

CAPÍTULO XXXIX

O SEGUNDO VALE, O VALE DO AMOR (*ISCHC*)

"Depois do primeiro vale", continuou a poupa, "encontra-se o vale do amor. Para nele entrar deve-se mergulhar inteiramente no fogo; o que digo?!, deve-se ser o próprio fogo, pois de outra forma não se poderia viver ali. O verdadeiro amante deve de fato parecer-se ao fogo; é necessário que ele tenha o rosto inflamado, que seja ardente e impetuoso como o fogo. Para amar não se deve ter segundas intenções; deve-se estar disposto a atirar prazerosamente cem mundos ao fogo; não há que conhecer nem a fé nem a infidelidade, não é preciso nem dúvida nem certeza. Neste caminho não há diferença entre o bem e o mal.

"Ó tu que vives na despreocupação! este discurso não poderia tocar-te; tu o rejeitas, teus dentes não podem mordê-lo. Aquele que age com lealdade aposta dinheiro sonante, arrisca sua cabeça para unir-se ao Amigo. Os demais contentam-se com a promessa que se lhes faça para amanhã; porém somente o amante recebe o prêmio de verdadeiro valor. Se aquele que se engaja na via espiritual não consome a si mesmo por completo, como poderá ser libertado da tristeza que o oprime? Enquanto toda essência não for radicalmente consumida, poderás fazer de teu coração um eletuário[154] de rubis e vendê-lo? O falcão é presa do fogo da agitação enquanto não atinge seu objetivo. Se o peixe cai do oceano para a praia, ele se agita até retornar à água.

"Neste vale o amor é representado pelo fogo, e sua fumaça é a razão. Quando o amor vem, a razão foge o mais rapidamente possível. A razão não pode coabitar com a loucura do amor; o amor não tem nada que ver com a razão humana. Se adquirisses uma visão realmente clara do mundo invisível, só então poderias conhecer a fonte do amor misterioso que te anuncio. A existência do amor é, folha por folha, completamente destruída pela própria embriaguez do amor. Se possuísses a visão espiritual, os átomos do mundo visível também te seriam desvelados; mas se olhas com o olho da inteligência humana, jamais compreenderás o

---

154. Medicamento de consistência branda, geralmente composto de pós, extratos e folhas vegetais misturadas ao mel ou ao açúcar.

amor assim como ele é. Somente um homem experiente e livre pode sentir esse amor espiritual. Pois bem, tu não tens a experiência requerida, e ademais não estás verdadeiramente enamorado. Tu estás morto!, como estarias pronto para o amor? Seria necessário àquele que se compromete nessa via possuir milhares de corações vivos, a fim de poder sacrificá-los às centenas a cada instante".

O HODJA ENAMORADO

O amor levou um *hodja* pelos caminhos da miséria; ele errava sem lugar e sem família, desgraçado por causa do amor que experimentava por um jovem vendedor de cerveja. O excesso desse amor transformou-se em loucura, e a infâmia que disso resultou teve ressonâncias. Todos os objetos, mobiliário e escravos que possuía, ele os vendeu para comprar cerveja daquele moço. Quando mais nada restava a este homem que havia perdido seu coração e caído na indigência, seu amor cresceu ainda cem vezes mais. Mesmo quando lhe davam todo pão que queria ele continuava faminto, porém contente da vida, porque cada bocado que recebia trocava por cerveja; permanecia faminto, a fim de poder beber em um instante cem copos de cerveja. Um dia alguém lhe perguntou: "Tu cujo estado é desolador, o que é o amor? Desvela-me esse segredo". O hodja respondeu: "O amor é tal que deves vender a mercadoria de cem mundos para comprar cerveja".

Enquanto o homem não agir dessa maneira, conhecerá o verdadeiro sentido do amor?

OUTRA HISTÓRIA SOBRE MAJNUN

Os pais de Laila jamais permitiam que Majnun entrasse em sua tribo; porém Majnun, ébrio de amor, pediu emprestada a pele de um cordeiro a um pastor que estava no deserto onde a tribo de Laila levantava suas tendas. Ele curvou então sua cabeça, cobriu-a com essa pele e tomou assim a aparência do cordeiro. Depois Majnun disse ao pastor: "Eu te suplico, em nome de Deus! deixa-me entre tuas ovelhas. Leva teu rebanho para perto de Laila para que eu possa sentir o perfume daquela que amo, e, escondido de minha amiga sob esta pele, possa desfrutar de sua presença".

Se pudesses sentir tal amor por um instante, tu serias digno de pertencer à humanidade até a raiz de cada um de teus cabelos. Ai! tu não sentes a dor amorosa dos homens espirituais, ignoras a boa sorte das gentes do jardim espiritual.

Majnun foi sob essa pele ao encontro de sua amiga, escondido entre as ovelhas. Ao ver Laila, foi invadido por tal alegria que acabou por desmaiar. Quando o amor produziu esse efeito sobre ele e a *água* (honra) deixou seu rosto, o pastor tomou-o nos braços e levou-o para a sombra da planície; lançou água sobre a face desse jovem tão profundamente embriagado de amor, para que essa água acalmasse um pouco aquele fogo.

Dias depois, quando Majnun, ébrio de amor, estava sentado com algumas pessoas no deserto, um dos membros dessa reunião lhe disse: "Ó tu que és bem nascido! como podes estar sem roupas? Se desejares, eu te trarei agora mesmo a vestimenta que preferires". — "Nenhuma vestimenta é digna de minha amiga", respondeu Majnun, "assim, não há para mim roupa mais conveniente que a pele do cordeiro; ela serviu-me de *ispand* para afastar o mau-olhado. Majnun vestiria com prazer ricas vestes de brocado tecido em ouro, porém agrada-lhe esta pele por meio da qual ele pode agradar Laila. Se é graças a esta pele que posso ver minha amiga, como poderia desejar outra vestimenta? É sob essa pele que meu coração tem notícias do amor; e, como não posso alcançar sua essência, esta pele permite-me ter ao menos uma idéia dela."

É preciso que o amor te arranque da sabedoria, é necessário que ele transforme tuas inclinações. A menor coisa no aniquilamento dessas inclinações é dar tua vida e abandonar os prazeres vulgares. Se tens os elevados sentimentos de que falo, põe o pé nessa via, pois não é um jogo jogar assim a própria vida.

O MENDIGO ENAMORADO DE AYAZ

Um mendigo enamorou-se de Ayaz, e esta notícia espalhou-se pelos mercados e bazares. Quando Ayaz cavalgava pela cidade, o infeliz corria como um louco atrás de seu cavalo, na esperança de despertar sua atenção. Toda vez que Ayaz, perfumado de almíscar, passeava pela praça, esse libertino espiritual não tinha olhos senão para ele, como o jogador de pólo que não desvia os olhos da bola. Mahmud tomou conhecimento do fato, ou seja, que esse mendigo estava enamorado de Ayaz, o favorito dentre seus escravos.

No dia seguinte, onde quer que Ayaz estivesse esse libertino aparecia também, mais apaixonado que nunca. Ele contemplava o rosto de Ayaz; diria-se que o taco estava pronto a colher a bola do jogo. O sultão observava furtivamente e viu que a alma de Ayaz era como o grão de cevada, e o rosto do mendigo a casca que o envolve; viu que esse mendigo tinha as costas curvadas como o taco, que sua cabeça girava como a bola de pólo, e que essa bola errava de um lado para outro na praça. Mahmud chamou-o e lhe disse: "Miserável mendigo, queres então beber da mesma taça que o rei?" — "Ainda que me chames mendigo", respondeu o dervixe, "eu não sou inferior a ti no jogo do amor. A pobreza é semelhante ao sal, ela dá sabor ao amor. O amor e a pobreza caminham juntos, pois o capital do amor é não ter. Tu és soberano e teu coração é luminoso; mas para o amor é necessário um coração calcinado como o meu. Do amor tens somente o elemento mais vulgar, e eis tudo; com paciência, suporta pois um instante a dor da ausência. Se estás verdadeiramente enamorado, apesar da união que desfrutas deves ter o pé firme na dor da ausência."

O rei respondeu: "Ó tu que nada sabes da existência! por que então não tiras os olhos da bola de pólo?" — "É porque essa bola está, como eu, sempre em movimento", replicou o outro, "ela é agitada como eu, e eu como ela. Ela conhece meu valor e eu o seu; ambos caímos na mesma vertigem, existimos sem pé nem cabeça. Ela me conhece e eu a conheço, e ambos podemos falar da dor que o taco de pólo nos faz experimentar. Porém a bola é mais feliz que eu, pois às vezes é tocada pelas patas do cavalo. Ainda que eu seja como essa bola, sem cabeça nem pé, minha dor é, no entanto, maior que a dela. A bola tem o corpo ferido pelos golpes do taco, porém este desolado mendigo tem ferido o coração. De fato, ainda que a bola experimente dor sem igual, Ayaz acaba por alcançá-la; quanto a mim, ainda que experimente mais tormentos que ela, Ayaz não vem ao meu encontro, mesmo quando estou diante dele. A bola tem caído próxima dele, enquanto este mendigo está sempre distante. Por fim, quando chega diante dele, a bola experimenta a alegria que provém do vinho da união. Eu não posso participar sequer do perfume de sua união, enquanto que a bola está unida a ele; assim, busco a proximidade dessa bola e espero a honra de conduzi-la um dia à vitória."

"Ó meu dervixe!", disse-lhe então o rei, "tu te glorias diante de mim de tua pobreza. Se não estás mentindo, ó desgraçado mendigo!, deves ter uma testemunha de tua pobreza." — "Enquanto eu esteja de posse da vida", respondeu o dervixe, "não sou um indigente. Tenho pretensões, mas na verdade não pertenço à assembléia da pobreza espiritual. Se sacrifico minha alma pelo amor, este sacrifício é o penhor de minha pobreza espiritual. Por tua vez, ó Mahmud!, se tens o sentimento do amor, sacrifica tua vida ou não tenhas a pretensão de amar."

Então, no silêncio que se seguiu a essa resposta, sua alma deixou o mundo; o dervixe deu-a prontamente pela face de seu bem-amado. Quando esse *libertino espiritual* entregou assim sua alma sobre a poeira do caminho, o mundo escureceu para Mahmud, pelo efeito da dor que experimentou.

Se consideras pouco jogar assim com a vida, observa este fato extraordinário. Se alguma vez te dizem "Entra!", então a fim de ouvir, desde o ponto em que te encontras, esta palavra consoladora, deves tornar-te igualmente sem pé nem cabeça. Que tu possas jogar tudo o que possuis, e assim, quando a boa nova te chegar, tua razão e tua alma estarão em completa desordem.

O ÁRABE NA PÉRSIA

Um árabe foi à Pérsia e admirou-se dos costumes que ali encontrou. Quando visitava o país, este ignorante passou por acaso diante de uma casa de calândares e viu um punhado de gente turbada que havia abandonado os dois mundos e não dizia palavra. Todos sem mulher, sem dinheiro, mas de coração puro; todos isentos de mancha, um mais que o outro. Se pareciam sujos ladrões, eram no entanto mais limpos que qualquer um que o mundo possa enxergar, e apesar de parecer mergulhados na embriaguez, o êxtase que conheciam não é de se beber. Cada um deles tinha nas mãos uma garrafa de vinho turvo, que havia tido o cuidado de encher antes de sentar-se. Logo que o árabe viu essas pessoas sentiu-se inclinado por elas: seu espírito e seu coração detiveram-se no grande caminho de sua vida. Quando os calândares viram-no assim destituído de honra, de razão e de espírito, disseram-lhe todos: "Entra, ó ninguém!" Ele entrou pois, por bem ou por mal. Assim foi, e eis tudo. Tornou-se libertino como os outros. Embriagado pelo efeito de um só copo de vinho ele apagou-se, renunciou a si mesmo, e seu vigor foi aniquilado. Esse homem tinha muitos objetos de valor, muito ouro e prata, que um dos calândares tomou-lhe num instante. Um outro deu-lhe ainda mais vinho, e depois jogaram-no inteiramente nu para fora daquela casa. Então o árabe viu-se obrigado a vagar, tonto, pobre, com a alma transtornada e os lábios secos, até chegar a seu país. Os árabes lhe disseram: "O que se passou contigo? Onde está teu ouro e tua prata? Talvez tenhas adormecido e foste roubado. Tinhas dinheiro e agora estás pobre e na agitação; fizeste mal em ir à Pérsia, não dizes palavra e pareces tão diferente. Explica o que te aconteceu, para que conheçamos a situação em que te encontras". — "Enquanto vagava cheio de orgulho pelo caminho", ele respondeu, "encontrei-me de repente entre calândares. Eu nada sei além disso, a não ser que meu ouro e minha prata se foram e que perdi tudo." Sua mente estava em outro lugar, e tudo o que ouvia parecia-lhe tagarelice inútil e absurda. Pediram-lhe que descrevesse aquela gente, e ele contou: "Eles disseram simplesmente: *Entra*".

O ENAMORADO QUE PERDEU SUA BEM-AMADA

Um homem de olhar elevado e possuidor da perfeição enamorou-se de uma bela jovem. Pois bem, aquela a quem ele entregara seu coração adoeceu e ficou magra e amarela como um talo de açafrão; o luminoso dia tornou-se escuro para seu coração; a morte veio de longe e aproximava-se rapidamente daquela mulher. Quando deram essa notícia a seu amante, ele acorreu com um punhal à mão, dizendo: "Quero matar imediatamente minha amada, para que essa mulher semelhante a uma admirável pintura não morra de morte natural". Disseram-lhe: "Ó insensato! Que motivo tens para matá-la? Não vertas sangue, retira tua mão desse assassinato, pois ela vai morrer, queiras ou não. De que serve matar aquele que está à morte? Somente um louco corta a cabeça de um morto". — "Se minha amiga perecer por minha mão, deverei perecer pela lei de Talião. Então, no Dia da Ressurreição, arderei por ela (no Inferno) como a vela diante dos humanos reunidos. Serei justiçado por minha paixão por essa bela, e amanhã também serei queimado por sua causa. Aqui e lá, esta é minha situação: meu destino é ser morto ou queimado por essa mulher."

Os amantes que jogam suas vidas vieram para este caminho depois de retirar suas mãos dos dois mundos; arrancaram de suas almas o pensamento das coisas sensíveis; retiraram inteiramente seus corações do mundo. Quando a vida espiritual retornar a seus corpos mortos, eles terão desfrutado da intimidade do objeto de sua afeição.

ABRAÃO E O ANJO DA MORTE

Quando o amigo de Deus agonizava, não foi sem pesar que ele entregou sua alma a Azrael: "Retira-te", disse ele, "e diz ao Rei do universo que não exija dessa forma a alma de Seu amigo". Mas Deus Altíssimo lhe disse: "Se és Meu amigo deves desejar vir a Meu encontro. Aquele que recusa entregar a vida pelo Amigo deveria ter o coração arrancado pela espada". Uma pessoa que estava presente disse: "Ó Abraão, luz do mundo! Por que não queres dar de boa vontade tua vida a Azrael? Como é possível que os amantes tenham jogado suas vidas no caminho do espírito e tu estejas tão apegado?" — "Como poderia eu", respondeu Abraão, "deixar voluntariamente a vida quando o pé de Azrael se interpõe entre eu e Ele? Quando Gabriel aproximou-se do fogo em que fui lançado por Nemrod e ordenou-me que pedisse qualquer coisa, eu nem sequer o olhei, pois pensava somente em Deus. Se desviei minha cabeça de Gabriel, como poderia entregar minha alma a Azrael? Não quero fazer o sacrifício voluntário de minha vida enquanto não ouvir Deus dizer-me Ele mesmo: 'Dá tua vida'. Quando receber a ordem de abandoná-la, o mundo de minha alma não valerá para mim nem meio grão de cevada. Como, nos dois mundos, daria minha vida a alguém sem que Ele mesmo o ordenasse? Eis tudo o que tenho a dizer."

CAPÍTULO XL

O TERCEIRO VALE, O VALE DO CONHECIMENTO (*MA'RIFAT*)

"Depois do vale de que acabo de falar", continuou a poupa, "um outro se apresenta aos olhos do peregrino. É o vale do conhecimento, que não tem princípio nem fim; não há ninguém que possa ter outra opinião a respeito da extensão do caminho que se deve percorrer nesse vale. Realmente não há caminho semelhante a este; porém um é o viajante tempo ral, outro o viajante espiritual. Neste vale, cada peregrino toma um caminho diferente; espíritos diferentes obedecem regras diferentes. A alma e o corpo, pela perfeição ou pelo debilitamento, estão sempre em progresso ou decadência. Necessariamente o caminho espiritual não se manifesta senão nos limites das respectivas forças de cada um. De fato, no caminho percorrido por Abraão, o amigo de Deus, como poderia a frágil aranha seguir o passo do elefante? A marcha de cada indivíduo será relativa à excelência que ele puder adquirir, e cada um se aproximará da meta na medida de sua disposição. Se um mosquito voasse com toda sua força poderia igualar a impetuosidade do vento? Nossas trilhas são diferentes, nenhum pássaro conhece a rota secreta pela qual o outro vai, e o discernimento chega-nos por signos diferentes. Assim, uma vez que há diversas maneiras de percorrer esse espaço, cada pássaro não pode voar da mesma maneira. O conhecimento espiritual *(ma'rifat)* tem diferentes faces. Uns encontram o *mihrab*, outros o ídolo."

Quando o sol da Verdade brilha na cúpula deste caminho, que não se poderia descrever adequadamente, cada um será iluminado segundo seu mérito e encontrará a posição que lhe está assinalada no conhecimento da verdade. Quando o mistério da essência dos seres mostrar-se claramente, a fornalha do mundo se converterá num jardim de flores. O adepto verá a amêndoa, ainda que envolvida por sua casca. Ele não verá mais a si mesmo, e não perceberá senão o Amigo; em tudo o que veja, verá Sua face; em cada átomo verá o todo; contemplará sob o véu milhões de segredos tão brilhantes como o sol. Porém, quantos se perderam nessa busca para que um só pudesse descobrir esses mistérios? Há que ser perfeito para franquear este difícil caminho e mergulhar neste tormentoso oceano. Quando se tem o verdadeiro gosto por estes segredos, sente-se a cada instante um novo ardor para conhecê-los. Aquele que está realmente agitado pelo desejo de penetrar esses mistérios ofereceria mil vezes a vida em sacrifício para conhecê-los. Mesmo quando alcançares com tua mão o glorioso trono, não deixes de pronunciar as palavras do Corão: "Há ainda algo mais?"[155] Mergulha no oceano do conhecimento, ou ao menos lança a poeira do caminho sobre tua cabeça. Quanto a ti que estás adormecido e a quem não se pode cumprimentar pelo triunfo, por que não estás de luto? Se não tens a felicidade de unir-te ao objeto de teu afeto, levanta e veste ao menos o luto da ausência. Tu que ainda não contemplaste a beleza de teu Amigo, não permaneças

---

155. *Corão*, sura L, vers. 30: "E nesse dia perguntaremos ao Inferno: 'Estais cheio?' E o Inferno responderá: 'Há ainda mais?'"

mais sentado, levanta-te e procura esse segredo; e se não conheces a maneira de penetrá-lo, envergonha-te. Até quando serás como um asno sem cabresto?

AS LÁGRIMAS DE PEDRA

Numa montanha da China há um homem que junta pedras sem parar. Ele derrama abundantes lágrimas que ao tocarem o chão transformam-se em pedras, as quais ele recolhe novamente.

Se as nuvens chorassem lágrimas como essas, toda a dor que houvesse até o Dia da Ressurreição não seria mais que o objeto de uns poucos suspiros.

A ciência é o atributo do homem puro e sincero, e o real conhecimento torna-se a posse do verdadeiro buscador. Se é necessário ir à China para encontrá-lo, põe-te a caminho. Pela má vontade dos negligentes, pela indiferença e pela descrença, a ciência torna-se tão dura de se trabalhar quanto a pedra; e pela distorção da mente excessivamente formal, o conhecimento petrifica-se, torna-se imóvel, opaco e sem vida. Por quanto tempo o verdadeiro conhecimento deverá permanecer desconhecido? O mundo, este palácio de aflições, é todo escuridão, porém a ciência brilha nele como a lâmpada que mostra o caminho. De fato, o que guia tua alma neste lugar escuro é a jóia da ciência, dessa ciência que abre o coração. Nestas trevas que não têm começo nem fim, errarás, como Alexandre, sem guia. Se puderes tirar dessa preciosa jóia o conveniente benefício, sentirás o arrependimento pelo mal que fizeste; e se não possuis essa jóia, deverás estar ainda mais arrependido. Porém, se confias demais no brilho dessa jóia, tornar-te-ás um tolo virtuoso. Possuas ou não essa brilhante pedra, serás sempre presa dos pesares; mas se desprezas ou valorizas demais essa jóia, chamarás para ti desgraça ainda maior.

O mundo visível e o mundo invisível nada são para a alma; o corpo não está escondido da alma, nem a alma do corpo. Quando saíres do mundo visível que nada é, encontrarás então o lugar apropriado para o homem, e nesse lugar especial, adquirirás num instante cem espécies de segredos. Porém, se ficares para trás, infeliz de ti!, perder-te-ás totalmente nas lágrimas. Se nessa busca te privas de dormir durante a noite e não comes durante o dia, poderás encontrar o que procuras. Procura até que te percas em tua busca, abstendo-te de comer durante o dia e dormir durante a noite.

O AMANTE ADORMECIDO

Um homem apaixonado, exausto e com o espírito turbado pelo excesso de seu amor, adormeceu gemendo sobre uma colina tumular. Sua amante passou pelo lugar onde ele repousava sua cabeça e encontrou-o adormecido e privado de sentimento. Imediatamente ela escreveu um bilhete apropriado à circunstância e pregou-o ao manto do amante. Quando este despertou de seu sono, leu a carta e seu coração ficou ensangüentado. Estava escrito: "Ó tu que estás surdo e mudo! Se és um mercador, o mercado está aberto, levanta-te e trabalha para ganhar dinheiro; se és um asceta, vela durante a noite, reza a Deus até a aurora e sê Seu escravo; porém se és um amante, envergonha-te. O que tem a ver o sono com os olhos do amante? Ele mede o vento durante o dia, e à noite seu ardente coração toma o lugar da resplandescente lua. Como não és nem isto nem aquilo, ó tu que estás destituído de todo brilho!, não te vanglories falsamente do amor. Se um amante pode dormir fora de sua mortalha, eu o chamarei amante, mas de si mesmo. Uma vez que chegaste ao amor pela loucura, possa teu sono ser como tua ignorância, profundo e prolongado. Que o sono te seja agradável! porém és indigno de amar".

O AMOR SENTINELA

Um soldado encarregado de montar guarda durante a noite enamorou-se perdidamente: estava dia e noite sem sono e sem repouso. Um de seus amigos lhe disse: "Ó tu que estás privado do sono! necessitas dormir ao menos uma noite". — "O amor", respondeu ele, "é adequado às minhas funções de sentinela. Sou um amante e um vigia; como poderia eu dormir e assim quebrar meu duplo voto? Já que o sono não convém a um sentinela, é vantajoso que ele esteja apaixonado. Esse sentimento, que consiste em jogar com a vida, apossou-se de mim, identificou-se com minhas funções, e estas entraram em seu domínio. Como poderia dormir se não encontro sono em parte alguma, e nem posso tomá-lo emprestado de ninguém? A cada noite o amor me põe à prova, obrigando-me assim a observar a senha. O amor está sempre vigilante, e não permite que seu sentinela adormeça."

Às vezes, de dor, esse enamorado chegava a golpear seu rosto e sua cabeça com a clava para manter-se acordado. Se, por acaso, privado que estava de sono e alimento, ele adormecia um instante, sonhava com seu amor. Durante a noite ele não deixava ninguém passar sem gritar: "Quem vive?".

Um dia outro amigo lhe disse: "Ó tu que te ocupas zelosamente de tuas funções e do ardor de teu amor! Não tens um instante de sono durante a noite". O sentinela respondeu: "O sono deve ser estranho ao sentinela. Assim como convém que no rosto do amante não haja outra *água* (honra) senão lágrimas, a vigília convém ao sentinela. Ele deve habituar-se à vigília, como os amantes à desonra. Pode ocorrer o sono quando se chora em vez de dormir? Quando se é a uma só vez amante e sentinela, o sono abandona os olhos. O amor é agradável ao sentinela, pois a insônia integrou-se a sua essência. Aquele para quem a insônia é agradável estará alguma vez propenso ao sono?"

Não durmas, ó homem!, se estás à procura das coisas espirituais; porém se te contentas em apenas falar, então o sono te convém. Guarda bem a fortaleza de teu coração, pois há salteadores nos arredores. O caminho está bloqueado por ladrões; protege pois desses bandidos a jóia de de teu coração.

Quando tiveres a virtude que consiste em saber guardar teu coração, teu amor pela ciência espiritual manifestar-se-á prontamente. Pois bem, esse conhecimento virá induvitavelmente ao homem pela vigília em meio ao oceano de sangue de seu coração. Aquele que por muito tempo suporta a vigília tem seu coração desperto quando se aproxima de Deus. Já que é necessário privar-se do sono para ter desperto o coração, dorme pouco, a fim de conservar a fidelidade do coração. Quando tua existência arruinar-se, devo repetir-te: "Aquele que se perde no oceano dos seres não deve deixar ouvir um só grito de queixa. Os verdadeiros amantes partiram para afogar-se no sono, ébrios de amor. Golpeia tua cabeça, pois estes excelentes homens fizeram o que devia ser feito". Aquele que realmente tem o gosto do amor espiritual tem em sua mão a chave dos dois mundos. Se é uma mulher, converter-se-á num homem admirável, e se é um homem, tornar-se-á um profundo oceano.

SENTENÇA DE ABBAÇAH SOBRE O AMOR

"Ó homem de amor!", disse um dia Abbaçah a alguém, "aquele que irradia mesmo um pouco da paixão do verdadeiro amor, se é um homem pode tornar-se mulher, e se é uma mulher pode tornar-se homem. Tu viste uma mulher sair de Adão; e não ouviste falar de um homem nascido de uma virgem (Maria)? Enquanto não fizeres tudo o que deve ser feito, não alcançarás teus intentos. Quando o reino de Deus chegar, então obterás o resultado que desejas; tudo o que tens no coração se realizará. Sabe que esse reino é o verdadeiro, e esse império é o real. Não consideres este mundo mais que um átomo do mundo espiritual. Se te contentas com o reino deste mundo, perderás o da eternidade. A verdadeira realeza reside no conhecimento espiritual; esforça-te para possuí-lo. aquele que se embriaga na contemplação das coisas espirituais é rei de todas as criaturas do mundo. Para ele o reino (*mulk*) da terra não é mais que um domínio (*milk*) vulgar, e o céu (*falak*) das nove cúpulas é somente um navio (*fulk*) do Oceano. Se os reis do mundo pudessem saborear um só trago da água desse oceano sem limites, cairiam todos no luto da aflição e não ousariam olhar uns aos outros."

MAHMUD E O LOUCO RELIGIOSO

Mahmud encontrava-se por acaso num lugar deserto quando viu um louco que havia perdido seu coração. Esse homem tinha a cabeça baixa por causa da tristeza que experimentava, e suas costas curvavam-se sob o peso de uma montanha de dor. Quando ele viu o rei aproximar-se, gritou: "Afasta-te se não queres que eu te golpeie cem vezes; afasta-te pois não és um rei, mas um homem de vis sentimentos; tu és infiel à graça de teu Deus". O rei disse: "Eu sou Mahmud; dirige-te a mim com mais respeito e não me chames infiel". — "Ó ignorante!", respondeu o faquir, "se soubesses quão longe estás da Verdade, não te bastariam terra e cinzas; lançarias fogo e brasas vivas sobre a cabeça."

CAPÍTULO XLI

O QUARTO VALE,
O VALE DA INDEPENDÊNCIA (*ISTIGNA*)

"Depois vem o vale onde não há pretensão ou desejo, nem sentido espiritual a descobrir. Desta disposição da alma ao desprendimento eleva-se um vento frio, cuja violência devasta num instante um espaço imenso. Os sete oceanos já não são então mais que um charco de água; os sete planetas não são mais que uma faísca; os sete céus, um cadáver; os sete infernos, gelo moído. Então, sem que se possa adivinhar a razão, a formiga, coisa admirável!, tem a força de cem elefantes, e cem caravanas perecem no espaço de tempo que a gralha leva para encher seu bico. Para que Adão fosse iluminado pela luz celestial, milhares de anjos vestidos de verde foram consumidos pela dor. Para que Noé fosse o carpinteiro de Deus e construísse a arca, milhares de criaturas foram privadas da vida. Por Abraão, milhares de mosquitos caíram sobre o exército de Nemrod para que esse rei fosse vencido; milhares de crianças tiveram a cabeça cortada para que Moisés visse Deus; milhares de pessoas tomaram o cinturão dos cristãos para que Cristo fosse o *mahram* dos segredos de Deus. Milhares de almas e de corações foram submetidos à pilhagem para que Mohâmmed subisse uma noite ao Céu. Aqui não é o novo nem o antigo o que tem valor; e tu podes agir ou não."

Se tu visses um mundo inteiro queimado até o coração pelo fogo, ainda não terias mais que um sonho em comparação à realidade. Milhares de almas que caem sem cessar próximas desse oceano sem limites não são aí mais que um ligeiro e imperceptível orvalho. Assim, milhões de indivíduos adormeceram sem que por isso o sol os cobrisse de sua sombra. Em vão a terra e o céu se dividiriam em pequenas partículas: não poderias colher sequer a folha de uma árvore; e no entanto, se do peixe à lua tudo caísse no nada da não-existência, ainda se poderia encontrar no fundo de um poço a pata de uma formiga coxa. Mesmo que os dois mundos fossem de repente aniquilados, isso não negaria a existência de um só grão de areia da terra. Se não fica nenhum sinal nem de homem nem de gênio, presta atenção ao segredo da gota de chuva (de onde tudo foi formado). Se todos os corpos desaparecessem da terra, se não restasse sequer um pelo dos seres viventes, que temor poderia haver? Em resumo, se a parte e o todo fossem completamente aniquilados, não ficaria uma palha sobre a face da terra? Mesmo que fossem destruídas de uma só vez as nove cúpulas do universo, não restaria uma gota dos sete oceanos?

O JOVEM QUE CAIU NUM POÇO

Em meu povoado havia um jovem belo como a lua e parecido com José. Ele caiu num poço e muita terra caiu sobre ele. Por fim alguém retirou-o dali; porém sua situação havia mudado, e encontrava-se então num estado deplorável. Esse jovem de excelente conduta chamava-se Muhammad, e era querido em toda parte. Quando seu pai o viu naquele estado, disse-lhe: "Ó meu filho! tu que és a luz dos olhos e a alma de teu pai, ó Muhammad!, sê afetuoso com teu pai e diz uma palavra". — "Onde está Muhammad?", disse o rapaz, "onde está teu filho agora?", e então entregou sua alma, e eis tudo.

Ó tu que és jovem na via do espírito e que observas! Olha Mohâmmed e Adão; fala de Adão e dos átomos, do todo e das partes do todo; fala da terra e da montanha, do céu e do oceano; fala das fadas e dos gênios, dos homens e dos anjos. Fala agora dos milhares de corpos formados de terra; fala das cem mil almas puras. Fala do penoso instante da entrega da alma; diz que todo indivíduo, que a alma e o corpo não são nada. Se reduzisses os dois mundos a pó e por cem vezes os peneirasse, o que aconteceria? Isto te seria como um palácio de ponta-cabeça e não encontrarias nada sobre a peneira.

HISTÓRIA SOBRE O SHEIK YUSSUF HAMDANI

Yussuf de Hamdan, que desejava entrar no caminho do espiritualismo e tinha o coração puro e inteligente, dizia: "Se permanecesses durante anos no alto do céu e depois descesses sobre o tapete da terra, te assegurarias de que tudo o que foi, é e será, seja bom ou mau, tudo não é mais que um átomo. Tudo isso não é mais que uma gota do Oceano. Que importa que as raças se perpetuem ou não?"

Este vale não é tão fácil de atravessar quanto podes crer em tua simplicidade. Ainda que o sangue de teu coração enchesse esse oceano, não poderias ir além da primeira etapa. Ainda que percorresses todos os possíveis caminhos do mundo, te encontrarias sempre, se prestas atenção, no primeiro passo. De fato, nenhum viajante espiritual viu o fim de sua viagem, nem encontrou remédio para seu amor. Se te deténs, serás petrificado, ou morres e te tornas um cadáver. Se continuas a caminhar e avanças sempre em tua jornada, ouvirás até a eternidade: "Avança mais!" Não te é permitido nem ir adiante nem parar; não te é proveitoso nem viver nem morrer. Que benefício tiraste das coisas difíceis que te aconteceram? Que vantagem encontraste nas penas que tiveste de suportar? Pouco importa que te golpeies a cabeça ou não, ó tu que me escutas! Fica silencioso, deixa tudo isso e age.

Abandona as coisas inúteis e persegue as coisas essenciais. Ocupa-te o menos possível de teus assuntos temporais, porém muito dos espirituais. A ação será então o remédio da ação, e ela permanecerá contigo até o fim. Porém se a ação não oferece remédio, mais vale permanecer na inação. Deixa o que fizeste antes; deves saber agir ou ficar na inação de acordo com a ocasião. Como poderás conhecer o que não se pode conhecer? Porém pode ocorrer que, sem poder conhecê-lo, ajas corretamente. Procura ser independente e bastar-te a ti mesmo, quer te regozijes ou te lamentes. Neste quarto vale o clarão da virtude, que consiste em bastar a si mesmo, brilha de tal forma que seu calor consome centenas de mundos. Se a chama do desprendimento reduz cem mundos a cinzas, seria extraordinário que o mundo que habitamos desaparecesse também?

O ASTRÓLOGO

Nunca viste um sábio cheio de inteligência colocar diante de si um pequeno tabuleiro coberto de areia? Ele traça figuras e desenhos sobre ele; coloca as estrelas e os planetas, o céu e a terra. Ele tira presságios tanto do céu como da terra. Também sobre essa tábua ele desenha as constelações e os signos do zodíaco, o nascer e o ocaso dos astros, a casa do nascimento e da morte, e assim deduz os bons e os maus augúrios.

Quando, a partir desses signos, estiver traçado o horóscopo da felicidade ou da desgraça, o sábio pega o tabuleiro por um canto e o sacode, espalhando a areia de maneira que se poderia dizer que todas as figuras que ali estavam jamais houvessem existido. A acidentada superfície deste mundo é semelhante à superfície desse tabuleiro. Se não possuis a energia necessária para resistir às tentações do mundo, não gires ao redor, é melhor que te sentes a um canto. Homens e mulheres, todos têm vivido no mundo sem ter contudo nenhuma idéia nem do mundo visível nem do mundo invisível. Se não tens o vigor necessário para abordar este caminho, ainda que tivesses o peso de uma montanha (*koh*), serias tão frágil como uma palha (*kah*).

O ILUMINADO

Um homem da via espiritual, instruído nos mistérios, disse: "O véu foi retirado para mim, e eu vi o mundo dos segredos que sua sombra esconde". No mesmo instante ele ouviu uma voz misteriosa: "Ó sheik! pede tudo o que quiseres e ainda hoje será teu". O *pir* disse então: "Vi que os profetas estiveram sempre submetidos a provações. Tudo o que existe de dor ou de desgraça, tudo isso tem sido experimentado pelos profetas. Como posso eu, um miserável *pir*, esperar repouso e contentamento quando a desgraça tem sido a herança dos melhores homens?

"Não desejo nem honra nem infâmia. Queira Deus que eu permaneça em minha modesta situação! Desde que o sofrimento foi colocado no caminho dos santos pelos desígnios de Deus, como pode um desgraçado desejar a beatitude? Uma vez que a sorte dos grandes personagens é a dor e os tormentos, como seria repartida a felicidade entre os pequenos? Os profetas estiveram na turbação, mas eu não tenho força para suportá-la. É melhor que me deixes; recolhe tua mão, pois nada quero pedir".

Qual a utilidade de tudo o que digo, ainda que seja do fundo da alma, e de que te servirão minhas palavras enquanto não forem aplicadas? Se caíste no oceano do perigo, caíste como a perdiz, com asas e plumas que podem sustentar-te sobre a água. Embora saibas que há crocodilos e que o Oceano é profundo, ainda queres trilhar esse caminho? Permanece sempre inquieto pelo pensamento de descobrir como chegar à praia caso caias nesse oceano.

A MOSCA CAÍDA NO MEL

Uma mosca estava à procura de alimento quando viu uma colméia. Ela experimentou tal desejo de provar o mel e agitou-se tanto que quem a visse poderia tomá-la por um *azad*.[156] "Se o mel", dizia ela, "quer um óbolo para deixar-me entrar no interior da colméia, e assim alçar a rama de minha união, eu lhe darei; a raiz ficará bem plantada no mel." Alguém teve piedade dessa mosca, e por um óbolo introduziu-a na colméia; porém, quando a mosca ali entrou, suas patas atolaram-se no mel. Se ela agitava suas asas afundava-se um pouco, e se tentava saltar afundava ainda mais. Estava confusa por causa disso e disse: "Experimento a tirania; este mel tornou-se para mim mais perigoso que o veneno. Dei um óbolo para entrar, porém daria prazerosamente o dobro para libertar-me do tormento que suporto".

"Neste vale", continuou a poupa, "não se deve entrar a não ser depois de haver chegado ao estado de maturidade espiritual; neste lugar ninguém deve permanecer na inação. É hora de agir em vez de viver na incerteza e passar o tempo na negligência. Levanta-te! renuncia a teu espírito e a teu coração e atravessa este difícil vale; pois se não renuncias nem a um nem a outro, tu és politeísta, e o mais negligente dos politeístas. Sacrifica pois tua alma e teu coração nesta via, do contrário deves renunciar a saber bastar-te a ti mesmo (*istigna*)."

O DERVIXE ENAMORADO
DA FILHA DE UM GUARDADOR DE CÃES

Um célebre sheik, vestido com o hábito da pobreza voluntária, ficou de tal forma embrutecido pelo amor que concebeu pela filha de um guardador de cães, que ondas de sangue, como as do mar, agitavam-se em seu coração. Na esperança de ver o rosto de sua bem-amada, ele dormia toda a noite na companhia dos cães de sua rua. A mãe da jovem inteirou-se do que se passava e disse ao sheik: "Uma vez que teu coração se perdeu e concebeste esse desejo, sabe que nosso ofício é o do comércio de cães, e eis tudo. Se adotares nossos costumes e consentires guar-

---

156. *Azad* é um adjetivo persa que significa 'independente', e que por isso é dado a uma ordem particular de dervixes.

dar cães, poderás casar-te dentro de um ano e serás nosso hóspede". Este sheik não era homem de esquivar-se, seu amor era um mar sem limites; ele rasgou seu manto dervixe e saiu prontamente para o trabalho. Diariamente ele conduzia um cão ao mercado, e assim continuou por um ano inteiro. Um dia outro sufi encontrou-o nesse estado e lhe disse: "Ó homem de nada! durante trinta anos te ocupaste dos interesses espirituais; o que ocorreu para que te encontres neste risível e triste estado? Como pudeste fazer o que nunca fez nenhum de teus pares?" — "Ó tu que não consideras as coisas em seu verdadeiro sentido!", respondeu o sheik, "não me venhas com sermões. Se queres levantar o véu deste assunto, sabe que somente Deus conhece este segredo, e se Ele quisesse mostrar-te a verdade, terias de fazer exatamente o que me vês fazer agora. Quando Deus desvelar tua vergonha, entenderás que espécie de correias pendem de tuas mãos. Quando souberes do segredo, terás conhecimento de meu estado."

O que posso dizer ainda? Meu coração, pelo amor ao caminho espiritual, está ensangüentado, e não pode entrar nele um só instante. Quanto devo ainda descrever as dores desta viagem? No entanto é melhor ser absurdo por força das palavras que não buscar penetrar os segredos da via espiritual. A partir de agora falarei muito da via espiritual, porém todos estão adormecidos. Caminha alguém por esta via?

RESPOSTA DE UM SHEIK A SEU DISCÍPULO

Um discípulo pediu um conselho a seu mestre. "Deixa-me", respondeu o sheik, "nada te direi se não lavares o rosto agora mesmo. Pode-se cheirar o almíscar em meio à podridão? O perfume não te pode guiar para fora da imundície. As palavras não têm utilidade para os que estão embriagados."

CAPÍTULO XLII

O QUINTO VALE, O VALE DA UNIDADE (*TAUHID*)

"Depois terás de atravessar", continuou a poupa, "o vale da pura unidade, lugar de renúncia a todas as coisas e de sua unificação. Todos os que levantam a cabeça nesse deserto levantam-na de um mesmo pescoço, como ramos de um único tronco. Ainda que vejas muitos, não há senão um pequeno número, o que digo?!, na realidade há somente Um. Como toda quantidade não é verdadeiramente mais que Um, ela está completa em sua unidade. O que se apresenta a ti como unidade não é diferente daquilo que se pode enumerar. Uma vez que o Ser de que falo está além da unidade e do número, deixa de sonhar com a eternidade *a priori* e *a posteriori*; e desde que estas duas eternidades desapareceram, não as menciones mais. De fato, quando tudo o que é visível for reduzido a nada e aniquilado, haverá algo no mundo que possa atrair nossa atenção?"

RESPOSTA DE UM LOUCO DE DEUS

Um homem eminente perguntou a um *majnun*: "O que é o mundo?, explica-o para mim". — "Este mundo", disse o louco, "é semelhante a uma palmeira feita de cera e pintada de cem cores. Se alguém espreme essa árvore com suas mãos, ela torna-se novamente uma massa informe de cera. Já que a cera é a única coisa que existe, convence-te de que as cores que admiras não valem um óbolo. Uma vez que há unidade, não pode haver dualidade; aí não pode existir nem o tu nem o eu."

HISTÓRIA SOBRE O SHEIK BU ALI DACCAC

Uma anciã foi um dia ao encontro de Bu Ali e ofereceu-lhe uma folha de papel dourado, dizendo: "Aceita isto de mim". O sheik lhe disse: "Estou comprometido a não aceitar nada de ninguém, a não ser de Deus". A anciã respondeu a Bu Ali: "Acaso estás vendo dobrado? Tu não és homem que, neste caminho, possas atar e desatar; estás vesgo, senão como poderias ver muitos onde só há um?"

Nesta via o olho do homem não percebe nada acessível aos sentidos. Nela não há nem Caaba nem pagode. Aprende de minha boca a verdadeira doutrina, isto é, a eterna existência do Ser infinito. Não se deve ver nunca ninguém senão Ele; não se deve reconhecer como permanente ninguém senão Ele. Está-se n'Ele, por Ele e com Ele, e também pode-se estar fora destas três fases. Quem quer que não se tenha perdido no oceano da unidade, ainda que o próprio Adão, não seria digno de pertencer à humanidade; aquele que não se perdeu, embora humano, não é um homem. Quer se esteja entre os bons ou entre os maus, sempre se possui um sol de graça no seio do mundo invisível. Este sol está oculto no interior de cada um; chegará por fim o dia em que este Sol vos tomará com Ele e levantará o véu que O cobre atualmente. Pois bem, sabe positivamente que o bem e o mal são revelados àquele que chegou a esse Sol. Enquanto viveres individualmente, o bem e o mal existirão para ti, porém quando estiveres perdido no sol da essência divina, tudo será amor. Se ficas aquém de tua própria existência, sempre verás o bem mal em teu caminho; porém sobrepassa a ti mesmo e ambos desaparecerão; bem e mal estarão presentes enquanto estiveres aqui. Quando saíres deste nada para a visão celestial, não estarás mais aprisionado por tua individualidade. Quisera Deus estivesses agora como estavas antes de existir individualmente, antes de ser apanhado no nada da existência! Purifica-te por completo das más qualidades; depois sê como a terra, com nada mais que vento na mão. Não sabes que em todo teu corpo existem impurezas e excremento? A serpente e o escorpião estão em ti por detrás do véu, estão adormecidos e como que aniquilados; porém se tu os toca ainda que levemente, cada um deles ganhará a força de cem dragões. É assim que para cada um de nós há um inferno cheio de serpentes. Se tu não ages, eles agirão infernalmente. Se te garantes contra esses imundos animais, dormirás tranqüilamente sobre a terra; do contrário estas serpentes e estes escorpiões te morderão violentamente até o Dia do Juízo, mesmo sob a poeira da tumba.

Porém, ó Attar!, deixa teus discursos metafóricos e retoma a descrição que fez a poupa sobre o misterioso vale da unidade.

"Quando o viajante espiritual entra neste vale, desaparece junto com a terra que ele pisa com os pés. Ele estará perdido, pois o Ser único estará manifesto; permanecerá mudo, pois este Ser falará. A parte tornar-se-á o todo, ou melhor, não será nem parte nem todo. Será uma figura sem corpo nem alma. De cada quatro coisas, quatro coisas sairão, e de cem mil, cem mil. Na doutrina deste maravilhoso segredo, verás milhares de inteligências com os lábios secos pela mudez. O que é aqui a inteligência? Ela ficou na soleira da porta, como uma criança nascida cega. Aquele que encontrou algum rastro deste segredo desvia a cabeça do reino dos dois mundos; porém tal indivíduo não se encontra no mundo, e acaso encontra-se aí o perfume deste segredo? O ser que anuncio não existe isolada ou individualmente; todo o mundo é este Ser; existência ou nada, é um único Ser."

A LIBERTAÇÃO DE LOCMAN SARKHACI

Locman de Sarkhas dizia: "Ó Deus! sou velho, com o espírito confuso e perdi-me do caminho. Satisfaz-se um velho escravo dando-lhe um certificado e fazendo-o livre. A Teu serviço, ó meu Rei!, meus negros cabelos tornaram-se brancos como a neve. Sou um escravo entristecido, dá-me a satisfação. Tornei-me velho, dá-me alforria". — "Ó tu que foste especialmente admitido no Santuário!", respondeu-lhe uma voz do mundo invisível, "aquele que deseja a liberdade deve ao mesmo tempo anular sua razão e não preocupar-se com mais nada. Deixa pois estas duas coisas e põe o pé adiante. Quando mente e pensamentos desaparecerem, serás livre."

"Ó meu Deus!", respondeu Locman, "desejo somente a Ti, e sei que não devo seguir minha razão nem deixar-me levar pela inquietude. A mente e todas as suas formas nada são para mim."

Assim, Locman renunciou a sua razão e a toda preocupação; em êxtase, ele dançava e agitava as mãos por loucura e dizia: "Já não sei o que sou. Não sou escravo, é certo, mas quem sou eu? Minha escravidão foi abolida, porém minha libertação não ocorreu; não ficou nem tristeza nem alegria em meu coração. Não possuo nem me faltam todas as qualidades; sou contemplativo e não gozo da contemplação; minha cegueira vê. Ignoro se eu sou Tu ou se Tu és eu; fui aniquilado, perdi-me em Ti e a dualidade se perdeu".

O AMANTE QUE RETIRA SUA AMADA DA ÁGUA

Uma jovem caiu por acaso num rio, e seu amado mergulhou para salvá-la. Ele lutou com a correnteza até alcançá-la, e quando estavam próximos um do outro a jovem disse: "Por que te atiraste à corrente, arriscando assim também a tua vida?" — "Atirei-me à água", respondeu ele, "porque não me reconheço sem ti. Há muito tempo que em mim não existe outra pessoa senão tu; eu sou tu, e tu és eu; ambos não formamos mais que um. Serás tu eu, ou serei eu tu? Há nisso alguma dualidade? Se chegamos a este estado, não é possível falar de nós como se fôssemos dois. Nossos corpos são um único corpo, eis tudo."

Quando há dualidade, estás no politeísmo. Quando a dualidade desaparece, encontras a unidade. Perde-te na unidade e nela serás absorvido. Agir de outra forma é estar separado da unidade.

OUTRA HISTÓRIA SOBRE MAHMUD E AYAZ

Conta-se que um dia Farukh e Massud assistiam a uma revista às tropas de Mahmud. Legiões de soldados, cavalos e elefantes formavam um exército tão numeroso que, à semelhança de formigas e gafanhotos, cobriam completamente a planície. O rei estava sobre um promontório, acompanhado dos favoritos Ayaz e Hassam, e juntos observavam o movimento das tropas. O olho do mundo jamais viu semelhante exército; ninguém, antes ou depois, jamais contemplou tal poderio. O rei então soltou sua língua, e dirigiu-se a Ayaz nestes termos: "Meu filho, este exército me pertence, e, por minha vontade, tudo isto agora é teu, pois amo-te a ponto de considerar-te meu rei". Apesar destas palavras, Ayaz permaneceu completamente impassível, até mesmo indiferente. Não agradeceu ao rei nem expressou qualquer sentimento. Hassam disse-lhe, admirado: "Um rei confere tanta honra a ti, um simples escravo, e tu permaneces assim, imóvel e despreocupado. Não te inclinas, não te prosternas em testemunho de tua devoção! Por que não ages com o devido respeito? Não mostras reconhecimento pela bondade do rei?"

Ayaz ouviu pacientemente este sermão, e então disse: "Devo dar duas respostas a esta repreensão. A primeira é que se eu, não tendo importância nem posição, desejo demonstrar minha devoção, posso somente cair sobre o pó ante meu rei, numa espécie de humilhação, ou cantar seus louvores com voz lacrimosa. Entre fazer demasiado ou demasiado pouco a respeito do rei, o melhor é não fazer nada. Quem sou eu para realizar tal coisa diante de todo o mundo? O escravo pertence ao rei, e o respeito que tem pelo rei é perfeitamente natural. Não sou nada sem a obediência, pois tudo é obediência ao rei. Quanto ao que este afortunado monarca decide a cada dia e faz a meu respeito, e sobretudo quanto à honra que hoje me concede, eu nada sei. Se os dois mundos proclamassem a um só tempo seus louvores, ignoro se tal discurso estaria à altura de seu mérito. Por que deveria eu ostentar minha presença nesta revista? Quem sou eu para atrair atenção sobre mim? Se não rendo homenagem ao rei e não proclamo minha fidelidade, é porque não me reconheço digno de fazê-lo".

Quando Hassam ouviu estas palavras de Ayaz, disse: "Ó Ayaz, vejo agora que és agradecido! Dou-te o crédito de merecer os cem favores que recebes". Depois Hassam acrescentou: "Dá-me a outra resposta que anunciaste". — Não posso falar enquanto estiveres aqui, posso fazê-lo somente quando estiver a sós com meu rei. Quanto a ti, não és *mahram* deste segredo; já que não és o rei, como poderia dizer-te?"

O rei despediu então prontamente Hassam. Não seria bom (*hassam*) que Hassam participasse nem com a presença de um cabelo nesta reunião, onde não havia nem *nós* nem *eu*. "Agora a reunião é íntima", disse o rei a Ayaz, "dá-me tua resposta." — "Todas as vezes", disse então Ayaz, "que o rei se digna pousar seus olhos sobre mim, o desgraçado Ayaz, ele aniquila por completo minha existência pelo esplendor dos raios de um só de seus olhares. Se depois levanto-me purificado da poeira do caminho, é porque sinto-me confuso ante o sol da glória do rei. Como não me resta sequer o nome da existência, como poderia prosternar-me para fazer-te aceitar meus serviços? Se neste momento percebes alguém diante de ti, já não é mais a mim que vês, mas o rei do mundo (Mahmud). Quer me concedas um ou cem favores, é a ti mesmo que eles chegam. Quanto a mim, débil sombra que se perde no sol, que serviço poderia oferecer-te? Ayaz é como uma sombra em teu caminho; está perdido no sol de teu rosto. Enquanto ele é um escravo de si mesmo, permanece frágil e efêmero. Próximo a ti Ayaz não existe, e longe de ti Ayaz não é nada; faz dele o que quiseres; tu sabes o que deves fazer, e ele espera."

CAPÍTULO XLIII

O SEXTO VALE, O VALE DA ESTUPEFAÇÃO (*HAIRAT*)

Depois do vale da unidade vem o vale da estupefação, onde cada um torna-se presa da tristeza e dos gemidos. Aí os suspiros são como espadas, e cada respiração é um amargo lamento. Neste lugar não há mais que lamentações, dores e ardente ardor; é dia e noite ao mesmo tempo, e não é nem o dia nem a noite. Da extremidade de cada cabelo, sem que sequer seja cortado, vê-se gotejar o sangue. Há fogo, e o homem é queimado e consumido por ele. Neste lugar serás queimado pelo gelo e congelado pelo fogo. Como poderia o homem, em seu assombro, avançar neste caminho? Ele cairá na estupefação e estará perdido. Porém, aquele que tem a unidade gravada no coração esquece tudo e esquece a si mesmo. Se lhe perguntam: "Tu és ou não és, tens ou não o sentido da existência; estás no centro ou à margem; estás visível ou escondido; és transitório ou imortal? És um e outro, ou não és nem um nem outro? Enfim, existes ou não existes?", ele confessará: "Nada sei sobre isso, sou ignorante a esse respeito, e ignorante de mim mesmo. Estou enamorado, porém não sei de quem, não sou nem fiel nem infiel, mesmo a dúvida me é incerta. Que sou pois? Ignoro até mesmo meu amor; tenho ao mesmo tempo o coração cheio e vazio de amor".

A PRINCESA APAIXONADA POR SEU ESCRAVO

Um rei cujo império estendia-se pelos horizontes tinha uma filha bela como a lua e que, por sua beleza, envergonhava até mesmo as fadas. A admirável covinha em seu queixo era semelhante ao poço de José; os anéis de seus cabelos enlaçavam cem corações; cada um de seus cabelos era senhor de uma veia animada. A lua de seu rosto assemelhava-se ao Paraíso, e suas sobrancelhas pareciam dois arcos. Quando ela lançava flechas desses arcos, o intervalo dos dois arcos[157] cantava seus louvores. Seus olhos, lânguidos como narcisos, deixavam cair cílios que eram espinhos no caminho de muitos sábios. O rosto desta mulher, parecido a Azra na superfície do sol, arrebatava a virgindade (*azra*) da lua no firmamento.[158] O anjo Gabriel[159] admirava constantemente as pérolas de seus dentes e os rubis de seus lábios, que eram o alimento da alma. Quando o sorriso animava seus lábios, a água da vida extinguia-se, seca, tanto se agitava e pedia esmola a esses lábios úmidos. Quem quer que mirasse seu queixo caía de cabeça no fundo do poço que ali se encontrava, e, sendo presa de seu rosto semelhante à lua, chegava rapidamente ao fundo desse poço sem corda.

Havia também, a serviço do rei, um escravo belo como a lua. Que escravo! sua beleza era tanta que sol e lua experimentavam enfraquecimento e diminuição. Não havia outro igual em todo o mundo, e beleza alguma aproximava-se da sua. Nas ruas e nos mercados, milhares de pessoas caíam estupefatas à visão do sol desse rosto.

Por acaso, a bela princesa viu um dia este jovem escravo do rei, e seu coração escapou-lhe das mãos e caiu no sangue. Sua razão deixou-a: o amor a dominou. Sua alma doce (*schirin*) como Schirin[160] experimentou a amargura. Ela refletiu durante algum tempo e enfim tomou a impaciência como ocupação. Seu coração cheio de desejos foi ao mesmo tempo liquefeito pelo amor e queimado pela ausência.

A princesa tinha dez damas de honra que cantavam admiravelmente; todas tocavam a flauta, tinham a voz do rouxinol, e seu canto, digno de David, dilatava a alma. Confidenciando-lhes seu estado, a princesa lhes disse que estava disposta a renunciar a sua reputação, a sua honra e a sua vida. Como seria boa para alguma coisa a vida daquele a quem o amor sensível manifestou-se? "Se revelo meu amor a esse jovem", ela acrescentou, "ele se fará culpável de alguma falta, pois não agirá com

---

157. Alusão ao *mi'raj*, ou ascensão de Mohâmmed, durante a qual, segundo o Corão, ele não esteve separado de Deus mais que pela distância de dois arcos.
158. Há aqui um jogo de palavras entre Azra, uma heroína das lendas mais populares do Oriente muçulmano e *azra*, palavra árabe que significa 'virgem'.
159. O anjo Gabriel é nomeado aqui 'O Espírito Santo'. Tal é, de fato, o nome dado a esse arcanjo no Corão, o que faz com que seja confundido pelos muçulmanos com o Espírito Santo, terceira pessoa da Santíssima Trindade.
160. Schirin ou Irene, mulher do Khosroe Parviz, rei da Pérsia, filha do imperador bizantino Maurício. Dela enamorou-se Farhad, o escultor conhecido por *koh-kan* (o corta-montanhas), autor, diz-se, das esculturas de Bé-situn (ou Behistun). À semelhança do Majnun, *koh-kan*, louco de amor, cortava a montanha para encontrar o rosto da amada.

prudência. Por outro lado, minha honra também sofrerá, pois como pode alguém como eu pôr-se em relação com um escravo? Porém, se não lhe faço conhecer meu sentimento, morrerei entre gemidos atrás da cortina do harém. Li cem livros sobre a paciência; no entanto estou impaciente e desanimada. O que devo fazer? eu gostaria de gozar da presença desse escravo, desse esbelto cipreste, sem que ele soubesse disso, de maneira a alcançar meu objetivo e que o assunto de minha alma se realizasse segundo o desejo de meu coração."

Quando as damas de honra de doce voz ouviram este discurso, disseram todas a sua senhora: "Não entristeças teu coração, à noite te levaremos esse escravo às escondidas, de tal forma que ele de nada saberá".

Uma dessas jovens foi em segredo ao escravo e pediu-lhe, como para divertir-se com ele, que lhe levasse duas taças de vinho. Numa dessas taças ela colocou uma droga narcótica, e quando o escravo bebeu esse vinho perdeu os sentidos; então a jovem pôde obter êxito em sua empresa. Desde esse momento do dia até a noite este escravo de peito de prata permaneceu na embriaguez e esteve sem notícias dos dois mundos. Ao cair da noite, as outras damas de honra foram até o escravo, e, colocando-o em seu leito, transportaram-no secretamente aos aposentos da princesa. Depois fizeram-no sentar em um trono de ouro e adornaram sua cabeça com pérolas. À meia-noite, quando este jovem, ainda ébrio, abriu os olhos parecidos a narcisos, viu que estava num palácio tão magnífico como o Paraíso, e que a sua volta haviam assentos dourados. Dez velas perfumadas de âmbar estavam acesas, a odorífera madeira de áloes ardia nos perfumadores como madeira ordinária. As formosas damas de honra entoaram em uníssono um canto que transpassou-o e transportou a razão ao espírito e a alma ao corpo. Nessa noite, o sol do vinho circulou à luz das velas. Em meio a toda essa alegria e aos desejos que o agitavam, o jovem escravo perdeu a razão: deslumbrou-se por completo com a beleza do rosto da princesa. Desconcertado e estupefato, não lhe ficou nem razão nem vida; na realidade ele já não estava neste mundo e contudo não estava no outro. Com o coração cheio de amor e a língua muda, sua alma, em meio às delícias, caiu em êxtase. Ele tinha os olhos presos às maçãs do rosto de sua amada, e seus ouvidos ao som das flautas. Suas narinas respiravam o odor do âmbar e sua boca encontrava no vinho fogo líquido. De fato, a princesa ofereceu-lhe uma taça de vinho, e ao entregá-la, deu-lhe também um beijo. Os olhos do escravo permaneciam fixos na face da bela princesa; ele maravilhava-se ante aquela visão. Como a língua não podia expressar o que sentia, ele derramava lágrimas e golpeava a cabeça. A cada instante essa princesa, bela como uma pintura, derramava milhares de lágrimas sobre o rosto do escravo. Tanto marcava seus lábios com beijos doces como o açúcar, tanto fazia correr cruelmente sobre eles o sal; tanto punha em desordem os longos cabelos, tanto se perdia em seus lindos olhos. Ébrio, este jovem encontrava-se ante a encantadora princesa, os olhos abertos, nem senhor de si nem fora de si, e assim permaneceu até que a aurora apareceu por inteiro no Oriente. Nesse momento, quando soprou o zéfiro da manhã, o belo escravo caiu numa desolação inexplicável; porém, pelo efeito de outra poção narcótica, tornou a dormir, e transportaram-no rapidamente para onde ele estava antes. Depois, quando esse escravo de peito de prata voltou a si, pôs-se a gritar sem saber por quê. Porém para que gritar se tudo havia terminado? Estava consumado. O sangue parecia ter deixado seu coração, e no entanto ele estava mergulhado nele, tinha-o até sobre sua cabeça. Com suas mãos, ele rasgou as vestes que cobriam seu corpo; descabelava-se e lançava terra sobre a cabeça. Perguntaram a esse jovem parecido a uma vela o que lhe havia acontecido. "Me é impossível", respondeu , "expressá-lo convenientemente, pois o que de fato vi, estando ébrio e desolado, ninguém verá jamais, sequer em sonhos. O que aconteceu a mim não aconteceu a mais ninguém. Eu não saberia dizer o que vi; nenhum segredo é mais assombroso."

No entanto todos lhe diziam: "Volta um pouco a ti e dize-nos ao menos uma das cem coisas admiráveis que viste".

Ele respondeu: "Estou desconcertado porque vi tudo isso em outro corpo; ignoro se fui eu mesmo ou se foi outro quem viu. Nada ouvi, embora tenha ouvido tudo; nada vi, ainda que tenha visto tudo".

Alguém lhe disse em tom insolente: "Viste tudo isso em sonho; por que então estás tão turbado que pareces ter perdido o espírito?" — "Ah!", respondeu, "ignoro se o que vi foi em sonhos ou acordado. Ignoro se vi na embriaguez ou ouvi contar estando de plena posse de minhas faculdades. Não há no mundo estado mais espantoso que aquele que não é nem manifesto nem oculto. Não posso nem falar nem calar-me, e nem mesmo estar surpreso nesta incerteza. O que vi não foi apagado de meu espírito, e no entanto não encontro nenhum traço disso.

"Vi uma dama cuja perfeição jamais será alcançada por ninguém. O que é o sol ante sua face senão um átomo? Mas Deus conhece a verdade. Uma vez que estou na ignorância, o que posso dizer a esse respeito, senão que de fato vi? Todavia, quer eu tenha visto ou não, estou confuso em meio a tudo isso."

A VELHA MÃE E SUA JOVEM FILHA DEFUNTA

Uma mãe chorava sobre o túmulo de sua filha, quando alguém que por ali passava exclamou: "Esta mulher é verdadeiramente superior aos homens, pois ela sabe o que não sabemos: sabe de quem está distante e de quem se perdeu; sabe pois como tornar-se impaciente. Feliz a pessoa que conhece o estado das coisas e sabe por quem deve chorar! Quanto a mim, pobre aflito, minha situação é muito penosa. Dia e noite permaneço no luto. Ignoro se devo entregar-me à dor e sobre o que devo chorar como a chuva. Nem sequer sei de quem estou separado, tão grande é minha confusão, estando como estou fora de mim. Esta mulher carrega a bola de pólo da excelência sobre milhares de pessoas como eu, pois ela encontrou o perfume do ser que perdeu. Quanto a mim, não encontrei esse perfume, e assim a dor derramou meu sangue e fez-me perecer em minha estupefação".

Em tal lugar, onde o coração não tem acesso, lugar até mesmo invisível, a razão soltou suas rédeas e não pôde mais encontrar a porta da morada do pensamento. Quem quer que chegue a esse lugar perderá a cabeça; não encontrará nenhuma passagem nesse recinto de quatro muros. Porém, se alguém chegasse a encontrar seu caminho, encontraria num instante e inteiramente o segredo que procura. Chegar tão longe significa desesperar de quem ou o que se é; e também é ver dentro da alma, e de um golpe, o significado do Todo".

A CHAVE PERDIDA

Um sufi acudiu aos gritos de um homem: "Perdi minha chave, quem a terá encontrado? Minha porta está trancada e agora estou na poeira do caminho. Se minha porta permanece fechada, o que é preciso fazer? Devo continuar atormentando-me? O que devo fazer?"

"Por que te afliges?", disse-lhe o sufi. "Já que conheces tua porta, fica próximo dela ainda que esteja fechada. Se permaneceres algum tempo sentado ao lado dessa porta fechada, não é improvável que alguém venha a abri-la. Teu caso é fácil e o meu difícil, pois minha alma consome-se em sua própria estupefação. Em meu caso não há nem pé nem cabeça, não há nem porta nem chave. Quisera Deus eu pudesse ir a toda pressa encontrar a porta, aberta ou fechada!"

O homem não tem por herança mais que a imaginação; ninguém vê as coisas como elas realmente são. Àquele que te pergunta: "O que farei?", responde: "Não faças como sempre tens feito; não ajas como tens agido até agora".

Aquele que entra no vale do espanto entra a cada instante numa dor tal que bastaria para afligir cem mundos. Mas até quando suportarei a aflição e a confusão do espírito? Se estou perdido, para onde dirigirei meus passos? Eu ignoro; quisera Deus eu soubesse! E mesmo que soubesse, ainda assim estaria na estupefação. Aqui os gemidos do homem são uma ação de graças, pois trazem a misericórdia; a infidelidade converteu-se em fé e a fé em infidelidade.

HISTÓRIA SOBRE O SHEIK DE NASRABAD

Um profundo sentimento de amor por Deus tomou o sheik Nasrabad, e ele fez quarenta vezes a pé a peregrinação a Meca. Quando seus cabelos embranqueceram pela idade, via-se seu corpo delgado envolvido somente pelo izar;[161] porém o calor estava em seu espírito e em seu coração. Ele cingira o *zunnar* e mantinha a mão aberta. Ele empreendeu então, sem pretensão nem impostura, viagem à pira dos Guebros.[162] A chama do desejo em seu coração espelhava o fogo dos pagãos. Disseram-lhe: "Ó grande personagem de nosso tempo! Não tens vergonha de agir assim? como puderam tantas peregrinações e tantos atos excelentes conduzir-te à infidelidade? Isto provém de tua inexperiência, mas por tua causa os espiritualistas terão má reputação. 'Quem é pois este sheik (dirão) que está próximo deste caminho?' Queres então queimar-te no fogo?"

"Minha situação tornou-se difícil", respondeu o sheik. "Minha casa arde em chamas e meu mobiliário está perdido. Este fogo entregou minha colheita ao vento; entregou ao vento da destruição meu nome e minha honra. Fiquei louco, e agora não sei que estratagema empregar. Quando o fogo chega a minha alma, como podem meu corpo e minha

---

161. *Izar* é a roupa íntima com que se envolve os quadris, ou uma bata fina (camisa).
162. Guebros (do persa *ghebr*, infiel adorador do fogo) é o nome dado aos descendentes dos persas vencidos pelos árabes no século VII e que ficaram em sua pátria, persistindo na religião de Zoroastro. Muitos emigraram para a Índia, onde se estabeleceram. Sabe-se que os guebros convertidos da Pérsia figuravam, ao lado de Mahmud, na invasão à Índia.

honra resistir? Enquanto eu estiver absorvido por tais pensamentos não encontrarei consolo nem na Caaba nem no fogo. Se a estupefação espiritual assenhorear-se ainda que um pouco de ti, cem aflições te assaltarão como assaltam a mim."

UM DISCÍPULO VÊ EM SONHOS SEU SHEIK

Um noviço em cujo coração a fé brilhava como o sol viu um dia em sonhos seu mestre e lhe disse: "Meu coração está mergulhado em sangue por causa do espanto. Faz-me conhecer a situação em que te encontras. Desde tua ausência acendi a vela de meu coração; desde que me deixaste tenho queimado de pesar. Venho buscar aqui o segredo de meu espanto; diz-me pois qual é no presente tua posição".

"Mais que tu", respondeu-lhe o *pir*, "estou no desalento e no espanto, e mordo com meus dentes o dorso de minha mão. Estou aqui no fundo da prisão e do poço, muito mais perplexo que tu. Sim, experimento aqui cem vezes mais surpresa a respeito de meu fim último do que experimentava no mundo."

CAPÍTULO XLIV

O SÉTIMO VALE, O VALE DA POBREZA (*FAKR*) E DO ANIQUILAMENTO (*FANA*)

Depois do sexto vale vem o vale da pobreza e da morte (aniquilamento), vale impossível de se descrever com exatidão. O que se pode considerar como a essência desse vale é o esquecimento, o mutismo, a surdez e o desvanecimento. Ali verás desaparecer, pelo efeito de um só raio do sol espiritual, as milhares de eternas sombras que te rodeavam.

Quando o oceano da imensidão agita suas ondas, como podem subsistir as figuras desenhadas na superfície? Pois bem, as figuras que são vistas sobre esse oceano não são mais que o mundo presente e o mundo futuro, e quem quer que declare que eles não existem adquire por isso um grande mérito. Aquele cujo coração perdeu-se nesse oceano, perdeu-se nele para sempre e nele permanece em paz. Nesse mar calmo ele não encontra mais que o aniquilamento, a derrota e a humilhação. Se alguma vez lhe for permitido emergir desse nada, ele saberá o que é a Criação, e muitos segredos lhe serão revelados. Quando os viajantes experimentados no caminho espiritual e os homens de ação entram no domínio do amor, perdem-se desde o primeiro passo; assim, de que lhes serviu comprometer-se com o caminho se nenhum deles pôde dar o segundo passo? Muitos outros não deram sequer o primeiro passo, e portanto tornaram-se inteiramente incapazes de dar o segundo. Todos podem ser considerados pertencentes ao reino mineral, ainda que sejam homens. A madeira de áloes e a madeira ordinária, quando jogadas ao fogo, reduzem-se igualmente a cinzas. Sob duas formas elas não são, de fato, mais que uma única coisa, e no entanto suas qualidades são bem distintas. Neste vale, um objeto imundo pode cair num oceano de água de rosas e não obstante permanecerá na corrupção por causa de suas qualidades próprias. Porém, se algo puro cai neste oceano, perderá sua existência particular e participará da agitação das ondas deste oceano; deixando de existir isoladamente, ele será belo desse momento em diante. Existe e não existe. O que isso quer dizer? Como pode ocorrer? É impossível ao espírito concebê-lo.

CONSELHO DE UM SHEIK A SEUS DISCÍPULOS

O amante de Tus (Nacir ud-Din Tuci), este oceano dos segredos espirituais, dizia um dia a um de seus discípulos: "Deves fundir-te sem cessar pelo amor, até tornar-te tão fino quanto um cabelo. Quando ficares fino como um cabelo, será apropriado que fiques em meio aos cabelos de teu amado. De fato, quem quer que a Seus olhos seja fino como um cabelo tornar-se-á, sem dúvida, um fio de cabelo em Sua cabeleira. Se tens os olhos voltados para a via espiritual e és clarividente, contempla pois esta via em detalhe, cabelo por cabelo".

Aquele que deixou o mundo para seguir esta via encontra a morte, e depois da morte a imortalidade. Ó meu coração! se estás completamente desordenado, atravessa a ponte Sirat e o fogo ardente; não te entregues ao pesar, pois o azeite na lâmpada produz, ao queimar-se, uma fumaça negra como um velho corvo; porém, quando o azeite é consumido pelo fogo, deixa de ter sua existência grosseira; ao atravessar o fogo ardente torna-se, como o corpo do Corão, imaterial. Se queres chegar a este ponto e alcançar este elevado lugar, desembaraça-te primeiro de ti mesmo, depois faz sair do nada um outro Boraq.[163] Veste-te com a *hirka* do nada e bebe da taça do aniquilamento; cobre depois teu peito com o amor do arrependimento e põe sobre a cabeça o albornoz da não-existência. Coloca o pé no estribo da renúncia absoluta, e lança decididamente teu inútil cavalo de batalha até o lugar onde não há nada. No centro e fora do centro, acima, abaixo, na unidade, cinge tua cintura com o cinturão do nada. Abre teus olhos e vê, põe em teus olhos o colírio azul. Se queres estar perdido, tu o estarás num momento, e depois te perderás de uma segunda maneira; porém caminha tranqüilamente até que chegues ao reino do aniquilamento. Se tens a ponta de um cabelo neste mundo, não terás notícia alguma do outro mundo. Se te resta o menor egoísmo, os sete oceanos estarão cheios de desgraças para ti.

HISTÓRIA DAS MARIPOSAS

Uma noite as mariposas reuniram-se atormentadas pelo desejo de unir-se à vela. Disseram todas: "Temos de encontrar alguém que possa dar-nos notícias do objeto de nossa busca amorosa". Uma mariposa foi então até um distante castelo e avistou no interior a luz de uma vela. Ela retornou e contou o que havia visto; pôs-se a fazer a descrição da vela de acordo com sua inteligência. Porém a sábia mariposa que presidia a reunião advertiu que a mariposa exploradora nada sabia sobre a vela. Outra mariposa aproximou-se da luz e tocou com suas asas a chama: a vela foi vitoriosa, e a mariposa vencida. Esta última também retornou e revelou qualquer coisa a respeito do mistério; explicou, segundo sua própria experiência, em que consistia a união com a vela. Porém a sábia mariposa lhe disse: "Tua explicação não é melhor que aquela que foi dada por tua companheira".

Uma terceira mariposa voou, ébria de amor, e atirou-se violentamente contra a chama da vela: impulsionada por suas patas traseiras, ela estendeu ao mesmo tempo suas patas dianteiras em direção à chama. Perdeu

---

163. Boraq: O Brilhante; a jumenta alada de cor cinza-prateado que serviu de montaria a Mohâmmed em sua 'Viagem Noturna' (o *mi'raj*) de Meca a Jerusalém e dali para o Céu. O Boraq deverá ser o primeiro quadrúpede que Deus ressuscitará no último dia. Os anjos o adornarão com esmeraldas e rubis, e o conduzirão à tumba do Profeta. Deus ressuscitará então Mohâmmed, que, conversando primeiro com os anjos, montará Boraq e subirá novamente aos céus. (V. *Le Bestiaire du Christ*, L. Charbonneau-Lassay, ed. Milano, pág. 334.)

a si mesma e identificou-se alegremente com a chama; abraçou-a por completo e seus membros tornaram-se vermelhos como o fogo. Quando a sábia mariposa, chefe da reunião, viu ao longe que a vela havia identificado o inseto consigo mesma e lhe havia dado sua aparência, disse: "A mariposa conheceu o que queria saber; porém somente ela o compreende, e eis tudo".

Aquele que de fato não tem nem rastro nem sinal de sua própria existência sabe mais que os outros a respeito do aniquilamento. Enquanto não ignorares teu corpo e tua alma, poderás conhecer o objeto de teu amor? Penetrar a verdade oculta da qual não se pode falar é ir além de todo o conhecimento e encontrar a compreensão que escapa à mente. Aqui todo o conhecimento é inútil; aquele que obtém a menor notícia a esse respeito mergulha por isso sua alma no sangue; no lugar onde não é admitido ninguém senão Ele mesmo, ninguém mais poderá sê-lo.

O SUFI MALTRATADO

Um sufi caminhava a esmo, quando um vadio de coração de pedra golpeou-o fortemente pelas costas. O sufi voltou-se com o coração cheio de sangue e disse: "Aquele que recebeu de ti um golpe pelas costas está morto há quase trinta anos e renunciou ao mundo. O mundo da existência está aniquilado para ele".

"Ó tu que tens só a pretensão, e não as obras!", respondeu o vagabundo, "falas demais para alguém que está morto!, mas palavras não são ações. Enquanto te vanglorias não estás identificado com Deus, te distancias mais e mais do secreto caminho. Enquanto segues sendo algo separado, não és *mahram*; se sopras, então não és tu mesmo sopro (com Deus). Se permanece ainda um cabelo teu, é isto o que te separa do objeto de teu amor; entre a Verdade e teu coração há ainda a distância de cem mundos."

Queres chegar a esse estágio; porém dificilmente poderás alcançá-lo enquanto existires, mesmo sob a forma de um fio de cabelo. Lança ao fogo tudo o que tens, até teus sapatos. Quando já não tiveres nada, queima tua mortalha e lança-te nu ao fogo. Quando estiveres reduzido a cinzas, bem como tua bagagem, não terás o menor sentimento de tua existência; mas se te restar somente, como a Jesus, uma simples agulha, sabe que terás ainda cem ladrões que te esperarão em teu caminho. Ainda que

Jesus tenha lançado sua bagagem pelo caminho, sua agulha pôde ainda arranhar-lhe o rosto.[164] Quando a existência desaparece, as riquezas e o império, a honra e as dignidades não servem para nada. Deixa pois tudo o que possuis e retira-te para a solidão. Quando teu interior estiver recolhido na renúncia, estarás então além de todos os pensamentos de bem e de mal. Quando já não houver para ti nem bem nem mal amarás verdadeiramente, e por fim serás digno do aniquilamento, resultado do amor.

O PRÍNCIPE E O MENDIGO

Havia uma vez um rei cujo rosto era belo como a lua, brilhante como o sol, e que tinha um filho tão encantador quanto José. Ninguém jamais teve um filho tão belo, senhor de tal eminência e de tanta dignidade. Todos amavam-no e prazerosamente teriam sido a poeira de seus pés; os senhores eram os escravos de seu rosto. Se à noite ele saía para fora de seu véu, todos diziam que um novo sol mostrava-se no deserto. Não há meio de descrever seu rosto, pois o dia não era sequer um pelo desse rosto. O negror de seus cabelos era como um poço, e se de seus cachos houvessem feito uma corda, milhares de corações teriam descido alegremente às profundezas desse poço. Os cabelos desta vela acesa incendiavam o mundo e produziam em todo o universo, por causa de seu comprimento, um dilatado sentimento. Seria impossível fazer, mesmo no espaço de cinqüenta anos, a descrição das armadilhas contidas nos cachos dos cabelos deste José de beleza. Quando este príncipe olhava, seus olhos, negros narcisos, ateavam fogo ao mundo. Seu sorriso espalhava branco açúcar e cem mil rosas floresciam sem esperar a primavera. Sua boca era tão pequena que não se saberia falar dela, pois não se pode dizer nada sobre o que foge a toda apreciação. Quando saía à janela de seus aposentos, cada um de seus cabelos reduzia cem corações ao desespero do amor. O jovem príncipe fazia a desgraça da alma (*jan*) do mundo (*jahan*) inteiro. Ele estava acima de tudo o que se possa dizer.

Quando o príncipe lançava seu cavalo em direção à planície, espadas nuas rodeavam-no, afastando de seu caminho quem quer que o olhasse. Pois bem, havia um pobre dervixe que, em sua simplicidade, perdera a cabeça por amor a esse jovem príncipe. Ele não retirava deste louco

---

164. De acordo com os muçulmanos, Jesus Cristo subiu ao Céu levando acidentalmente consigo uma agulha e um cântaro quebrado.

amor mais que abatimento e confusão: sua vida lhe escapava, e ele não tinha a coragem de falar. Como não encontrou ninguém que tivesse simpatia por esse desafortunado amor, ele semeou em seu coração a semente da aflição. Dia e noite sentava-se à porta do jovem príncipe e mantinha os olhos fechados às outras criaturas do mundo. Em vão ele chorava, sem obter o que desejava, guardando silêncio; sua saúde extinguia-se, pois ele não dormia nem comia. Ninguém no mundo poderia ser seu confidente, e assim ele mantinha escondido seu segredo. Seu rosto estava amarelo como o ouro e suas lágrimas brancas como a prata; dia e noite seu coração estava partido em dois. O que não obstante fazia viver este impaciente dervixe é que de tempos em tempos ele podia ver o jovem príncipe cavalgar em sua distante majestade. Quando o príncipe aparecia, todo o mercado se sobressaltava; o mundo punha-se de pé, porém cada qual fugia para não encontrar-se em seu caminho. Sua escolta postava-se adiante e atrás, e muitos pagavam sua indiscrição com a vida. A passagem da guarda real, que ocupava quase uma parasanga, produzia um estrondo que ressoava nas nuvens e era ouvido até na lua. Quando o dervixe ouvia os gritos da multidão, sua cabeça girava e os pés lhe faltavam. Ele se desvanecia, e, ensangüentado, perdia o sentimento de sua existência. Nesse momento lhe teriam faltado cem mil olhos para derramar de bom grado lágrimas de sangue. Tanto a face desse desgraçado ficava lívida, tanto o sangue corria de seus olhos. Algumas vezes suas lágrimas ficavam geladas por seus suspiros, em outras ardiam por sua dor. Ele estava meio vivo meio morto, parecia ter deixado a si mesmo; o êxtase estava estranhamente misturado à sua miséria, e já não tinha sequer meio pão para comer. Como poderia tal príncipe levar consolo a um indivíduo caído nesse estado? Esse homem simples, que não era mais que uma sombra ou a metade de um átomo, queria tomar este sol em seu peito.

Num dia em que o príncipe ia à frente do exército este mendigo lançou um grito. Lançou este grito estando fora de si: "Minha alma está abrasada e minha razão retirou-se de mim. Durante quanto tempo consumirei ainda minha alma? Porém desde agora já não tenho nem paciência nem força para sofrer".

Assim falava esse homem desolado, e golpeava a cada instante sua cabeça com as pedras do caminho. Quando disse estas palavras seu espírito desfaleceu, e o sangue correu de seus olhos e de seus ouvidos. Um servidor do príncipe, presenciando essa cena, quis levar à morte o dervixe, e aproximou-se do rei, dizendo: "Senhor, um libertino insensato manifesta seu amor pelo príncipe vosso filho". O rei foi afetado de tal maneira por esta notícia que o calor da indignação pôs seu cérebro em ebulição. "Levantai-vos e fazei empalar esse impertinente", ordenou o rei, "atai-lhe os pés para pendurá-lo de cabeça para baixo na estaca." Prontamente os cavaleiros do rei partiram. Puseram um nó corrediço ao redor do pescoço do mendigo e arrastaram-no até a estaca, seguidos pela multidão. Ninguém conhecia o motivo de sua dor, e assim ninguém intercedeu por ele. Todavia, quando o vizir fez com que o conduzissem ao cadafalso, o dervixe lançou um grito que arrancou o fogo do pesar de seu coração. "Dá-me por Deus uma trégua", ele disse ao vizir, "ao menos para que eu faça minha oração." O vizir, mesmo que de má vontade, concedeu-lhe ainda algum tempo. O faquir pôs então a cabeça sobre a terra. Depois, em meio a suas genuflexões, disse: "Ó Deus! uma vez que o rei me faz morrer, a mim que sou inocente, dá-me, antes que eu deixe a vida, a fortuna de ver a beleza deste jovem. Faz com que eu veja mais uma vez sua face e possa oferecer-lhe, nessa ocasião, minha vida em sacrifício. Se pudesse ver a face desse príncipe, daria gostosamente cem mil almas. Ó meu Deus e meu Rei! Teu servidor Te solicita; está enamorado, e consente que o faças perecer na via do amor. Meu coração está sinceramente apegado a essa porta, e, longe de ser infiel, sou um verdadeiro amante. Já que satisfazes cem mil desejos, satisfaz este, e todos os meus desejos estarão cumpridos".

Apenas expressou o que desejava este dervixe rechaçado do caminho do amor e a flecha de seu desejo atingiu seu alvo. O vizir advinhou sua prece secreta, e seu coração sentiu dor pela dor do dervixe. Chorando, ele foi até o rei e revelou-lhe o verdadeiro estado deste pobre dervixe que havia dado seu coração. Falou-lhe dos gemidos que deixara ouvir em sua oração e dos votos expressos em suas prosternações. Então a compaixão apossou-se também do coração do rei; satisfeito com estas explicações, dispôs seu espírito a perdoar o dervixe. Disse então ao príncipe seu filho: "Não te desvies desse infeliz que caiu em desgraça. Levanta-te e acode ao cadafalso, coloca-te diante desse homem que te entregou seu coração e que está ensangüentado. Fala a esse dervixe que te deseja. Ele perdeu seu coração por tua causa; devolve-o pois. Sê benévolo, pois ele suportou tua cólera; bebe com ele, pois ele tomou o teu veneno. Tira-o do caminho em que se encontra e conduze-o ao jardim; leva-o contigo e traze-o à minha presença".

O jovem príncipe, outro José, foi até o pobre dervixe. Este sol com rosto de fogo pôs-se em marcha para estar face a face com um átomo.

Este oceano cheio das pérolas mais formosas quis ir em busca de uma gota de água.

Golpeai a cabeça de alegria, agitai os pés e batei palmas.

Rapidamente o jovem príncipe dirigiu-se ao cadafalso, ele cuja visão provocava uma confusão semelhante à do Dia da Ressurreição. O príncipe encontrou o dervixe em grande abatimento, com o rosto mergulhado na poeira. A poeira havia se convertido em barro por causa do sangue de seus olhos; um mundo inteiro estava cheio de seus suspiros. Estava aniquilado, perdido, reduzido a nada; poderia alguém encontrar-se em estado mais penoso? Quando o jovem príncipe viu o dervixe assim sumido no sangue, as lágrimas correram de seus olhos. Quis esconder suas lágrimas de seu exército, porém foi inútil. Então, quando ele se pôs a chorar, cem mundos foram ganhos para o dervixe. De fato, quando se alcança o verdadeiro amor, o objeto passivo do amor converte-se em sujeito ativo. Sim, se estás de posse do verdadeiro amor, o Amigo virá encontrar-te Ele mesmo.

Por fim o jovem príncipe, belo como o sol, chamou com benevolência o dervixe. Este, que o via freqüentemente à distância, jamais ouvira sua voz. Quando levantou a cabeça acima da poeira do caminho, viu-se face a face com o príncipe; possuía então um ardente fogo e um oceano de água, pois já havia ardido o bastante, e não comunicava mais calor algum ao coração do príncipe. Este dervixe privado de seu coração era um fogo que poderia ter como vizinho o Oceano. Levou então sua alma aos lábios: "Ó príncipe! já que estou neste estado, podes privar-me de uma vez da vida; não era necessário trazer contigo todo este exército".

Assim falou, e todos viram que logo deixaria de existir. De fato, ele lançou um grito, entregou sua alma e morreu. Quando soube que estava unido a seu bem-amado, aniquilou-se por completo e deixou de existir. Aqueles que percorreram o caminho do amor espiritual sabem o que produz entre eles o aniquilamento no amor.

Ó tu cuja existência está mesclada ao nada, e cuja felicidade mistura-se à dor! Como poderás apreciar o repouso enquanto não tenhas permanecido algum tempo na inquietude? Te agitas como o raio, a mão aberta, e te deténs por insignificâncias ante um pouco de neve. Sonhas? Entra valentemente no caminho espiritual, queima a razão e entrega-te à loucura. Se queres usar esta alquimia, mostra-te, expõe-te ao menos uma vez. Reflete um pouco e renuncia a ti mesmo; ocupa-te por alguns insrantes, dentro de tua alma, de teus próprios pensamentos, de maneira que, ao final, alcances a pobreza espiritual (*fakr*) e a perfeição do gosto da abnegação. Quanto a mim, que não tenho permanecido nem como eu nem como outro, o que há de bem e de mal em mim vale mais que minha razão. Perdi-me completamente, longe de mim, onde a lógica vacila e a mente deve morrer; o único remédio que encontro para meu estado é a desesperação. Quando o sol da pobreza espiritual brilhou sobre mim, queimou os dois mundos mais facilmente que a um grão de mostarda. Quando vi os raios deste sol, uma janela abriu-se para a realidade, e eu não permaneci isolado, a gota d'água tornou ao Oceano. Ainda que em meu jogo eu tenha ganho algumas vezes e perdido outras, terminei por atirar tudo à água profunda. À luz deste sol tornei-me água perdida na corrente. Fui apagado, desapareci, não ficou nada de mim; fui somente uma sombra, não restou de mim sequer o menor átomo. Eu era uma gota perdida no oceano do mistério, e agora não encontro nem essa gota. Ainda que não seja dado a todo mundo desaparecer assim, pude perder-me no aniquilamento com muitos outros que foram como eu. Há no mundo alguém, do peixe à lua, que não deseje estar aqui perdido?

PERGUNTA DE UM DISCÍPULO E RESPOSTA DE SEU SHEIK

Um piedoso adepto perguntou um dia a Nuri: "Como poderei chegar à união misteriosa com Deus?" — "Para isso é preciso atravessar", respondeu ele, "sete oceanos de luz e sete de fogo, e percorrer ainda um caminho muito longo. Quando tiveres atravessado todos esses oceanos, então serás arrebatado por um peixe; um peixe tal que, em sua respiração, envolve os últimos e os primeiros.[165] Este peixe maravilhoso não tem cabeça nem rabo, é imenso porém invisível; ele mantém-se no meio do oceano tranqüilo da independência, e arrasta como um crocodilo os dois mundos num instante. Ele atrai para si todas as criaturas sem exceção."

---

165. Conforme *Mateus*, XX. Este verso refere-se ao Cristo, identificado simbolicamente ao peixe. O hálito (a palavra árabe é *nafs*, conceito sufi que designa tanto 'respiração' como 'alma') de Jesus é um importante elemento nas histórias muçulmanas sobre ele; reputava-se que seu *sopro* tinha poderes vivificantes.

A ATITUDE DOS PÁSSAROS

CAPÍTULO XLV

A ATITUDE DOS PÁSSAROS

Quando todos os pássaros ouviram o discurso da poupa, baixaram a cabeça e seus corações encheram-se de sangue. Compreenderam que aquele arco difícil de armar não convinha a um punho impotente. Foram arrebatados pela emoção por causa do discurso da poupa. Mal acabou a reunião, um bom número deles caiu morto ali mesmo; quanto aos outros, antes mesmo de retornar de sua estupefação, decidiram pôr-se a caminho.

Anos inteiros eles viajaram por montes e vales, e uma grande parte de suas vidas escoou-se nessa viagem. Como discorrer convenientemente sobre o que lhes aconteceu neste caminho? Seria preciso seguir os seus passos para lançar um olhar sobre o caminho e ver suas sinuosidades. Então saberíamos o que fizeram estes pássaros e conheceríamos o seu sofrimento.

Por fim, somente um pequeno número de toda essa multidão chegou ao lugar sublime para o qual se dirigiam. Esses milhares de pássaros desapareceram quase todos, somente alguns atingiram a meta. Muitos submergiram no Oceano, outros foram aniquilados e desapareceram. Outros pereceram no cume das altas montanhas, devorados pela sede, presas de toda espécie de males; outros, por causa do calor do sol, tiveram suas plumas queimadas e o coração calcinado como carne assada; outros foram tristemente devorados pelos tigres e panteras do caminho; outros pereceram de fadiga no deserto, os lábios secos, abatidos que estavam pelo calor. Outros enlouqueceram e lutaram até a morte por um grão de cevada; outros experimentaram todo tipo de pesar e de fadigas, e ficaram pelo caminho sem poder alcançar sua meta. Outros, estupefatos pelas coisas que viram, detiveram-se juntos no mesmo lugar; outros, ocupados somente da curiosidade e do prazer, pereceram sem vislumbrar o objeto de sua busca.

Somente alguns desses milhares de pássaros chegaram com dificuldade à sua meta. Os pássaros que se puseram a caminho ocupavam o mundo inteiro, e agora restavam somente trinta deles, e estavam todos pasmos, sem plumas e sem asas, fatigados e abatidos, com o coração partido, a alma agoniada, o corpo arruinado; porém eles viram essa majestade que não se saberia descrever e cuja essência é incompreensível, Ser que está acima do alcance da inteligência humana e da ciência. Então brilhou o raio da plenitude, e cem mundos foram queimados num instante. Eles viram milhares de sóis reunidos, cada qual mais resplandescente; milhares de luas e estrelas, todas igualmente belas; viram tudo isto e admiraram-se; agitaram-se como o vacilante átomo e exclamaram: "Ó tu que és maravilhoso como o sol! tu cuja majestade reduz o sol a um simples átomo; como podemos mostrar-nos aqui? Ah! por que sofremos inutilmente tantas penas em nosso caminho? Renunciamos completamente a nós mesmos, e agora não podemos obter o que ansiamos. Aqui cem céus são um átomo de pó, aqui pouco importa que existamos ou deixemos de existir."

Então todos estes pássaros, já abatidos e parecidos a um galo semimorto, foram aniquilados e reduzidos a nada, até que chegasse o tempo oportuno. Enfim, no momento propício, um nobre arauto dentre os grandes oficiais dessa majestade suprema apareceu repentinamente. Ele viu que do grande número de pássaros que haviam empreendido a viagem restavam apenas trinta: envelhecidos, sem plumas e sem asas, abatidos e com o corpo no estado mais deplorável, sem cabeça nem patas, o que digo?!, sem corpo.

"Então, ó pássaros!, de onde viestes, e por que estais aqui? Qual é o vosso nome? Ó vós que estais destituídos de tudo!, onde se encontra vossa morada? Como vos chamam no mundo, e o que se pode fazer de um impotente punhado de terra como vós?"

"Viemos aqui", responderam, "a fim de reconhecer o Simorg como nosso rei. O amor que sentimos por ele turvou a nossa razão. Por ele perdemos nosso espírito e nosso repouso. Há muito empreendemos nossa viagem; éramos então milhares, e somente trinta de nós chegou a esta corte sublime. Viemos de muito longe, esperando aproximar-nos desta suprema majestade. Como poderia esse rei desdenhar a dor que temos experimentado? Ah não! ele não deixará de olhar-nos afinal com um olho de benevolência."

"Ó vós que tendes a cabeça confusa!", respondeu-lhes o mensageiro, "vós que, como a rosa, vos banhastes no sangue de vossos corações; quer estejais ou não no universo, o rei não existirá menos eternamente por isso. Milhares de mundos repletos de criaturas são como uma formiga à porta deste rei. Não tendes mais que gemidos para fazer ouvir. Retornai pois, ó vil punhado de terra!"

Todos esses pássaros sentiram-se tão desesperados por essas palavras que ficaram paralisados de estupor. Não obstante disseram: "Este grande rei nos lançará ignominiosamente de volta ao caminho? Porém, pode haver de sua parte ignomínia para com alguém? E, se esta ocorre, não se transforma imediatamente em honra?"

DISCURSO ALEGÓRICO DE MAJNUN

Majnun disse uma vez: "Se todos os habitantes da terra celebrassem continuamente meus louvores, eu não os aceitaria de ninguém; contento-me com as injúrias de Laila. De fato, um de seus insultos vale para mim mais que cem elogios de outra pessoa. Prefiro seu nome ao reino dos dois mundos".

"Te tenho dito, meu caro, minha forma de pensar. Se há envilecimento, que mal pode dele resultar?"

"O brilho da glória se manifesta", acrescentou o arauto, "e arrebata a razão de todas as almas. Que vantagem há que a alma seja queimada por cem dores? que vantagem há neste instante na grandeza ou na baixeza?"

Os pássaros, inflamados de amor, disseram ainda: "Nossas almas são devoradas pelo fogo. Como pode a mariposa salvar-se quando o fogo lhe apraz como vivenda e representa seu desejo ulterior? Quanto a nós, queremos ser aniquilados por esse fogo, pois se não nos reunimos a ele, ainda assim queimamos. Se o amigo que buscamos não nos gratifica com sua união, e se agora não podemos ter acesso àquele que nosso coração deseja, ainda assim não saberíamos buscar outro caminho que nos conduzisse a ele".

FIM DA HISTÓRIA DOS PÁSSAROS

Todos os pássaros do mundo quiseram elucidar a história da mariposa. "Ó frágil inseto!", lhe disseram, "até quando jogarás com tua vida? Este jogo é para os nobres, não para os fracos; por que morrer por ignorância? Uma vez que tua união com a vela não pode ocorrer, não entregues tolamente tua vida por uma coisa impossível."

A mariposa, confusa e infeliz por esse discurso, respondeu: "Aprecio o que dizeis, porém meu coração foi arrebatado para sempre. Neste fogo não posso esperar abrigar-me, e ainda que não possa penetrar a chama, aproximar-me dela é meu humilde intento".

Todos os homens entraram no amor do Ser por excelência, e submergiram assim na dor, que é seu resultado.

Ainda que a satisfação sobrepassasse todo limite, haveria ainda uma nova manifestação do favor celestial.

O arauto da graça veio abrir-lhes a porta; descerrou depois cem cortinas, uma após a outra. Então um novo mundo apresentou-se sem véu a esses pássaros: a luz da luz iluminou essa manifestação. Todos sentaram-se no *masnad* da proximidade, no banco da majestade e da glória.[166] Diante deles foi colocado um escrito, e lhes foi ordenado que o lessem até o fim. Pois bem, este escrito devia fazê-los conhecer por alegoria o desolado estado a que haviam chegado.

JOSÉ RECONHECIDO POR SEUS IRMÃOS

José, por quem os astros brilhavam, foi vendido por seus dez irmãos. O egípcio Malik comprou-o por bom preço, porém quis ter um recibo. Ele exigiu pois esse recibo dos irmãos de José naquele mesmo lugar, fazendo com que todos os dez certificassem a venda. Quando, por sua vez, Aziz do Egito[167] comprou-o, o fatal recibo caiu nas mãos de José. Finalmente, quando José foi investido do poder real, seus dez irmãos foram ao Egito. Apresentados ao faraó, não o reconheceram, e prostraram-se diante dele; ofereceram-se em escravidão para obter os meios de subsistência: renunciaram à *água* (honra) em troca de pão. José, o veraz, lhes disse então: "Ó homens! tenho em meu poder um escrito em língua hebraica. Ninguém sabe o que nele está escrito; se puderes decifrá-lo eu vos darei muito ouro". De fato, todos liam o hebreu, e responderam, contentes e apressados: "Senhor, mostrai-nos esse escrito".

---

166. *Masnad* é um assento de realeza, um banco no qual várias pessoas sentam-se próximas ao rei.
167. O Putifar da Escritura.

Que cego em seu espírito é aquele que, por orgulho, não reconhece aqui sua história em relação a Deus!

José deu pois a seus irmãos sua própria escrita para decifrar, e imediatamente um tremor convulsivo apoderou-se de seus corpos. Eles não puderam ler sequer uma linha desse escrito, nem decifrar a menor particularidade. Todos caíram na dor e na aflição, absorvidos na lembrança da venda de seu irmão José. Suas línguas emudeceram de repente, e suas almas atormentaram-se por esse vergonhoso incidente.

"Pareceis desconcertados", disse-lhes José, "por que ficar mudos quando vos peço para ler este escrito?"

"Preferimos ser executados imediatamente a ler este escrito", responderam todos; "que nos cortem a cabeça por isso."

Assim, quando os trinta pássaros extenuados leram o conteúdo do escrito que lhes havia sido dado para sua instrução, encontraram inteiramente consignado tudo o que haviam feito até então.

De fato, foi muito duro para os irmãos de José, então escravos, ter de olhar este escrito. Haviam feito uma longa viagem para encontrar o José que eles haviam atirado ao poço. Haviam queimado na ignomínia a alma de José, e agora viam-no brilhar em sua eminente posição.

Ó insignificante faquir! Então não sabes que vendes um José a cada instante? Quando José for teu rei, e que seja o primeiro e o único, terminarás por prostrar-te ante ele como um mendigo nu e faminto.

A alma desses pássaros aniquilou-se inteiramente pelo temor e pela vergonha, e seu corpo, queimado como carvão, converteu-se em pó. Quando ficaram assim completamente purificados e livres de tudo, encontraram todos uma nova vida na luz do Simorg.[168] Tornaram-se assim novamente servidores, e foram pela segunda vez mergulhados na estupefação. Tudo o que fizeram e que poderiam ter feito anteriormente foi purificado e mesmo apagado de seus corações. O sol da proximidade dardejou seus raios sobre eles, e suas almas tornaram-se resplandescentes. Então, no reflexo de seu rosto, os trinta pássaros (*si morg*) mundanos contemplaram a face do Simorg espiritual. Eles apressaram-se a olhar este Simorg, e asseguraram-se de que não era outro que *si morg*.[169] Todos

---

168. Garcin de Tassy identifica esta passagem ao Salmo XXXV (XXXVI), verso 10: "Em Vós está a fonte da vida/ e em Vossa luz veremos a luz".
169. *Si morg*: em persa 'trinta pássaros', como já foi observado.

caíram na estupefação; ignoravam se continuavam sendo eles mesmos ou se haviam se convertido no Simorg. Asseguraram-se enfim de que verdadeiramente eram o Simorg, e que o Simorg era realmente os *trinta pássaros*. Quando olhavam para o Simorg viam que era efetivamente o Simorg que se encontrava nesse lugar, e se dirigiam seus olhares para si mesmos, viam que eles próprios eram o Simorg. Enfim, se olhavam ao mesmo tempo para os dois lados, asseguravam-se de que eles e o Simorg não formavam na realidade mais que um só Ser. Este Ser único era Simorg, e Simorg era este Ser. Ninguém no mundo jamais ouviu dizer nada semelhante. Então, todos mergulharam no maravilhamento e entregaram-se à meditação sem poder meditar. Como não compreendiam nada deste estado de coisas, perguntaram ao Simorg sem servir-se da língua, pediram que lhes desvelasse o grande segredo, que lhes desse a solução do mistério da pluralidade e da unidade dos seres. Então o Simorg, tampouco sem servir-se da língua, deu-lhes esta resposta: "O sol da majestade é um espelho; aquele que vem vê-se nele, e nele vê sua alma e seu corpo, vê-se todo por inteiro. Uma vez que viestes aqui trinta pássaros, vos encontrastes trinta pássaros (*si morg*) no espelho. Se viessem ainda quarenta ou cinqüenta pássaros, a cortina que esconde o Simorg seria do mesmo modo descerrada. Ainda que estejais extremamente mudados, vedes a vós mesmos como éreis antes".

Como poderia alcançar-Me o olho de uma criatura? Pode o olhar de uma formiga alcançar as Plêiades? Viu-se alguma vez esse inseto levantar uma bigorna?, e o mosquito colher em seus dentes um elefante? Tudo o que soubeste ou viste não é nem o que soubeste nem o que viste, e tudo o que foi dito ou ouvido tampouco é isto. Quando tiveres atravessado os vales do caminho espiritual, quando tiveres realizado boas obras, só tereis agido assim por Minha ação, e assim pudestes ver o vale de Minha essência e de Minha perfeição. Bem poderíeis, vós que sois somente trinta pássaros, ter ficado estupefatos, impacientes e maravilhados; porém Eu valho bem mais que trinta pássaros *(si morg)*, pois sou a essência mesma do verdadeiro Simorg. Aniquilai-vos pois gloriosa e deliciosamente em Mim, a fim de poder encontrar a vós mesmos em Mim.

De fato, os pássaros aniquilaram-se finalmente e para sempre no Simorg. A sombra perdeu-se no sol, e eis tudo.

Tenho discursado enquanto estes pássaros estiveram no caminho; porém meu discurso chegou a um ponto em que não há nem pé nem cabeça; assim, devo terminá-lo aqui. A via permanece aberta, porém já não há guia ou viajante.

OUTRA HISTÓRIA SOBRE HALLAJ

Quando Hallaj foi inteiramente consumido pelo fogo que haviam acendido para ele, um sufi ardente de amor a Deus chegou por acaso, e, revolvendo as cinzas com seu bastão, sentou-se sobre o que restara de Hallaj. Depois abriu a boca e, para falar, moveu a língua parecida à chama até o ponto de agitar as cinzas. Disse então às pessoas presentes: "Respondei-me de forma precisa: onde está Hallaj? onde está aquele que disse 'Eu sou a Verdade (Deus)'?"

Tudo o que disseste e tudo o que ouviste, tudo o que soubeste e tudo o que viste, tudo isto não é sequer o começo do que deve ser feito. A essência vive; aniquila-te, pois a ruinosa vivenda do mundo não é teu lugar. Levanta-te, tens de buscar o tronco da árvore; isto deve bastar-te, pouco importa se os galhos existam ou não. O verdadeiro sol brilha sempre, não o consideres nem um átomo nem uma sombra.

A IMORTALIDADE DEPOIS DO ANIQUILAMENTO

Quando cem mil gerações (representadas por estes pássaros) fora do tempo anterior e posterior chegaram a sua meta, então estes pássaros mortais entregaram-se espontaneamente a um total aniquilamento; e quando todos estes pássaros que estavam fora de si voltaram a si, alcançaram a imortalidade depois do aniquilamento. Homem algum, jovem ou velho, jamais pôde falar convenientemente da morte ou da imortalidade. Assim como estas coisas estão longe de tua vista, assim sua descrição está mais além de toda explicação e de toda definição. Porém meus leitores querem ao menos a explicação alegórica da imortalidade que sucede o aniquilamento. Como satisfazê-los? Seria necessário escrever um novo livro sobre este tema.

Enquanto estiveres na existência ou no nada, como poderás pôr o pé neste lugar? Porém, ó ignorante! quando já não te encontras detido em teu caminho pela existência ou pelo nada, entras como num sonho e vês o que ocorreu do princípio ao fim; e conhecendo o fim, vês o benefício. Um germe é alimentado em meio a cem honras e vaidades para converter-se num ser inteligente e ativo. Ele é instruído de seus próprios segredos, lhe são dados os conhecimentos necessários; depois a morte vem apagar tudo, e lança esta grandeza no envilecimento. Este ser converteu-se no pó do caminho e foi aniquilado várias vezes. Porém, por meio desse aniquilamento, aprendeu cem segredos que ignorava. Então lhe é dada a completa imortalidade, e ele recebe a honra em vez do envilecimento que é sua herança.

Sabes o que possuis? Entra por fim em ti mesmo e reflete. Enquanto tua alma não estiver a serviço do Rei eterno, como Ele te aceitará aqui? Enquanto não encontrares o rebaixamento do nada não verás jamais a elevação da imortalidade. Primeiro és lançado no caminho espiritual com envilecimento, depois és elevado com honra.

O VIZIR COMPASSIVO

Havia um rei que possuía o mundo inteiro; com efeito, os sete céus a ele obedeciam. Ele era, por seu poder, um outro Alexandre: seus exércitos cobriam o mundo de um a outro *Káf*. De seu rosto a lua emprestava o brilho de suas faces, que ela inclinava até a terra ante esse rei. Pois bem, o rei tinha um vizir que distinguia-se por seus méritos e prostrava-se pelas mais pequenas coisas. Esse excelente ministro tinha um filho, em cujo rosto parecia estar impressa toda a beleza do mundo. Ninguém jamais viu um ser tão encantador e de posse de tanta dignidade. Este menino, que dava luz ao próprio dia, não podia sair de dia, por causa da sombra que produzia sua grande beleza. De fato, se por acaso essa lua se mostrava de dia, manifestava-se a agitação do momento da Ressurreição. Jamais apareceu no mundo ser tão perfeito; nunca se viu no decurso dos séculos criatura tão adorável. O rosto desse jovem era semelhante ao sol, e seus cabelos tinham a cor e o perfume do almíscar: eram como uma tenda negra para seu sol. Não fosse por seus lábios, a água da vida teria secado. Em meio a este sol que encantava os corações, sua boca tão pequena quanto um átomo lançava na turbação os homens: trinta estrelas[170] escondiam-se em seu interior. Quando semelhante estre-

---

170. Quer dizer, seus dentes.

la mostrava-se no mundo, não se sabia dizer como poderiam esconder-se trinta estrelas num átomo. Os cachos de seus cabelos derramavam-se sobre a elegante almofada sobre a qual repousava, e escorriam graciosamente sobre seus ombros; as ondas da cabeleira desse jovem de corpo de prata colocavam instantaneamente à deriva as fileiras de homens de cem mundos. Seus cabelos davam sombra a suas faces, e cada cabelo em particular oferecia cem maravilhas. Suas sobrancelhas tinham a forma de um arco; jamais um braço empunhou um semelhante. Seus *narcisos* (olhos) eram radiantes; e para encantar os corações haviam executado cem feitiços com cada cílio. Seus *rubis* (lábios) eram o manancial da fonte da vida, doces como o açúcar e mais frescos que a erva verde. A rubra beleza de seu rosto e de seus bigodes nascentes recordavam o papagaio da fonte do oceano da perfeição. Qual seria o insensato que ousaria falar de seus dentes? Quem preferiria o diamante da mina a tal excelência? Sua sarda almiscarada era o ponto da letra *jim* de *jamal* (beleza); o passado e o futuro haviam feito dele o presente. Se eu fizesse a descrição da beleza desse encantador rapaz durante uma vida inteira, acaso poderia terminá-la?

Em resumo, o rei estava louco por esse rapaz e fora de si por causa de sua viva afeição. Esse rei, excelente e todo-poderoso, tornou-se como uma meia lua por causa do amor que sentia por essa lua cheia. Estava tão absorvido por este sentimento que não tinha sequer a consciência de sua própria existência. Se ficasse um instante longe dele, seu coração turbado fazia correr de seus olhos um riacho de sangue. Sem seu amado ele não tinha um momento de descanso, e fora de seu amor, não tinha paciência durante o menor espaço de tempo. Não passava um só instante sem ele, dia ou noite; ele era seu íntimo companheiro dia e noite. Fazia-o sentar-se próximo de si da manhã à noite, e dizia seus segredos a esse rosto de lua. Ainda que a negra noite chegasse, não havia sono ou repouso para o rei. O jovem dormia diante do rei e este olhava com admiração seu belo rosto. Durante toda a noite o rei iluminava-se com a tocha deste ser sedutor; olhava este rosto de lua e a cada noite derramava lágrimas de sangue. Tanto lançava rosas sobre seu rosto como tirava a poeira de seus cabelos. Por causa de sua aflição amorosa, deixava cair por suas faces, como a chuva do alto das nuvens, lágrimas abundantes. Tanto festejava esta lua, tanto brincava com ela agradavelmente. Não o deixava ir um instante para longe de si, pois sua presença lhe era absolutamente necessária.

É assombroso que este menino pudesse ficar assim próximo ao rei, mas é porque tinha os pés atados, por assim dizer, por temor aos Khosroes. De fato, se ele ousasse afastar-se da barra de seu manto, o rei por ciúmes, lhe teria cortado a cabeça. Se o pai ou a mãe deste menino quisessem vê-lo um instante, não ousavam fazê-lo, para não desagradar o rei e para evitar as múltiplas observações que sua visita poderia ensejar.

Pois bem, havia na vizinhança do rei uma jovem com rosto de sol, tão bela quanto uma pintura. O jovem enamorou-se dela; tornou-se ardente como o fogo para com ela. Certo dia combinaram passar a noite juntos, e o jovem enamorado preparou uma festa tão bela quanto o rosto de sua amada. Em segredo ele ficou junto a ela, na ausência do rei, que por acaso estava ébrio naquela noite. À meia-noite, o rei, ainda embriagado, desceu de seu leito com um punhal à mão. Procurou o jovem e não o encontrou. Chegou por fim aonde ele estava com a jovem e compreendeu facilmente que estavam enamorados um do outro. A essa visão, o fogo do ciúme irrompeu no coração do célebre rei. Nesse momento, ele, grande monarca, ébrio e apaixonado, surpreso de que esse rapaz pudesse amar a outro, disse para si mesmo: "Já que ele escolheu essa pessoa preferentemente a um rei como eu, é um insensato. Tudo o que fiz a seu respeito ninguém jamais fez para com quem quer que fosse; e é assim que ele age em troca do bem que lhe fiz. Schirin agiu da mesma forma ao preferir *koh-kan*.[171] As chaves de meus tesouros estão em suas mãos; a gente mais elevada está ao seu redor; ele é constantemente meu confidente e meu íntimo; ele conhece minhas penas e seu remédio, e ei-lo agora aqui sentado com uma mendiga; porém, nesta mesma hora quero livrar o mundo de sua presença". Assim falou o rei e ordenou que amarrassem fortemente esse jovem. A cor prateada daquela lua tornou-se, em meio à poeira do caminho, por causa do bastão do rei, parecida ao índigo. Depois o rei ordenou que levantassem um cadafalso para a execução. "Primeiro arrancai-lhe a pele", disse ele, "empalai-o depois de cabeça para baixo, para que quando se esteja na intimidade do rei não se dê atenção a nenhuma outra pessoa." Procuraram então o jovem, e, encontrando-o, levaram-no, infeliz e desolado, para cravar sua cabeça na estaca.

O vizir, quando soube da situação de seu filho, lançou terra sobre a cabeça e disse: "Ó alma de teu pai! que imprevisto teve lugar em teu caminho? por qual coincidência o rei tornou-se teu inimigo?"

Dez jovens escravos do rei estavam encarregados de executar a sentença de morte. O vizir, o coração triste e ferido, deu então a cada um

---

171. V. nota *160*.

dos escravos um diamante tão belo que poderia servir de lâmpada durante a noite. "O rei embriagou-se esta noite", disse-lhes, "e este jovem não é culpado como ele crê. Quando este ilustre soberano retornar a si, arrepender-se-á de ter dado esta ordem e ficará muito perturbado; e então não deixará vivo um só dos cem escravos que tiverem contribuído para executá-la." — "Porém", disseram eles, "se o rei vem e não encontra ninguém que obedeça suas ordens, fará prontamente correr um rio de sangue, pois nos empalará de boca para baixo."

Então o vizir tirou um assassino da prisão e fez com que lhe tirassem a pele como a um dente de alho; amarrou-o à estaca de cabeça para baixo e tornou a terra cor-de-rosa com seu sangue. Escondeu o jovem, objeto do rancor do rei, esperando que a felicidade se mostrasse novamente para ele por detrás do véu.

No dia seguinte, quando o rei recuperou-se de sua embriaguez, seu coração ainda ardia de cólera. Chamou os jovens executores e lhes disse: "Como tratastes aquele cão?" — "Nós o empalamos solidamente sobre a plataforma", responderam-lhe. Nós lhe arrancamos a pele completamente, e agora ele jaz empalado de cabeça para baixo."

Quando o rei ouviu esta resposta, ficou satisfeito. Deu a cada um dos escravos um manto de honra, elevou-os de grau e concedeu-lhes distinções. Depois disse: "Deixai o culpado mais algum tempo no estado envilecido e desgraçado em que se encontra, a fim de que seus contemporâneos tomem como exemplo o que ocorreu a esse impuro e inútil servidor".

As pessoas da cidade, mal acabaram de ouvir o relato desse acontecimento, entristeceram-se e foram em grande número ver o paciente, porém ninguém o reconheceu. Viram somente um corpo ensangüentado, ao qual haviam arrancado a pele e empalado de cabeça para baixo. Todos, grandes e pequenos, que o viram neste estado derramaram lágrimas de sangue abundantes como a chuva. O luto desse belo jovem verificou-se durante todo o dia até a noite; a cidade encheu-se de dor, de pesar e de suspiros.

Alguns dias depois, privado de seu amigo, o rei arrependeu-se de sua ação. Sua cólera acalmou-se e seu amor redobrou de violência. O amor fez deste rei com coração de leão uma formiga. Um tal rei, com semelhante amigo parecido a José sentado dia e noite agradavelmente em sua proximidade, este rei sempre alegre pelo vinho da união, como poderia permanecer na vergonhosa embriaguez da ausência? Finalmente não pôde conter-se nem um instante mais, e desde então entregou-se ao pranto continuamente. Sua alma ardia pela dor da ausência; estava impaciente e sem descanso por causa do desejo que ocupava seu coração. Ele entregou-se ao mais amargo arrependimento; seus olhos encheram-se de sangue, e lançou sobre a cabeça a poeira do caminho. Tomou suas vestes azuis (de luto) e apertou-as contra seu peito. Sentou-se em meio às cinzas e ao sangue. A partir desse momento não comeu nem bebeu, e o sono abandonou seus olhos ensangüentados. Quando a noite chegou, o rei saiu e ordenou que os estranhos se retirassem do patíbulo; sozinho, foi ver o adolescente, refletindo sobre o que se havia passado. Quando lhe veio em detalhe a recordação daquele desgraçado evento, seus suspiros elevaram-se à extremidade de cada um de seus pelos. Uma dor sem limites tomou seu coração, e a cada instante assaltavao um novo pesar. Chorou muito sobre a cabeça deste jovem que havia feito morrer, e, com seu sangue, esfregou o rosto várias vezes. Atirou-se ao chão e rasgou com uma mão o dorso da outra. Se alguém pudesse contar suas lágrimas, teria visto que eram mais numerosas que as gotas de água de cem chuvas. Permaneceu assim sozinho por toda a noite até o dia, como uma vela, nas lágrimas e no ardor. Quando soprou o zéfiro da manhã, o rei retirou-se com seus confidentes. Retirou-se em meio à poeira e às cinzas numa dor sem fim. Depois de quarenta dias e quarenta noites, este rei, de eminente dignidade, mostrou-se como Moisés[172] e não deixou de ir sequer um dia ao cadafalso, doente que estava de pesar. Nestes quarenta dias e quarenta noites ninguém ousou abrir a boca para falar-lhe. Depois de quarenta dias e quarenta noites passados sem comer nem beber, o rei viu em sonhos o jovem: o rosto parecido à lua estava inundado de lágrimas e seu corpo banhado em sangue da cabeça aos pés.

"Ó jovem encantador!", disse-lhe o rei, "tu, cuja visão dilata minha alma, por que mergulhaste assim no sangue da cabeça aos pés?" — "Estou ensangüentado", respondeu o jovem, "por causa de tua amizade, ou melhor, porque tu foste infiel a ela. Fizeste com que me esfolassem vivo, a mim que sou inocente. Isto é ser fiel à amizade, ó rei? Pode um amigo agir desse modo para com seu amigo? Quero então ser infiel, pois nunca um infiel agiu como tu. Que fiz eu para ser empalado, para ter a cabeça cortada e estar de cabeça para baixo? Eu desvio meu rosto de ti, e até a Ressurreição pedirei justiça contra ti. Quando abrir-se o tribunal da

---

172. Moisés ficou durante quarenta dias longe dos israelitas, na contemplação de Deus, e foi durante esse tempo que ocorreu a adoração do bezerro de ouro (*Êxodo*, XXIV, 18; e *Corão*, II, 48).

suprema justiça, o Mais Alto exigirá que me seja feita justiça contra ti."

Quando o rei ouviu o discurso dessa lua, despertou imediatamente com o coração ensagüentado. A emoção dominava seu coração e sua alma; a cada instante sua dor se fazia mais viva. O rei acabou por perder a razão e a inteligência e começou a definhar, e a dor não mais o deixou. Ele abriu a casa da loucura e começou a lançar numerosos suspiros. "Ó tu que és o objeto de meu inútil afeto!", dizia, "meu espírito e meu coração estão ensangüentados por tua causa. Ó tu que me fizeste perder a razão, e que depois foste tristemente assassinado por minhas ordens! Quem como eu golpeou a si mesmo? Quem fez, com a própria mão, o que fiz a mim mesmo? É necessário que eu mergulhe no sangue, pois fiz perecer o objeto de meu amor. Por fim, olha onde estás, ó filho meu!, e não derrames tinta negra sobre nossa amizade. Não me devolvas o mal pelo mal que te fiz, pois na realidade eu o fiz a mim mesmo. Estou estupefato e triste por tua causa; lanço pó sobre minha cabeça e permaneço no pó do caminho onde te perdi. Ó minha vida! Onde te buscaria? Tem compaixão de meu arruinado coração. Se foste tratado cruelmente por mim, que te faltei com a fidelidade, tu que és fiel, não me trates mal. Se por estupidez fiz correr o sangue de teu corpo, quantas vezes tu não fizeste correr o sangue de meu coração? Eu estava ébrio quando cometi este crime; como é possível que o destino me tenha compelido a tal coisa? Agora que de repente desapareceste, como poderei viver no mundo sem ti? Se privado de ti não sou mais eu mesmo, restam-me somente alguns momentos por viver. Privado como está de ti, o rei faz sua alma chegar à ponta de seus lábios a fim de oferecê-la pelo preço de teu sangue. Eu não temo a morte, mas temo a desgraça em que estou afundado. Se eu solicitasse pela eternidade o perdão para este crime, ainda assim não ousaria esperá-lo. Quisera Deus que me cortassem a garganta com uma cimitarra, e que a dor e a aflição que experimento se afastassem de meu coração!

"Ó meu Criador! minha alma ardeu nesta profunda confusão; foi inteiramente consumida pela dor. Não tenho nem a força nem a coragem para suportar esta separação, e minha alma queima de desejo. Tira-me a vida por compaixão, ó Distribuidor da justiça!, pois já não posso suportá-la."

Assim falou o rei; depois calou-se e caiu desfalecido em meio a seu silêncio. Por fim o corcel do favor divino chegou, e a ação da graça teve lugar depois do pranto. Por acaso o vizir encontrava-se escondido no mesmo lugar em que o rei entregara-se àquela dor que sobrepassava todo limite. Mantivera o jovem preparado para a ocasião e, no momento que julgou favorável, fê-lo aparecer ante o rei do mundo. O adolescente saiu detrás da cortina, como a lua da nuvem, e apresentou-se ao rei com sua túnica e sua espada; prosternou-se na terra ante o rei e derramou lágrimas abundantes como a chuva.

Como poderia eu descrever o momento em que o rei viu essa lua? Ele caiu na poeira, e o jovem, no sangue. Quem pode saber como ocorreram estas coisas assombrosas? Tudo o que eu poderia dizer além disso não deve ser dito, assim como não se pode perfurar a pérola que está no fundo do abismo. De fato, quando o rei foi liberado da dor da separação, retirou-se com seu escravo para um aposento. Daí em diante ninguém mais esteve ao corrente das coisas secretas que ocorreram entre eles, pois os rivais não têm acesso a esse lugar. Não foi outra coisa que um cego que pôde ver e um surdo que pôde ouvir. Quem sou eu para expor aqui o que um disse e o que o outro ouviu e traçar ao espírito a explicação desta história? Como exporia a coisa, eu que não cheguei ao supremo grau do conhecimento? Golpeio meu corpo fatigado nesta busca; não obstante, se meus chefes espirituais quisessem, me seria dada essa explicação.

Agora terminei o meu discurso; já não tenho mais o que dizer. Saudações!

EPÍLOGO

EPÍLOGO

Ó Attar (perfumista)! espalhaste constantemente pelo mundo o conteúdo da bolsa de almíscar dos segredos. Os horizontes do mundo estão cheios de teus perfumes (*'atr*), e os amantes que habitam o mundo estão cheios de turbação por tua causa. Tanto lanças suspiros de puro amor, tanto fazes ouvir próximo à cortina as queixas que assaltam os verdadeiros amantes. Teus versos lhes oferecem um bem; possam adornar-se com eles como com uma jóia! Este é teu selo como a luz é o selo do sol: "A Linguagem dos pássaros" (*Mantic uttair*) e "As Assembléias dos pássaros" (*Macamat uttiyur*).[173] São as assembléias (ou estações) do caminho da estupefação, ou, talvez melhor, o *diwan* da vertigem.

Entra com amor neste *diwan*, entrega tua alma com abandono e adentra este palácio. Em semelhante hipódromo (espiritual), que jamais foi visível, e onde a alma não se mostra, se não entras com afeto não verás nem a poeira. Quando o Duldul[174] de teu amor começar a galopar, se desejas algo age conforme teu desejo. Enquanto o fastio das coisas do mundo não for teu alimento, como poderá viver teu arruinado coração? Desperta em ti o sentimento do amor, pois ele é o remédio de teus males, é o remédio da alma nos dois mundos. Ó tu que estás em marcha no caminho espiritual! não leias meu livro como uma produção poética ou de magia, senão lê relacionando-o ao amor espiritual, e julga, por uma só partícula de teu amor, o que podem ser minhas cem dores amorosas. Aquele que lê meu livro animado por este amor carregará até o final a bola de pólo da felicidade. Deixa a abstinência e a vulgaridade; aqui não é preciso mais que o amor: sim, o amor e a renúncia. Quem quer que possua este amor não tem outro remédio senão renunciar a sua alma. É preciso que o homem (da via espiritual) esteja perturbado, faminto e sem sono, e tão alterado que não possa, em toda a eternidade, aplacar sua sede.

173. Originalmente a obra era dividida em duas partes (G. de T.).
174. Nome do corcel que Mohâmmed deu a Ali.

Aquele que não provou o perfume de meu discurso não teve acesso ao caminho dos amantes. Ao contrário, aquele que o tenha lido com atenção tornar-se-á um homem de ação, e aquele que o tiver compreendido será digno de entrar na via que anuncio. As gentes exteriores estão como que afogadas por causa de meu discurso, porém as gentes de inteligência espiritual estão de posse dos segredos que ele contém. Meu livro é o adorno do século, é ao mesmo tempo um presente para as pessoas distintas e para as vulgares. Se um homem frio como o gelo lesse este livro, enlevar-se-ia vivamente como o fogo para fora do véu que lhe oculta o mistério. Meus versos têm uma espantosa particularidade, que é dar mais e mais benefício à medida que se os lê. Se tiveres ocasião de percorrê-los com freqüência, eles certamente te agradarão cada vez mais. O véu desta esposa do harém (*divino*) não será retirado do lugar de honra da Graça senão gradualmente. Um estado extático como o meu jamais será traçado pelo cálamo sobre o papel até a Ressurreição. Espalhei as pérolas do oceano da contemplação; cumpri perfeitamente meu dever, e meu livro é a prova. Porém, se elogiasse demasiado a mim mesmo, alguém aprovaria tal elogio? Aquele que é imparcial para comigo reconhecerá meu mérito, pois a luz de minha lua cheia não está escondida. Precisei assinalar com algum detalhe minha posição, e aquele que aprecie a eloqüência me tratará sem dúvida com justiça. Eu permanecerei, se não por mim mesmo ao menos pelas pérolas poéticas que derramei sobre a cabeça dos homens, até a Ressurreição. Deixei uma recordação na língua dos mortais até o Dia do Juízo, e meu livro será esta recordação. Ainda que as cúpulas do céu chegassem a dissolver-se, não se perderia, no entanto, nem um ponto deste memorável poema. Aquele a quem este livro possa mostrar a via lançará para longe de si o véu que lhe esconde a verdade. Se experimentas bem-estar na leitura atenta deste poema, lembra-te do escritor em tuas orações. Espalhei aqui e ali as rosas desse jardim (espiritual); recordai-vos de mim, ó meus amigos! Cada espiritualista manifestou suas percepções de uma maneira particular e depois desapareceu. Também eu, como meus antecessores, manifestei o pássaro de minha alma aos que estão adormecidos. Se o sono que ocupou tua longa vida privou-te deste discurso, tua alma ainda assim estará desperta um instante para o segredo que foi revelado. Eu sei, sem qualquer dúvida, que meu desejo se realizará, que meu pesar e minha inquietude cessarão. Queimei-me como o pavio a fim de iluminar um mundo de gente. Meu cérebro esfumou-se como o nicho onde está colocada a lâmpada; a tocha da eternidade brilha diante de mim. Até quando arderá a lâmpada (material)? Durante o dia não tenho fome, à noite não tenho sono; não restou *água* (honra) em meu coração por causa do fogo que devora minha alma. Eu disse a mim mesmo: "Ó tu que falas muito! em vez de falar tanto, golpeia teu corpo e busca os segredos". Meu coração respondeu: "Estou mergulhado no fogo, não me acuses; ainda que eu não fale, queimo". O oceano de minha alma agita suas ondas de mil maneiras; como ficar um só momento silencioso? Eu não me orgulho disso mais que ninguém, mas estes pensamentos ocupam-me inteiramente. Ainda que este amor não deixe meu coração, o que posso dizer, já que não sou iniciado nisso? Mas o que são todos estes vãos relatos, e o que pretendem estes homens manchados de egoísmo? O que sairá de um coração ocupado dessas vaidades, se lançam ao esquecimento meu discurso? É necessário determinar-se a renunciar cem vezes à vida e pedir perdão por todas essas vaidades. Se queres que o oceano da alma permaneça em salutar agitação, é preciso saber renunciar à vida e guardar silêncio.

O TEÓLOGO EM AGONIA

Um sábio teólogo que agonizava disse: "Ah! se eu soubesse antes quão mais alto grau de honra é escutar que falar, teria perdido minha vida a discorrer? Ainda que um discurso fosse tão excelente quanto o ouro, mais vale não dizê-lo".

A ação é própria dos homens dignos de sua missão. Não vale mais entregar-se ao amor divino que falar? Se tivesses, como os homens espirituais, um terno amor pela religião, encontrarias verdade no que digo. Se teu coração é estranho ao amor, tudo o que te digo parecerá fabuloso. Adormece com abandono como o homem que rejeita as práticas exteriores da religião, e eu te recitarei meus agradáveis relatos. Se Attar fez com que fosses encantado, o sono te virá agradavelmente. Dorme pois comodamente: derramei bastante azeite sobre a areia, atei muitas pérolas ao pescoço dos porcos. Freqüentemente preparei esta mesa, e no entanto levantei-me dela faminto. Freqüentemente admoestei minha alma e ela não me obedeceu; dei-lhe medicamentos, e não surtiram efeito. Como nada saiu-me bem, lavei as mãos de mim mesmo e permaneci à parte. Faltou que a atração divina me chamasse desde o alto, pois de outra forma o que fiz não teria sido exato. Como a cada instante minha alma (animal) ganha mais força, não é de se esperar que se torne melhor. Não é porque nada escuta que ela se fortalece, pois se escutasse tudo de uma vez não seria melhor. Até que eu morra afogado por meus suspiros, ai, Senhor! ela não se emendará. Cuidado com ela!

HISTÓRIA SOBRE ALEXANDRE

Quando Alexandre agonizava, em sua expedição em favor da religião,[175] Aristóteles lhe disse: "Ó monarca da fé! durante toda tua vida não cessaste de dar instruções imperiosas; porém hoje tu mesmo és uma advertência para o mundo".

Ó meu coração! recebe esta advertência em meio a este turbilhão de desgraça. Permanece atento e vigilante, pois a morte está em teu encalço. Eu te fiz ouvir a *linguagem dos pássaros* e todos os seus discursos. Cabe a ti compreendê-la, ó ignorante! Os pássaros estão entre os amantes quando voam de suas gaiolas antes da morte. Cada um deles explicou-se de uma forma diferente, pois cada um tem uma maneira particular de expressar-se. Aquele que compreendeu a linguagem de todos estes pássaros encontrou antes o Simorg que a pedra filosofal.

Como conhecerás a felicidade dos homens espirituais em meio à sabedoria dos gregos? Enquanto não te separares desta pretensa sabedoria, como obterás a sabedoria da fé? Quem quer que mencione esta sabedoria no caminho do amor de que falo, ignora o amor celebrado no *diwan* da fé. Quanto à contemplação, prefiro aqui o *káf* da 'impiedade' (ou 'infidelidade', *kufr*) ao *fa* da 'filosofia' (*falsafa*); pois se fosse descerrada a cortina que cobre a impiedade te seria fácil descobrir o por que, enquanto que, se se discute segundo a ciência da dialética, não se poderá dirigir-se senão aos sábios.

Se queres iluminar teu coração por esta sabedoria, para que arder como Omar? Se a chama da fé queimou a sabedoria dos gregos, não deves vender a chama de teu espírito por esta ciência. A um homem de fé basta a sabedoria espiritual: lança pois poeira sobre os gregos em teu ardente amor pela fé.

---

175. Sabe-se que os muçulmanos, baseados num texto do Corão (sura XVIII), acreditam que Alexandre era um conquistador missionário que tomou as armas para ampliar o culto ao verdadeiro Deus. Tal idéia é reforçada por relatos lendários em romances orientais sobre esse célebre personagem. (G. de T.)

Até quando continuarás teu discurso, ó Attar? Não és o homem desta coisa admirável. Trata de sair sem mancha de tua própria existência; por tua destruição, sê poeira sobre a face da terra. Enquanto não fores esmagado sob os pés da mais vil das gentes, não serás a coroa da cabeça de todo o mundo. Aniquila-te, a fim de que os pássaros do caminho espiritual te levem em seu rastro até a nobre meta de sua jornada. O discurso que manténs deve servir-te de guia nesta via, porém este discurso não está ao alcance de todo mundo. Ainda que eu não seja nada em relação aos pássaros do caminho, faço menção a eles, e eis tudo. Por fim, pela poeira dessa caravana, o amor destes seres que partiram chegará a mim.

HISTÓRIA SOBRE OS DISCURSOS EDIFICANTES

Um velho homem religioso disse um dia a um sufi: "Por que relatas tão seguidamente os discursos dos homens de Deus?" Ele respondeu: "O que dizem os homens comprometidos no caminho espiritual será sempre agradável para minha boca. Ainda que eu não esteja em seu número, repito o que os ouvi dizer, e estou contente de agir assim".

Se tenho somente o nome do açúcar, isto vale mais que ter veneno na garganta. Todo meu *diwan* é de loucura (*diwanagui*); a razão não tem nada que fazer com meus discursos. Eu não sei o que devo dizer; coisa admirável! busco coisas que não foram perdidas. Em minha loucura deixei a fortuna, e recitei a lição dos ociosos despreocupados: se me dizem "Ó tu que te perdeste no caminho! Pede por ti mesmo desculpas pelas tuas próprias faltas", ignoro como poderei fazê-lo convenientemente e se posso desculpar-me por cem vidas mal empregadas. Se me fosse dado marchar firme no caminho espiritual, a letra *schin* de minha poesia (*schi'r*) tornar-se-ia para sempre a letra *sin* do segredo do mistério (*sirr*). Se eu entrasse efetivamente neste caminho, como estaria assim absorvido por meus versos? Dedicar-me a fazer versos foi um vão pretexto para não entrar resolutamente nesta via, tanto quanto é loucura olhar somente para si mesmo. Não tendo encontrado no mundo nenhum *mahram*, recitei meus versos em voz baixa. Se tu crês estar de posse do segredo, busca-o ainda, aplica nisso tua existência, derrama teu sangue e busca-o sem cessar.

Tenho derramado lágrimas de sangue somente para provocar um sorriso de amor. Se tens o sentimento instintivo da difícil magia de meus versos, aceita o odor de sangue de minha linguagem. Aquele que está enamorado de tudo o que é notável tomará como teriaga esta linguagem elevada. Ainda que eu seja perfumista (*'attar*) e mercador de teriaga, queimo meu coração e dou o sangue como vinho; porém as pessoas com quem me relaciono são desprovidas de ciência e de gosto, e é por isso que sou forçado a roer solitariamente meu fígado. Quando tomo o pão seco de meu mantel, emprego como caldo o pranto de meus olhos, e sirvo meu coração assado para poder ter por um instante Gabriel como comensal. Pois bem, já que Gabriel é meu hóspede, como poderia compartir o pão com os maus? Eu não quero o pão de nenhum malvado; este é meu pão e o que o acompanha. A riqueza de meu coração exalta minha vida; a verdade é meu tesouro imperecível. Como irá aquele que possui este tesouro suplicar a um homem baixo e vil? Graças a Deus não sou um cortesão; não me liguei a nenhum indigno. Colocaria perfidamente cadeias em meu coração e daria o nome de 'Senhor' a toda dualidade? Não provei da comida de nenhum injusto, e não liguei meu nome a um livro qualquer. Meu elevado objetivo é louvar o Ser eterno; para alimento de meu corpo basta a força de minha alma. Meus chefes espirituais fizeram-me vir ante eles. Até quando terão importância para mim? A fim de estar livre das coisas do mundo, permaneci alegre em meio a cem provações. Não presto nenhuma atenção ao círculo das pessoas mal intencionadas para comigo, quer me louvem quer me maldigam. Estou de tal forma absorvido em meu amor espiritual que limpo as mãos de todos os horizontes. Se ouvisses o relato de meus pesares e de minhas dores, ficarias mais admirado que eu mesmo. Minha alma e meu corpo se foram, ou melhor, não lhes resta como herança mais que a dor e os pesares.

DISCURSO DE UM SUFI MORIBUNDO

Um filósofo da religião disse no momento em que era presa das angústias da morte: "Já que não tenho recursos para meu caminho, amassei vergonhosamente um punhado de argila e com ela fiz uma laje. Também colhi minhas lágrimas em um frasco, e guardei alguns farrapos para deles fazer uma mortalha. Primeiro me lavareis com a água de minhas lágrimas e depois colocareis esta laje sobre minha cabeça. Eu empapei a mortalha com minhas lágrimas e cobri-a de escrituras. Quando com ela houverdes envolto meu corpo puro, colocai-o imediatamente sob a terra. Se assim agirdes, desde o seio da nuvem choverão somente pesares sobre minha tumba, até a Ressurreição. Sabeis por que teriam lugar tais dores? É porque o mosquito não pode viver com o vento. A sombra busca a união com o sol; não pode encontrá-la, e a loucura do amor torna-se assim absurda. Pois bem, se o absurdo se manifesta, isto não deve causar preocupação; todavia, o que de melhor poderia ocupar o espírito daquele que não se entrega a estes pensamentos? A cada instante vejo aumentar ainda mais as dificuldades para mim; como poderá meu espírito desembaraçar-se delas? Quem permaneceu só e isolado como eu? Quem permaneceu, como eu, com os lábios secos, ainda que mergulhado no oceano? Ninguém é meu confidente nem meu íntimo, ninguém comparte minhas penas nem é meu *mahram*. Tampouco meus desinteressados propósitos atraem a simpatia de algum desses que louvo, e, em meio às trevas que me rodeiam, não desfruto da benévola proximidade de um anjo. Não tenho nem o coração de um amigo nem meu próprio coração; não me inclino nem ao bem nem ao mal; não desejo saborear as iguarias do rei e expor-me assim às afrontas do porteiro. Em nenhum instante pude decidir-me a permanecer sozinho e ficar distante do coração das pessoas do mundo. Minha posição é completamente sem pé nem cabeça, como disse de si mesmo o *pir* cuja história se segue":

PALAVRAS DE UM PIR

Um homem profundamente religioso disse um dia: "Vivi constantemente fora de mim durante trinta anos inteiros, entregue a um pesar oculto, como Ismael (Isaac) quando seu pai quis cortar-lhe a cabeça. O que ocorreria ao homem que passou sua vida inteira como no penoso instante que Ismael teve de suportar? Sabe alguém como se pode passar a vida, noite e dia, nesta prisão e nesta dor? Na espera, tanto ardo como a vela, tanto choro como a chuva no começo da primavera. Quando vês a claridade da vela ficas contente e não percebes que ela não é mais que fogo. Quem quer que se limite a olhar-me exteriormente, como poderá penetrar o interior de meu coração? Agitado como a bola de pólo sob o golpe do taco, eu não distinguo o fim do princípio e o princípio do fim. Não vejo utilidade em minha existência, pois o que fiz e o que disse não é nada. Ai! não tenho ajuda de ninguém, minha vida perdeu-se na inação. Quando tive oportunidade de agir, não o soube — que utilidade teve para mim a ciência? — , e quando soube em que momento agir, não pude fazê-lo. Atualmente a debilidade e o desespero são minha única herança; ignoro completamente o que fazer para sair desta situação".

OUTRA HISTÓRIA SOBRE SCHABLI

Depois que Schabli partiu deste lugar desolado, um homem de bem viu-o em sonhos e lhe disse: "Ó afortunado! como foste tratado por Deus?" Ele respondeu: "Ainda que eu tivesse em minha conta coisas vergonhosas, como Deus viu que eu era inimigo de mim mesmo, considerou meu abatimento, minha fraqueza e meu desespero. Teve então piedade, e, em Sua generosidade, perdoou-me inteiramente".

Ó meu Criador! para Ti sou um desgraçado viajante, e diante de Ti tal como uma formiga coxa caída no fundo de um poço. Ignoro se estou entre Teus eleitos; ignoro onde estou, quem sou e o que sou. Sou débil, desgraçado e estou na miséria. Sou um indigente sem descanso e ao mesmo tempo sem energia. Passei minha vida afogado no sangue de meu coração e não me beneficiei desta vida que me foi concedida. Recebi a retribuição de tudo o que fiz; minha vida chegou a seu termo e minha alma está sobre meus lábios. Perdi ao mesmo tempo as coisas espirituais e as temporais. Não possuí nem a forma exterior nem a verdade das coisas. Não permaneci nem infiel nem muçulmano. Permaneci estupefato entre a fé e a infidelidade. O que devo pois fazer, não sendo nem muçulmano nem infiel? Minha cabeça gira e estou confuso. O que devo fazer? Não pude atravessar a estreita porta do mistério e apoiei meu rosto sobre o muro da reflexão. Oh! abre-me essa porta, pois estou desesperado; indica-me um caminho, pois estou perdido.

O servidor que não tem meios para o caminho não deve cessar de gemer e de chorar. Podes anular tuas faltas pelo fogo de teus suspiros e lavar com tuas lágrimas teu negro *diwan*. Venha aquele que pode derramar rios de lágrimas, pois é digno deste posto elevado; porém diz àquele cujos olhos não podem derramar lágrimas de sangue que ele não tem nada a fazer nesta via.

HISTÓRIA ALEGÓRICA

Um *pir* que viajava encontrou por acaso em seu caminho alguns espiritualistas que pelejavam entre si por causa de dinheiro. Este *pir* pediu então que lhe dissessem o que era esse dinheiro. Um deles respondeu: "Ó *pir* viajante! sabe que um desgraçado passou por aqui; deixou escapar de seu coração um casto suspiro e morreu; derramou ardentes lágrimas sobre a terra e morreu. Agora, no caminho do pesar, somos nós que arrancamos, uns aos outros, estas ardentes lágrimas e estes frios suspiros".

Ó Deus! eu derramo muitas lágrimas, lanço muitos suspiros, e já que nada possuo isto resulta em meu benefício. Se as lágrimas e os suspiros têm algum valor aí onde Tu estás, Teu servidor tem aqui essa mercadoria. Purifica pois o terreno de minha alma por meus suspiros, e lava meu *diwan* com minhas lágrimas. Permaneci com os pés atados no poço e na prisão; quem poderá tirar-me daqui senão Tu? Meu corpo aprisionado está manchado; meu coração, atormentado pelo pesar, foi maculado. Se chego a Tua via tão abatido, perdoa-me, pois venho do poço e da prisão.

O SÁBIO NO DIA DA RESSURREIÇÃO

Um sábio dizia: "Se Deus glorioso interrogar-me na planície da Ressurreição com estas palavras: 'Ó tu que pareces moído de cansaço! o que trouxeste do caminho que percorreste?', eu responderei: 'Ó Deus! o que se pode trazer de uma prisão? Venho da prisão do mundo, onde estava afundado na desgraça; cheguei estupefato, completamente perdido da cabeça aos pés. Não tenho mais que vento na mão, e sou o pó da soleira da Tua porta; sou o escravo e o prisioneiro de Teu caminho. Espero que não me vendas, e que me cubras com o manto de Teu favor'".

Sei que Tu me purificarás de toda a mancha e unirás minhas cinzas ao islamismo. Quando meu corpo estiver escondido na poeira e sob a laje, tem a bondade de não Te ocupar nem do bem nem do mal que eu possa ter feito. Uma vez que Tu me criaste gratuitamente, deves perdoar-me gratuitamente.

HISTÓRIA SOBRE NIZAM UL-MULK

Quando Nizam ul-Mulk agonizava, disse: "Ó meu Deus! vou-me nas mãos do vento".

Ó meu Criador e meu Senhor! Rogo-Te pelos méritos daquele que, eu sei, disse Tuas palavras (Mohâmmed), daquele cuja lei aceitei, e a quem me mantive fiel e amei. Dediquei-me a comprar Teu favor e jamais Te vendi por ninguém; procurei com diligência comprar Teu favor, e não Te vendi como tantos outros. Ah! compra-me por Tua vez no último lance. Tu és o amigo dos que não têm amigos; socorre-me, ó meu Deus!, neste último instante concede-me Tua assistência, e então não haverá para mim ninguém além de Ti. Meus virtuosos amigos terão os olhos cheios de lágrimas de sangue quando houverem retirado suas mãos de minha poeira. Nesse momento, estende-me uma mão generosa para que eu possa tomar a barra do manto de Tua bondade.

HISTÓRIA SOBRE SALOMÃO

Salomão, malgrado sua perfeita sabedoria, fez um dia humildemente esta pergunta a uma formiga coxa: "Ó tu que estás mais impregnada do que eu das doutrinas espirituais!, dize-me: qual é a argila que se mescla melhor ao pesar?" A formiga coxa deu-lhe prontamente esta resposta: "É a argila do último tijolo da estreita tumba; pois, de fato, o último tijolo que colocarem na terra porá fim a todas as esperanças, mesmo as mais inocentes".

Ó essência pura! quando, estando sob a terra, eu não esperar mais nada das criaturas e a laje cobrir meu rosto, oh!, então não desvies de mim Tua benévola face. Quando, desolado, eu tiver terra em meu rosto, não tenhas absolutamente nada contra mim. Oh! sim, eu espero, ó meu Deus!, que não tragas a meu rosto nada de vergonhoso, apesar das grandes faltas que cometi. Ó meu Criador! Tu és o Generoso por excelência, perdoa o que passou, oh! perdoa!

OUTRA HISTÓRIA SOBRE BU SA'ID MAHNAH

Bu Sa'id Mahnah, estando um dia na casa de banhos, deu-se conta de que seu atendente era um homem alheio às coisas espirituais. Este homem lavou o sheik o melhor que pôde; depois mostrou a água turva ao devoto, e, esperando ser recompensado, disse: "Ó sheik, alma pura! o que há no mundo comparável à generosidade?" O sheik respondeu: "É esconder a imundície, e não expô-la aos olhos das pessoas". Esta resposta estava acima da inteligência do atendente de banhos; no entanto ele caiu aos pés do santo e confessou-lhe sua ignorância. Então o sheik serviu-o por sua vez e pediu-lhe perdão.

Ó Criador! Ó Preservador! Ó Provedor! Ó Rei que realiza meus desejos! Ó Generoso! Uma vez que Tua liberalidade para com as criaturas do mundo não é mais que uma gota de orvalho do oceano de Tua bondade, Tu és a ajuda absoluta por Tua própria essência, e Tua generosidade é tal que não se saberia descrevê-la. Perdoa minha leviandade e meu atrevimento, e não ponhas ante meus olhos as minhas impurezas.

GLOSSÁRIO

GLOSSÁRIO

ALAST: refere-se à célebre passagem do Corão: *"Alastu birabbikum? Qalu: Bala, shahidné!"* — "Não sou vosso Senhor? As criaturas responderam: Sim, somos testemunhas!" (*Corão*, VII, 172). Deus faz esta pergunta às almas quando estas ainda se encontravam unificadas em Adão.

CAABA: literalmente 'cubo'. Nome de uma pedra preta cúbica que se encontra no centro da mesquita de Meca e é objeto de veneração dos muçulmanos. Segundo as tradições mais antigas que se encontram no *Kitab-ed-Aghani* ou no *Sirel-er-Resoul* de Ibn-Hisham, está localizada no mesmo lugar onde se erguia a *Beith-Allah* (Casa de Deus) construída por Seth (filho de Adão) e destruída pelo dilúvio. A pedra estava originalmente no Céu, e em torno dela os anjos faziam o *tawaf* (procissão); quando foi trazida pelo arcanjo Gabriel para Abraão, para ser colocada no recinto da nova mesquita, a *Hajaru'l-Aswad* ('pedra preta que veio do Céu') era branca, mas tornou-se negra por causa dos pecados dos homens que a tocaram. Os califas abássidas tencionavam adorná-la e construir em volta dela um edifício esplêndido, mas os mais célebres doutores impediram-no, fazendo-lhes compreender que era inútil embelezar um monumento que as legiões dos arcanjos haviam adorado no Céu. (v. também, sobre a Caaba, de René Guénon, *Les Symboles fondamentaux de la science sacrée*, ed. Gallimard, Paris, 1962, cap. 48).

CALÂNDARES: ordem de dervixes andarilhos da Pérsia e da Arábia cujo objeto é a perpétua peregrinação. Fundada por Kalandar Yussuf al Andalusi da Espanha.

DERVIXE: do persa *daroês* (pobre): usado para designar os buscadores da Verdade. O mesmo que faquir, nome este derivado de *fakr* (pobreza).

DIWAN: reunião de escritos, livro; significa, conforme o contexto (e principalmente no Corão) o livro onde são escritas as boas e as más ações dos homens.

DJIM: 'gênio'; do árabe *jinn*, designação dada pelos árabes a entidades, benfazejas ou maléficas, intermediárias aos anjos e aos homens.

HADITH: significa propriamente 'tradição'; é um termo que designa as sentenças do Profeta transmitidas à parte do Corão por uma cadeia de intermediários conhecidos. Há dois tipos de *hadith*: o *hadith qudsi*, 'sentença sagrada', revelação direta na qual Deus fala na primeira pessoa pela boca do Profeta, e o *hadith nabawi*, 'sentença profética', que designa uma revelação indireta onde o Profeta fala por si mesmo.

HIRKA: o manto de farrapos costurados usado pelos dervixes. Simboliza a condição do homem neste mundo, como assinala Rumi em um de seus poemas: "O homem de Deus é um rei embaixo de um manto dervixe, é um tesouro em uma ruína".

HODJA: o título dado, em sinal de respeito, a um cidadão proeminente. Em turco significa propriamente 'mestre'.

HURI: cada uma das virgens extremamente belas que, segundo o Corão, hão de desposar, no Paraíso, os fiéis muçulmanos.

IMAM: literalmente significa 'modelo', 'protótipo'; ritualmente é aquele que preside a oração em comum; chefe de uma comunidade religiosa.

ISPAND: a semente conhecida no meio botânico como *Paganum Harmala L.* A fumigação das sementes queimadas purifica as casas, sendo utilizada por ocasião dos ritos de nascimento, casamento e outros; quando ingerida, mata e expele todos os tipos de parasitas nos homens e nos animais.

KÁF: à semelhança do monte Meru dos hindus, do Alborj dos persas e do Olimpo grego, o monte Káf tem o mesmo significado: uma região que, como o Paraíso terrestre, tornou-se inacessível à humanidade comum. Simbolicamente é tanto o centro do mundo como os seus limites; é, portanto, ao mesmo tempo um monte e uma cadeia de montanhas que circunda o mundo e limita os dois horizontes. Conforme a lenda, para se chegar ao Káf é necessário atravessar os sete oceanos, isto é, o mundo inteiro. Geograficamente identificado ao Cáucaso pelos povos orientais, representa essencialmente o eixo fixo em torno do qual realiza-se a revolução de todas as coisas.

KAUÇAR: (ou *Al-Kauthar*) "Abundância", um rio do Paraíso prometido a Mohâmmed (*Corão*, sura CVIII). É às vezes identificado ao Eufrates.

KHOSROE: o nome de três reis sassânidas que governaram a Pérsia pré-islâmica de 229 a 652. Como o nome César, passou a designar imperadores ou reis importantes.

MAHRAM: 'parente', 'próximo', 'íntimo', 'confidente'; por extensão 'igual' ou 'semelhante'.

MAJNUN: é o célebre louco de amor da literatura persa e árabe. Impedido de ver sua amada Laila, ele abandona as riquezas e o mundo para vagar sozinho no deserto, entre as feras. À semelhança de *Romeu e Julieta* para o Ocidente, essa é a mais conhecida história de amor do Oriente: eram crianças de tribos hostis, e sua união era proibida pelos pais de Laila; ambos os amantes morrem da dor de sua separação. *Laila* significa literalmente 'noite', e simbolicamente evoca o mistério da Essência divina. *Majnun* significa, em árabe, 'louco'. Na poesia mística é usado para designar aquele que está louco de amor a Deus, e, por sua sabedoria e desenvolvimento espiritual, e por não se basear em padrões pré-estabelecidos de comportamento, não é compreendido pelos outros homens, sendo, portanto, tomado como insano.

MIHRAB: no interior da mesquita, o lugar reservado ao *imam*; indica a direção de Meca, cidade sagrada do Islam.

MINBAR: na mesquita, o púlpito utilizado pelo *imam* para a pregação.

MUEZIM: o fiel cuja função é chamar, do alto do minarete da mesquita, os homens para a prece islâmica.

NIÇAR: literalmente 'lugar de sombra'; empregado às vezes como sinal de oferenda e de louvor.

PIR: o termo persa correspondente ao árabe 'sheik'. Ambas palavras possuem dois significados: um é o de 'mestre', 'homem sábio', o outro é o de 'homem velho'.

QIBLA: significa propriamente 'centro de atração', mas é mais comumente traduzido por 'direção'. No Islam, esta 'orientação' é como a materialização, se assim se pode dizer, da intenção (*niya*).

SIRAT: o Reto Caminho, o Caminho da Verdade; literalmente significa "o caminho" (do latim *strata*). Uma ponte fina como um cabelo sobre o abismo do Inferno. Os bons serão capazes de atravessá-la, os fracos resvalarão e mergulharão no abismo.

SUNNA: a coletânea de preceitos de obrigação extraída das práticas do Profeta e dos quatro califas ortodoxos.

ZUNNAR: o cinturão usado pelos cristãos e pelos judeus sob o domínio muçulmano; assim, um símbolo de infidelidade ou de heresia. Também usado para denotar as práticas exteriores da religião, para os sufis pode, no entanto, simbolizar a sinceridade no caminho da religião.

ÍNDICE BIOGRÁFICO

ÍNDICE BIOGRÁFICO

ABBAÇAH: segundo Dick Davis e Afkham Darbandi, Attar talvez tenha inventado essa personagem, pois não é em momento algum mencionada a procedência dessa mulher.

AYAZ: Abu Aymaq Abu-Najm era o escravo favorito do sultão Mahmud de Gazna. Apesar de Ayaz ter realmente existido (registra-se sua morte no ano 1057), sua vida foi rapidamente sobreposta à lenda. Sua história tornou-se o conto arquetípico do escravo elevado às mais altas honras por seu rei; seu relacionamento com Mahmud é utilizado como metáfora da relação dos místicos com Deus.

AZUR: o pai de Abraão, que esculpia ídolos.

BAYAZID BISTAMI: Bistam, no Khorassan, cidade que está a meio caminho entre Ray e Nischapur foi o lugar de nascimento desse que é um dos sufis mais célebres da Pérsia. Associado mais ao caminho sufi do "êxtase" que ao da "sobriedade", como Hallaj ele dizia ter atingido o estado de aniquilamento em Deus, e proclamava-o de forma a escandalizar a ortodoxia, nomeando a si próprio *Subhani* ("Digno de louvor"): "Glória a Mim! Tão grande é Minha majestade!" — e dizia ainda ter tido a visão do trono de Deus, vendo a si mesmo sentado nele. Entretanto ele escapou da condenação, talvez por aparentar loucura, morrendo em 874 em Bistam (261 da hégira). Sua tumba foi transformada em magnífico santuário pelo Mongol Ilkhan Uljeitu no começo do século XIV; muito desse santuário ainda existe. O ensinamento de Bistami era caracterizado pela *ghalaba* (ruptura, êxtase) e *sukr* (intoxicação, embriaguez), ao passo que o de Junaid era baseado na sobriedade (*sahw*).

BU ALI TUCI: o sheik Bu Ali Nacin ud-Din Tuci (de Tus, pequena cidade próxima a Mashhad, no Khorassan) era um sufi célebre. Ao que parece é o mesmo personagem cuja vida é relatada por Jami sob o nome de "O Enamorado de Tus".

GAURI: v. Sanjar.

HALLAJ: este santo sufi representa, para a ortodoxia, a mais "escandalosa" e radical tendência do sufismo. Era persa e escreveu em árabe (uma vez que o árabe ocupava, na Ásia e na África islâmicas, posição semelhante à do latim na Europa medieval cristã, muitos autores usaram-no de preferência a suas línguas vernáculas). Hallaj também quebrou certa tradição sufi de segredo e ensinou abertamente as doutrinas místicas. Seu mais célebre pronunciamento, feito em estado de êxtase religioso, foi: "Eu sou a Verdade" (*Ana-l-Haq*, isto é, "Eu sou Deus", pois a palavra *Haq* é um atributo ou nome divino). Por isso Hallaj foi mantido preso em Bagdá durante oito anos, ao fim dos quais foi julgado e condenado à morte; foi açoitado, mutilado, empalado, e então decapitado. Seu corpo foi queimado e as cinzas foram espalhadas no rio Tigre. Alguns de seus seguidores fugiram para o Khorassan (nordeste do Irã, terra natal de Attar), onde suas idéias foram incorporadas pela primeira vez ao verso persa por Bu Said Abu'l Kheir (o sheik de Mahnah). Trabalhadas depois por Sana'i, por Attar e por Rumi, essas idéias tornaram-se matéria-prima da literatura mística persa. A afirmação "Eu sou a Verdade" é entendida, por esses mestres, como uma declaração da não-existência do eu, o qual foi reabsorvido na verdadeira realidade, isto é, em Deus. A morte de Hallaj foi vista como um aviso das hostilidades do mundo para com o sufismo, o qual tornou-se então mais reservado, paradoxal e esotérico. (v. também a nota *132*).

HANBAL: Ahmed ibn Hanbal foi um dos mais importantes teólogos islâmicos e o fundador de uma das quatro escolas do Islam ortodoxo. Nasceu em Bagdá pelo ano de 780 e morreu na mesma cidade em 855.

HASSAM BASRI: Hassam de Basra nasceu em Medina no ano 642 (21 da hégira), filho de um escravo capturado em Maissan, o qual se transformou depois em servidor de Zaid ibn Thabet, secretário do Profeta Mohâmmed. Cresceu em Basra, onde conheceu muitos dos Companheiros do Profeta, incluindo, segundo se diz, setenta daqueles que lutaram na batalha de Badr. Chegou a ser uma das figuras proeminentes de sua geração, famoso por sua indiscriminada piedade e sua manifesta condenação da mundanidade. Tanto que os filósofos Mo'zatelitas reivindicam-no como fundador de seu movimento. Na hagiografia sufi é reverenciado como um dos maiores santos dos primórdios do Islam. Morreu em Basra no ano 728 (110 da hégira). Muitas de suas prédicas — era um orador brilhante — e provérbios são citados por autores árabes, e também se preservaram algumas de suas cartas.

HIDR: (ou *Khidr*) é o mestre espiritual invisível. Tendo atingido a Fonte da Vida, a Verdade (*haqiq'at*), e bebido da água da imortalidade, não conhece nem a velhice nem a morte. É o "Eterno adolescente", e seu nome significa "O Verdejante". Para os sufis é o iniciador da Verdade que emancipa da religião literal. De acordo com comentaristas, é ele quem aparece na sura XVIII (vers.60-82) do Corão como guia de Moisés e depositário de uma ciência divina superior à lei (*shari'at*). Como guardião da Fonte e como amigo e mestre interior, mostra a cada um como atingir o estado espiritual que tipifica. É identificado ao profeta Elias, ou ainda a São Jorge. (V. ainda Henry Corbin, *L'imagination créatrice dans le Soufisme d'Ibn 'Arabi*, "Le disciple de Hidr", ed. Flammarion, Paris, 1977.)

HIRCANI: ou *Khergani* em outra transliteração. Abu'l Hassan Hircani era um sufi persa da última metade do século X e princípio do século XI. Hircan, onde possivelmente ele viveu, é uma cidade próxima de Qazvin, a oeste da moderna Tehran.

IBRAHIM ADHAM: ou melhor Ibrahim-ibn Adham (filho de Adham), sultão de Balk. Reinou no século VIII mas renunciou ao mundo para tornar-se dervixe. Foi para o Ocidente para levar uma vida de completo ascetismo, ganhando seu pão na Síria por meio de um honesto trabalho manual, até sua morte, em 782 (165 da hégira). Algumas crônicas afirmam que ele morreu em uma expedição naval contra Bizâncio. A história de sua conversão é um clássico da hagiografia muçulmana.

JUNAID: Abu'l Cacim Cauwarini Junaid, de Bagdá, filho de um mercador de cristais e sobrinho de Sari al-Saqati, intimamente relacionado com al-Mohasebi, foi o maior expoente da escola 'sóbria' do sufismo, e elaborou uma doutrina teosófica que determinou o curso do misticismo ortodoxo do Islam. Em sua prédica expôs suas teorias, e também em uma série de cartas — que foram conservadas — dirigidas a vários de seus contemporâneos. Encabeçou uma duradoura e influente escola, e morreu em Bagdá no ano 910 (298 da hégira).

LOCMAN DE SARKHAS: um dos "loucos sábios" (*aqala majanin*) companheiros de Abu Said Abu'l Kheir (o sheik de Mahnah).

MAHMUD: o sultão Mahmud de Gazna (as ruínas de Gazna localizam-se no moderno Afeganistão, na estrada de Kandahar para Kabul) reinou de 998 até 1030. Durante esse período ele ampliou consideravelmente a área que governou. Ele invadiu e conquistou grande parte do noroeste indiano, e à época de sua morte seu reino estendia-se de Samarqand a Kashmir. Também poeta, acolheu em sua corte inúmeros poetas e filósofos; seu relacionamento com Ayaz é celebrado por muitos poemas persas.

MAHNAH: é uma pequena cidade em Khavaran, uma província do Khorassan; o 'sheik de Mahnah' era o importante Abu Said Abu'l Kheir, que viveu no século XI e ao qual se credita o pioneirismo no uso dos temas místicos e metáforas que se tornaram típicas na poesia persa.

MALEK DINAR: Malek ibn Dinar era filho de um escravo persa do Sejestán (ou Kabul), e converteu-se em discípulo de Hassam de Basra. É mencionado como um dos mais confiáveis tradicionalistas, na linha de autoridades tão antigas como Anas ibn-Malek e Ibn-Sirin. Renomado calígrafo do Corão, talvez por esse motivo Attar diz que ele "recebia seu pão diretamente das mãos de Deus". Conta-se que certa vez Malek embarcou numa viagem de navio, porém sem dinheiro para a passagem. No momento em que os marinheiros iam lançá-lo ao mar pela falta do pagamento, apareceram incontáveis peixes ao redor do navio, cada qual trazendo dois dinares de ouro na boca. Malek esticou então a mão, tomou dois dinares de um deles e entregou-os à tripulação, que caiu a seus pés. Ele então pôs-se a caminhar na superfície das águas, até desaparecer da vista das pessoas do navio. Daí talvez o seu nome, e com certeza é por isso que Attar nomeia-o "o possuidor de uma peça de ouro".

MASSUD: muitos reis, particularmente de Gazna, eram chamados por esse nome.

NASRABAD: Abu'l Ghasem Ibrahim Nasrabadi, místico do século X.

NURI: Abu'l Hussain ibn Mohâmmed Nuri era um sufi de Bagdá, filho de uma família procedente do Khorassan. Foi discípulo de Sari al-Saqati e fiel companheiro de Junaid. Importante figura do círculo de Bagdá, compôs uma refinada poesia. Morreu em 908 (295 da hégira).

RABI'AH: Rabi'ah bint Esmail al-Adauya (da tribo dos 'Adi) viveu no século VIII (século I da Hégira) e é uma das mais importantes mulheres místicas do Islam. Considerada santa pelos sufis, sua importância é tal que muitas de suas sentenças converteram-se na doutrina a que os sufis deram mais tarde seu nome ('rabianismo'). Quando criança foi escravizada e vendida, e muito de sua vida passou-se em grande pobreza em Basra. Ela tornou-se famosa ainda em vida por sua piedade, e era bastante visitada por outros místicos contemporâneos seus; muitos dos grandes mestres foram seus discípulos. Disse que sua tumba encontra-se próxima de Jerusalém. Histórias sobre Rabi'ah encontram-se relatadas no *Memorial dos Santos*, de Attar (*Le Mémorial des saints*, Éd. du Seuil, Paris, 1976), e também no livro de Margareth Smith, *Rabi'ah the Mystic and her fellow-saints in Islam*, Cambridge, 1928.

RUBDAR: Abu Ali Rubdar, ou ainda Rubdari, é um dos sufis do século X que Jami biografou em seu *Nafahat ul-uns*. Nativo do castelo de Rubdar, no Iraque Ajami, célebre na história dos ismaelitas. É considerado um grande santo e é citado freqüentemente nas obras ascéticas.

SALIH: o profeta mencionado no Corão, mandado a uma tribo árabe. Deus também mandou à tribo uma camela (v. nota *13*).

SAN'AN: a história do sheik San'an é a mais longa do poema de Attar. É possível que o nome se relacione ao monastério do mesmo nome próximo a Damasco, ou que essa história tenha sido modelada à distância na do sheik ibn Sagha, que viajou para Roma e tornou-se cristão.

SANJAR: príncipe seldjúcida que governou o Khorassan de 1096 a 1157. Ele expandiu seu reino até que este abarcasse todo o império seldjúcida (ou seja, toda a Ásia islâmica). Os últimos anos de seu reinado foram marcados por sucessivas rebeliões contra o seu governo. A nordeste suas possessões eram constantemente dilapidadas pelo rei de Gauri, e é possível que a rivalidade entre o obscuro sheik Gauri e Sanjar na história de Attar seja, de algum modo, a metáfora para essa disputa. Se Attar nasceu por volta de 1120, ele foi, de fato, um súdito de Sanjar durante os trinta primeiros anos de sua vida.

SCHABLI: Abu Bekr Dolaf ibn Ali ibn al-Hussain al-Hakim al-Tarmazi al-Schabli (da cidade de Schabil) era bem-nascido e ingressou no serviço da corte de Bagdá. Mais tarde juntou-se ao grupo de sufis ligado a Junaid e tornou-se conhecido por seu comportamento extravagante, pelo qual era eventualmente confinado em asilos. Morreu em 946.

TAI: Abu Solaiman Dawud ibn Nosair al-Tai, de Kufa, foi um homem de notável erudição. Discípulo de Abu Hanifeh, foi convertido à vida ascética por Habib Rai. Diz-se que lançou todos os seus livros ao Eufrates. Morreu entre os anos 777 (160 da hégira) e 782 (165 da hégira).

TARMAZI: o sheik Abu 'Abd Allah Mohâmmed bin 'Ali Tarmazi, isto é, da cidade de Tarmaz, no Khorassan, foi expulso de sua cidade natal e refugiou-se em Nischapur, onde predicava no ano 898 (285 da hégira). Seus escritos psicológicos influenciaram Al-Gazzali, e sua assombrosa teoria acerca da santidade foi retomada e desenvolvida por Ibn 'Arabi. Autor prolífico, muitos de seus livros, incluindo um esboço autobiográfico, têm sido preservados e publicados. É chamado algumas vezes 'o santo' (por excelência) do Turquestão.

WACITI: Abu Bekr Mohâmmed ibn Mussa al-Waciti é um conhecido sufi que viveu no século X.

YUSSUF DE HAMDAM: companheiro de Bu Ali Tuci; viveu no século XI e morreu na estrada para Merv, cidade no sudoeste da Rússia, próxima a Samarqand. Hamada situa-se no oeste do Irã, ao lado da antiga Ecbátana.

ÍNDICE GERAL

Págs.

INVOCAÇÃO 1
Parábola 13
Elogio a Mohâmmed, o Senhor dos Enviados 15
História alegórica 22
Elogio a Abu Bekr 23
Elogio a Omar 24
Elogio a Osman 25
Elogio a Ali .... Ibid.
Sobre o fanatismo relativo aos primeiros califas 26
História relativa a Omar 28
História sobre o martírio de Ali 29
Hadith relativo a Ali .... Ibid.
História em louvor de Ali 30
História sobre o abissínio Bilal .... Ibid.
Outra história em louvor de Ali 31
História sobre Rabi'ah .... Ibid.
Oração de Mohâmmed 32

PRIMEIRA PARTE — APRESENTAÇÃO DOS PÁSSAROS

Capítulo I — A reunião dos pássaros 35
Capítulo II — Discurso da poupa aos pássaros 43
A primeira manifestação do Simorg 45
Capítulo III — O rouxinol 46
A princesa e o dervixe 48
Capítulo IV — O papagaio 49
O majnun e Hidr 50
Capítulo V — O pavão .... Ibid.
O mestre e o discípulo 51

Capítulo VI — O pato 52
   História alegórica 53
Capítulo VII — A perdiz 54
   O anel de Salomão 55
Capítulo VIII — O grifo 56
   Mahmud e o sábio 57
Capítulo IX — O falcão 59
   O rei e seu escravo 60
Capítulo X — A garça .... *Ibid.*
   O sábio e o oceano 62
Capítulo XI — O mocho 63
   O avarento 64
Capítulo XII — A alvéola .... *Ibid.*
   História de Jacó 65
Capítulo XIII — A discussão entre a poupa e os pássaros 66
   O rei maravilhoso 68
   História de Alexandre, o Grande 69
   Mahmud e Ayaz .... *Ibid.*
Capítulo XIV — Advertências da poupa sobre a viagem 70
   História do sheik San'an 72
Capítulo XV — Os pássaros reúnem-se para ir ao Simorg 88
   História sobre Bayazid Bistami 89
Capítulo XVI — Os pássaros põem-se a caminho 90

SEGUNDA PARTE — AS DESCULPAS DOS PÁSSAROS

Capítulo XVII — Discurso de um primeiro pássaro 95
   Mahmud e o pescador .... *Ibid.*
   História de um assassino 97
   Mahmud e o lenhador .... *Ibid.*
Capítulo XVIII — Discurso de um segundo pássaro 99
   História do sheik Hircani 100
   História de um homem contemplativo 101
   Outra história sobre Rabi'ah 102
   O louco de amor a Deus 103
Capítulo XIX — Discurso de um terceiro pássaro .... *Ibid.*
   História de um criminoso .... *Ibid.*
   O anjo Gabriel e a boa intenção 104
   História de um sufi 105
   Deus repreende Moisés .... *Ibid.*
   Um criminoso chega ao Paraíso 106
   História sobre Abbaçah 107
Capítulo XX — Pergunta de um quarto pássaro 108
   História sobre Schabli .... *Ibid.*
   A disputa de dois sufis 109
   O rei e o mendigo 110

Capítulo XXI — Desculpas de um quinto pássaro .... *Ibid.*
O velho coveiro 111
Outra história sobre Abbaçah .... *Ibid.*
Pergunta de um rei a um dervixe 112
As duas raposas 113
Capítulo XXII — Desculpas de um sexto pássaro 114
Um noviço reclama a seu sheik das tentações do demônio .... *Ibid.*
O possuidor de uma peça de ouro 115
A pergunta de um hodja e a resposta de um sufi 116
Arrependimento no leito de morte .... *Ibid.*
Capítulo XXIII — Desculpas de um sétimo pássaro 117
O pir e seu companheiro de viagem 118
O sheik de Basra e Rabi'ah 119
Repreensão de Deus a um sufi .... *Ibid.*
Capítulo XXIV — Desculpas de um oitavo pássaro 120
Sentença de um sábio sobre um palácio 121
Outra história sobre um palácio .... *Ibid.*
A aranha 122
O dervixe misantropo 123
História sobre a perda de uma criança .... *Ibid.*
Outra história alegórica 124
Capítulo XXV — Desculpas de um nono pássaro .... *Ibid.*
Outra história sobre Schabli 125
História sobre um rico mercador 126
O rei e seu cão .... *Ibid.*
História sobre Hallaj 127
História sobre Junaid 129
Capítulo XXVI — Desculpas de um décimo pássaro .... *Ibid.*
A fênix 130
Palavras de um sufi a um filho aflito pela morte de seu pai 131
Conselhos do moribundo Tai 132
O Cristo e o cântaro de água .... *Ibid.*
Conselho de Sócrates a seus discípulos 133
Capítulo XXVII — Desculpas de um décimo primeiro pássaro ...... *Ibid.*
O sheik que se recusava beber 134
Um escravo agradecido 135
A resposta de um sufi .... *Ibid.*
O sheik e a velha mulher 136
Pergunta feita a Junaid .... *Ibid.*
O morcego em busca do sol 137
Capítulo XXVIII — Pergunta de um décimo segundo pássaro 138
Retorno de um rei a sua capital .... *Ibid.*
Resposta dos contemplativos Bayazid e Tarmazi 139
Outra história sobre Abu Said Hircani 140
O manto de honra dado a um escravo 141

Capítulo XXIX — Pergunta de um décimo terceiro pássaro .... *Ibid.*
Palavras alegóricas de Tarmazi 142
O sheik Hircani e a berinjela .... *Ibid.*
História do homem do peixe 143
História alegórica 144
Capítulo XXX — Pergunta de um décimo quarto pássaro 145
A anciã que queria comprar José .... *Ibid.*
História sobre Ibrahim Adham 146
O sheik Gauri e o rei Sanjar 147
O mundo segundo um sufi .... *Ibid.*
Capítulo XXXI — Pergunta de um décimo quinto pássaro 148
História sobre o imam Hambal .... *Ibid.*
O rei hindu prisioneiro de Mahmud 149
O guerreiro muçulmano e o cristão 150
José e seus irmãos 151
Capítulo XXXII — Pergunta de um décimo sexto pássaro 153
Um louco em Deus e os escravos de 'Amid 154
História sobre outro *louco espiritual* .... *Ibid.*
A sentença do engenheiro do canal 155
Oração de um louco ante um flagelo .... *Ibid.*
História de outro louco de Deus 156
História sobre o sheik Waciti .... *Ibid.*
Capítulo XXXIII — Pergunta de um décimo sétimo pássaro 157
O sonho de um discípulo de Bayazid 158
O dervixe ardente de amor a Deus .... *Ibid.*
Mahmud na sala de banhos 159
Os dois aguadeiros 160
Capítulo XXXIV — Pergunta de um décimo oitavo pássaro 161
História sobre o sheik Abu Bekr de Nischapur 162
Conversa de Moisés com Satanás 163
História alegórica 164
O sheik e o cão .... *Ibid.*
O dervixe que amava sua barba .... *Ibid.*
História de um homem que possuía uma longa barba 165
Um sufi lava a sua roupa 166
Capítulo XXXV — Pergunta de um décimo nono pássaro .... *Ibid.*
O contemplativo em êxtase 167
História sobre um amigo de Deus .... *Ibid.*
História alegórica 168
Os dois bêbados .... *Ibid.*
O amante e sua senhora 169
O chefe de polícia e o bêbado .... *Ibid.*
Capítulo XXXVI — Pergunta de um vigésimo pássaro 170
A morte do sheik Rubdar .... *Ibid.*

Palavras de Deus a David 171
História sobre Mahmud e Ayaz .... Ibid.
Oração de Rabi'ah 172
Outras palavras de Deus a David 173
O sultão Mahmud e o ídolo de Somnat .... Ibid.
Outra história sobre Mahmud 174
Capítulo XXXVII — Pergunta de um vigésimo primeiro pássaro 175
História sobre José e Zuleika 176
O amo e seu escravo 177
História sobre o sheik Bu Ali Tuci .... Ibid.
Pergunta feita a Mohâmmed 178

TERCEIRA PARTE — A TRAVESSIA DOS VALES

Capítulo XXXVIII — Pergunta de um vigésimo segundo pássaro
e descrição do primeiro vale, o vale da Busca (Talab) 181
Palavras alegóricas de Amru de Osman 182
Outra história sobre o sheik Schabli 183
História sobre Majnun 184
História sobre Yussuf de Hamdan .... Ibid.
História sobre Abu Said Mahnah 185
Mahmud e o buscador de ouro 186
Sentença de Rabi'ah .... Ibid.
Capítulo XXXIX — O segundo vale, o vale do Amor (Ischc) 187
O hodja enamorado 188
Outra história sobre Majnun .... Ibid.
O mendigo enamorado de Ayaz 189
O árabe na Pérsia 191
O enamorado que perdeu sua bem-amada 192
Abraão e o anjo da morte 193
Capítulo XL — O terceiro vale, o vale do Conhecimento (Ma'rifat) Ibid.
As lágrimas de pedra 195
O amante adormecido 196
O amor sentinela .... Ibid.
Sentença de Abbaçah sobre o amor 197
Mahmud e o louco religioso 198
Capítulo XLI — O quarto vale, o vale da Independência (Istigna)... 199
O jovem que caiu num poço 200
História sobre o sheik Yussuf Hamdani .... Ibid.
O astrólogo 201
O iluminado 202
A mosca caída no mel 203
O dervixe enamorado da filha de um guardador de cães ..... Ibid.
Resposta de um sheik a seu discípulo 204

Capítulo XLII — O quinto vale, o vale da Unidade (Tauhid) 205
   Resposta de um louco de Deus .... *Ibid.*
   História sobre o sheik Bu Ali Daccac .... *Ibid.*
   A libertação de Locman Sarkhaci 207
   O amante que retira sua amada da água 208
   Outra história sobre Mahmud e Ayaz .... *Ibid.*
Capítulo XLIII — O sexto vale, o vale da Estupefação (Hairat) 210
   A princesa apaixonada por seu escravo .... *Ibid.*
   A velha mãe e sua jovem filha defunta 214
   A chave perdida .... *Ibid.*
   História sobre o sheik de Nasrabad 215
   Um discípulo vê em sonhos seu sheik 216
Capítulo XLIV — O sétimo vale, o vale da Pobreza (Fakr)
e do Aniquilamento (Fana) .... *Ibid.*
   Conselho de um sheik a seus discípulos 217
   História das mariposas 218
   O sufi maltratado 219
   O príncipe e o mendigo 220
   Pergunta de um discípulo e resposta de seu sheik 224

QUARTA PARTE — A ATITUDE DOS PÁSSAROS

Capítulo XLV — A atitude dos pássaros 227
   Discurso alegórico de Majnun 229
   Fim da história dos pássaros .... *Ibid.*
   José reconhecido por seus irmãos 230
   Outra história sobre Hallaj 233
   A imortalidade depois do aniquilamento .... *Ibid.*
   O vizir compassivo 234

EPÍLOGO 243
   O teólogo em agonia 245
   História sobre Alexandre 246
   História sobre os discursos edificantes 247
   Discurso sobre um sufi moribundo 248
   Palavras de um pir 249
   Outra história sobre Schabli 250
   História alegórica 251
   O sábio no Dia da Ressurreição .... *Ibid.*
   História sobre Nizam ul-Mulk 252
   História sobre Salomão .... *Ibid.*
   Outra história sobre Bu Said Mahnah 253

GLOSSÁRIO 257
ÍNDICE BIOGRÁFICO 263

ÍNDICE DE ILUSTRAÇÕES

Capa: A sura da Abertura, o *Bismillah* ("Em nome de Deus, o Clemente, o Misericordioso"), na forma de uma poupa. Turquia, séc. XIX.

Caligrafia zoomórfica: *Bismillah* em forma de poupa. Turquia, século XIX. — XLI

Fragmento de madeira entalhada do século IX, encontrado no Egito. A inscrição diz: "Em nome de Deus. As bênçãos de Deus. Sucesso e felicidade..." — 11

Pássaro conhecido como "o falcão branco" levando uma mensagem para o místico Adelqadar Jilali. Caligrafia em relevo sobre superfície de material inidentificável. — 33

Detalhe de uma iluminura persa do século XV: o Simorg numa das primeiras ilustrações feitas para *A Linguagem dos pássaros*. — 41

Falcão: caligrafia em estilo *thuluth*, por Mohâmmed Fat-hyab (Pérsia, séc. XIX). — 58

Garça: caligrafia persa do século XVI. — 61

As letras *a, l* e *m* (*álif, lâm* e *mim*) assumem nessa caligrafia a forma de uma poupa. — 93

Mahmud caçando: fragmento de cetim bordado do século XVI, Pérsia. — 96

Escrita *chikesté*: um poema de Hafiz, transcrito por Mahmud Khan Saba, da Pérsia (séc. XIX). — 179

O Simorg: fragmento de cetim bordado do século XVI, Pérsia. — 225

Bismillah na forma de um pássaro falando árabe. — 241

Este livro foi composto com o tipo English Times e impresso pela PSI7 Gráfica e Editora Ltda em agosto de 2023.

Impressão e acabamento

psi7 | book7
psi7.com.br book7.com.br